심연의 화염

마이클 아이건 지음
이재훈 옮김

한국심리치료연구소

FLAMES FROM THE UNCONSCIOUS

Trauma, Madness, and Faith

MICHAEL EIGEN

Copyright © 2009 by Michael Eigen
Translation copyright © 2013
by Korea Psychotherapy Institute

본 저작물의 한국어판 저작권은
Cathy Miller 를 통한 Karnac books ltd와의 독점 계약으로
한국심리치료연구소가 소유하고 있습니다.
저작권법에 의하여 보호를 받는 저작물이므로
무단전제와 무단복제를 금합니다.

심연의 화염

발행일 • 2013년 9월 10일
마이클 아이건 지음
옮긴이 • 이재훈
펴낸이 • 이재훈
펴낸곳 • 한국심리치료연구소

등록 • 제 22-1005호(1996년 5월13일)
주소 • 서울시 종로구 적선동 156 (쌍용플래티넘 918호)
Tel • 730-2537, 2538   Fax • 730-2539
www. pti21.com   E mail: pti21@pti21.com

값 20,000원

ISBN 978-89-97465-04-0 93180

이 도서의 국립중앙도서관 출판시도서목록(cip)은 홈페이지
(http://www.nl.go.kr/cip.php)에서 이용하실 수 있습니다.
(제어번호: 2013017072)

심연의 화염

FLAMES FROM THE UNCONSCIOUS
Trauma, Madness, and Faith

MICHAEL EIGEN

목차

제1장 서문 ··· 7
제2장 일차적 홀로 있음 ································· 21
제3장 의사소통되지 않는 핵심과 알려지지 않은
　　　무한히 지지해주는 자 ·························· 31
제4장 싸이코패스 시대의 죄책감 ················· 46
제5장 나는 소크라테스를 죽였다 ················· 81
제6장 복수의 윤리 ······································· 108
제7장 뭔가 잘못됐다 ··································· 115
제8장 에밀리와 마이클 아이건 ··················· 212
제9장 신앙과 파괴성 ··································· 224
부록　뭔가 잘못됐다: 그레이스 ··················· 238
참고문헌 ·· 257
색 인 ·· 259

제 1 장

서론

　화염이라는 단어가 너무 강한 것인가? 나는 이 단어를 사용해서 불, 강렬함, 타오름, 영감을 나타내고자 한다. 우리 문화는 오랫동안 화염을 지옥과 연관시켰다. 우리의 죄, 우리 안에 있는 악, 우리가 행한 악 때문에 지옥에서 영원한 불에 던져지는 것은 정말 무서운 일이다. 불은 또한 창조성, 창조적 열기, 내면의 화염과도 관련되어있다. 시인들은 내면의 화염에 끌리는 경향이 있다. 윌리엄 블레이크(William Blake)에 의하면, 예수와 악마는 모두 풍부한 창조적 상상력을 자극하는 중요한 원천이다. 우리는 화염과 관련해서 창조적인 열정, 일, 자기-창조, 그리고 힘든 발견들을 생각할 수 있다.
　마음, 창자, 열정의 불들, 거룩하거나 지옥과 같은 불들, 영원한 화염들이 있다. 나는 "소멸하지 않는 불"에 관한 랍비의 말을 들었고, 자기 자신의 찌꺼기를 태우고 자기 자체를 태워버리는 성자들의 글을 읽었다. 불은 죄뿐만 아니라 순결함과도 관련되어 있다. 랍비 메나헴 쉬니어슨(Menachem Schneerson)은 내면의 영원한 화염에 대해서뿐만 아니라 자기-무화(self-nullification)에 대해서도 말한다. 그는 마치 자기를 태우는 것이 영원한 화염을 드러내는 것과 관련되어 있다고 말한다.

화염의 사용법은 다양하다. 재앙, 요리, 벽난로와 가정의 온기, 온갖 종류의 사랑과 미움의 불, 두렵기도 하고 장엄하기도 한 자연의 불, 그리고 통제할 수 없는 것을 통제하려고 하는 우리의 위대한 모험, 우리가 얻고, 상실하고, 풀어주는 화염 등이 있다. 우리의 목적을 위해 이것들에다 한 가지만 덧붙인다면, 그것은 인류에게 선물하기 위해 신들에게서 훔쳐낸 그리스 신화의 프로메테우스의 불일 것이다. 그것은 신체적, 정서적, 그리고 정신적인 수준들을 포함하는 불이요, 문명을 가능케 한 불이며, 위험한 에너지를 승화시키는 능력의 개발과 성장을 요구하는 선물이다.

불과 관련된 이 모든 의미들과 다른 의미들을 녹여낼 수 있는 근원적인 단어 또는 이미지가 있을까? 이 의미들의 전체 범위가 발달해 나온 근원적인 기호나 상징이 존재하는가? 시간이 지나면서 전개되고 풍성해지는, 밀도 있는 사용법이 있는가? 범죄로서의 불과 발견으로서의 불을 하나로 만드는 절도 행위와 선물의 혼합은 인격에 특별한 중요성을 갖는 것으로 보인다.

자신이 사기꾼 같다는 느낌은 예술가들 사이에서 자주 등장하는 주제이며, 한 인간으로서 잘못되었다는 느낌은 정신분석에서 매우 중요한 주제이다. 거짓된 삶을 살고 있다는 느낌은 많은 사람들에게 중요한 문제이며, 그것은 종종 중요한 화염이 사그라져 간다는 느낌과 병행한다. 그리고 이것과 융합되는 것은 자기-발견을 죄로 느끼는 것이다. 죄책감, 두려움, 그리고 수치심은 발달 또는 발달의 실패와 연결되어 있다. 대극의 융합은 정신적 삶을 지배하는 규칙이다. 창조적 도둑질은 파괴적인 두려움과 융합된다. 참을 수 없는 괴로움은 그것으로 인한 고통과 무력함을 회피하기 위해 안락한 거짓말과 거짓됨을 불러온다.

거짓됨은 성장의 일부이다(홀든 콜필드는 「호밀밭의 파수꾼」에서 이런 이유로 어른들을 거짓된 존재들이라고 부른다). 그러나 진실의 가닥들이 남아 있다. 우리는 그것들이 발달하기를 갈망하고, 그것들을 연결시키고 중재하는 능력이 자라나도록 추구할 수 있다. 우리 모두는 우리 자신들의 산파이다. 우리는 우리가 우리 자신에게 너무 많이 정직하면 우리 자신을 파괴시킬 수 있다고 느끼지만, 이 과제에 실패하는 것 또한 자기-상처를 가져올 거라고 느낀다.

내가 도널드 위니캇을 무의식으로부터 온 화염이라고 말하는 것이 어떤 사람들에게는 이상하게 들릴 것이다. 그의 많은 글들은 부드러워 보인다. 지금껏 고요함에 위니캇만큼 중요성을 부여한 정신분석가는 없다. 그는 고요한 상태와 흥분된 상태 사이의 변증법을, 즉 그것들 각각의 긍정적인 기여를 설명했다. 너무 자주, 고요한 상태는 평가절하된다. 그러나 위니캇은 달랐다. 그는 고요한 상태, 즉 부드러운 화염이 우리에게 많은 것을 제공해준다고 느꼈다.

그가 극단적인 상태에도 가치를 부여했다는 것과 관련해서, 고요함을 가치 있는 것으로 본 그의 관점은 더 큰 중요성을 갖는다. 극단적인 것들은 생동감을 더욱 다채로운 것으로 만들기 때문이다. 심지어 그는 "주여, 내가 죽을 때 살아있게 하소서"와 같은 기도문을 남겼다. 그는 살아있음을, 심지어(특별히?) 죽음의 살아있음까지도 놓치고 싶어 하지 않았다. 우리가 죽을 때 우리는 어떻게 살아있을 수 있을까? 위니캇은 죽는 것과 같은 중요한 것을 경험하기 위해 최선을 다했던 것 같다.

위니캇의 언어에서 화염이 중요한 부분을 차지했는지는 잘 모르지만, 그가 "섬광"(sparks)에 대해서 말했던 것은 기억한다. 특히 우리 각자가 갖고 있는 중심적인 섬광, 또는 우리 자신의 본질이거나 우리가 그렇게 될 수 있는, 삶의 역사를 지닌 살아있음의 섬광에 대해서 그는 말했다. 우리의 중심적인 섬광은 변천과정, 곤경, 외상을 거치며, 여러 종류의 촉진적 가닥들, 지원, 그리고 양분을 공급받는다. 삶에서 일어나는 사건들은 그것을 돕거나 방해하는 방식으로, 때로는 희미해지고 얼마 동안은 완전히 꺼지기도 하는 방식으로, 우리의 살아있음과 상호작용한다. 후자의 경우, 치료는 생명의 신호를 찾기 위해 시체의 입 주위에 성냥불을 켜는 것과도 같다.

내가 다음에 이어지는 두 장에서 강조하려는 것은 위니캇이 홀로 있음에서 발견한 살아있음과, 그 살아있음에 홀로 있음이 기여하는 것이다. 홀로 있는 자기(self)는 유사 외향성이 강조되는 우리 문화에서 심하게 비난받는 경향이 있다. 당신이 혼자 있다면, 그것은 뭔가 잘못되었기 때문이라고 사람들은 말한다. 당신은 철수한 상태이거나, 어떤 면에서 장애를 갖고 있고, 다른 모든 사람들이 즐기는 진정한 삶을 놓치고 있다는 것이다.

홀로 있음에 대한 이 부정적인 평가는 평생 우리의 삶의 일부인 자기의 홀로 있는 측면에 대한 평가절하로 이어진다. 위니캇은 홀로 있음의 경험에 대한 우리의 관점을 미묘하게 바꾸어놓는다. 그는 홀로 있는 사람이 알지 못한 상태에서 지지받는 경험에 의해 가능해지는 홀로 있음, 예컨대 유아가 그 사실을 알지 못한 채 엄마에게서 받는 지지에 의해 가능해진 홀로 있음에 대해 말한다. 위니캇은 생애 처음부터 존재하는 홀로 있음에 대한 중요한 감각이, 그러나 지지가 결핍될 때에는 외상을 입게 되는 소중한 감각이 존재한다고 가정한다. 양질의 홀로 있음은 양질의 지지에 달려 있다. 유아의 홀로 있는 자기를 지지해주는 데 실패하는 것은 자기 느낌(sense of self)의 기형화를 결과로 가져온다. 어느 정도의 자기 느낌의 기형화는 불가피하다. 아무도 외상을 피하지는 못한다. 다만 균형이 중요하다. 많은 것이 유아가 알지 못한 채 받는 지지의 질에 달려 있다. 만약 그 균형이 너무 적은 지지 쪽으로 기울거나, 잘못된 지지의 종류(침략적인, 삼켜버리는)로 기운다면, 자기-감정은 비뚤어지고 삶을 느끼는 방식이 얼룩지게 될 것이다.

제2장("일차적 홀로 있음")과 제3장("의사소통되지 않는 핵심과 알려지지 않은 무한히 지지해주는 자")에서, 나는 나의 환자들과 나의 삶과 관련해서 위니캇이 말하는 홀로 있는 자기의 측면들을 탐구할 것이다. 유아기에 느끼는 자기(self)의 느낌은 삶이 전개되면서 삶에 대한 느낌에 영향을 끼치는 배경적 분위기의 일부가 된다. 비뚤어진 느낌이 일단 형성되면, 그것은 사물을 맛보는 방식에 영향을 주고, 모든 것을 왜곡된 방식으로 경험하게 만드는 요인이 된다. 위니캇은 초기의 부모 환경에 대해 말하지만, 시대 정신, 즉 사회 풍조 역시 자기의 느낌에 크게 영향을 미친다. 알든 모르든, 부모를 둘러싼 세상의 좋고 나쁨이 유아에게 영향을 끼친다. 유아가 부모에게 지지를 받듯이, 부모도 자신이 살고 있는 세상으로부터 지원과 독 모두를 받는다. 양분과 독은 종종 혼합되어 있어서 구별이 불가능하다(Eigen, 1999). 우리는 삼투성을 지닌 존재이다. 우리는 정신적 미뢰(taste buds), 또는 정신적 허파를 가지고 있기 때문에 우리가 들이마시는 정서적 공기의 냄새와 맛 그리고 분위기의 성질에 민감하다(Eigen, 2004).

"그 누구도 고립된 섬이 아니다"(No one is an island)라는 말은 우리가 상상하는 것보다 더 정확한 말일 것이다. 평생 우리를 따라다니는 혼자라는 느낌조차도 정서적 분위기를 포함한, 분위기의 상태에 달려 있다. 우리의 감정에 영향을 미치는 것은 어떤 것이라도 우리의 존재 상태에 영향을 미치며, 심지어 우리 자신과의 가장 내밀한 관계에도 영향을 미친다. 우리는 자라면서 우리가 느끼는 내면의 비뚤어짐을 바로잡으려고 많은 시간을 보내지만, 그 일을 잘 해내지는 못한다. 우리는 이 일을 해내기 위해 우리가 얻을 수 있는 세상의 모든 재료를 사용한다. 너무 빈번하게, 우리가 바로잡으려고 노력하는 비뚤어짐이 우리의 노력에 영향을 미치고, 우리를 실패하고 실망하게 만든다. 만약 그 비뚤어짐이 발견되지 않는다면, 왜곡시키는 영향력이 사회적 조직체로 퍼지고 번성하여 마침내 눈에 띄는 파괴에서 절정에 이를 것이다.

나는 홀로 있는 성향에 대해 죄책감이나 수치심을 느끼는 사람들을 많이 보아왔다. 가장 슬픈 것들 중 하나는 홀로 있고 싶은 욕구를 충족시키는 것을 두려워하는 것이다. 두려움, 수치심, 죄책감의 삼각편대는 자기(self) 안으로 스며든다. "나는 창피해," "난 죄인이야," "난 두려워"와 같은 말들은 순간적인 상태 그 이상의 것을 나타낸다. 그것들은 수치심, 죄책감, 두려움이 그것을 말하는 나, 그것에 대해 말하는 자기의 일부이며, 나-나 자신-자기(I-me-self)의 하층토의 일부임을 암시한다. 그것들은 우리 자신과의 보다 완전한 접촉을 불가능하게 만드는 전기울타리 역할을 한다. 그 결과 우리는 자신에게 가까이 가기 위해 너무 많은 수치심, 죄책감, 두려움을 견뎌내지 않으면 안 된다.

다른 한편, 광범위하게 퍼져 있고 방금 말한 것과 상보적인 문제는 너무 많은 사람들이 수치심이나 죄책감을 너무 적게 느낀다는 사실이다. 높은 권력층의 사람들은 종종 아주 적은 사람에게만 유익할 뿐 많은 사람에게 상처를 주는 정책을 추진한다. 이라크를 폭격했을 때 "충격과 두려움"으로 가득한 멸절을 마치 그것이 독립기념일 불꽃놀이라도 되는 것처럼 자축하는 미국 고위관료들을 생각하면, 지금도 온몸이 떨린다. 그들은 다른 나라 사람들의 생명을 짓밟고, 살해하고, 붕괴시키는 것이 자랑거리인 양 행동했다. 그들은 그들이 상처를 준 나라의 국민들은 혼합된 감정을 느꼈을 수 있고, 그들 중 일부는 반격할 수 있다는 사실을 깨닫지 못했다. 어떤 종류의 지배-복종 환상이 그와 같은 일을 행동에 옮기게 했을까? 이것은 과대주의가 잠시 동안 인간의 수치심과 죄책감을 지워버리고 타인의 아픔에 무감각하게 만들 수 있다는 사실을 보여준다.

제4장("싸이코패스 시대의 죄책감")과 제5장("내가 소크라테스를 죽였다")에서, 나는 죄책감 없이 개인의 이익을 추구하는 것이 이상적이라는 생각이 종종 우세해지는 우리 시대 안에서, 죄책감과 그것과 관련된 감정들이 작용하는 방식을 탐구할 것이다. "싸이코패스"란 단어는 양심이 변질되거나, 발달되지 않았거나, 전혀 작동하지 않는 인간의 상태를 지칭한다. 그런 개인의 관심은 이기는 것, 최고가 되는 것, 다른 사람에게 상처 주는 것에 대해 아랑곳하지 않고 자신의 목적을 이루는 것이다. 그것은 모두 매우 편재한 태도이다. 나는 자신의 책상 위에 "충성심을 경계하라"라는 문구를 써붙인, 재계의 큰손에 관한 이야기를 들은 적이 있다. 그것은 돈이나 권력을 추구할 때, 인간의 감정에 얽매이거나 상처로 인한 아픔을 고려하면 안 된다는 경고이다. 다시 말해서, 감정적인 유대는 이익을 얻기 위해 사용할 수 있는 것이 아니라면, 계속해서 정상에 머물고자 하는 그의 욕망의 순수성을 훼손한다는 생각이다.

제4장의 초점은 죄책감 없는 무감각 대 민감한 관심에 있다.

우리는 우리 자신과 타자, 그리고 우리를 둘러싸고 있는 세상에 민감할 수 있는 놀라운 능력을 지니고 있다. 우리는 타인의 감정을 느끼고, 이 세상의 아름다움을 사랑한다. 하지만 권력에의 의지는 종종 그런 따스한 관심을 따돌리고, 지시와 통제를 향한 손짓을 따르고자 하는 세력을 끌어 모은다. 우리가 우리 자신에게 하고 있는 것에 대한 관심은 결코 밟아 없앨 수 있는 것이 아니다. 제4장에서 나는 치료, 영화, 그리고 넓게는 세상에서 민감성과 무감각 사이의 긴장에 대해 탐구할 것이다. 그것의 내적 초점은 우리 자신의 구성요소, 경향성, 성향, 성찰 양태, 그리고 우리 자신에게 형태를 줄 뿐만 아니라 개발을 필요로 하는 상상력 있는 표현에 있다. 시인들과 현인들이 말하듯이, 우리 작업의 주된 과제는 우리 자신이다. 만약 우리가 누구이고 무엇으로 이루어져 있는지 더 잘 아는 데 실패한다면, 인간 집단으로서의 잠시 동안 시시덕거리며 지낼 수 있겠지만 온 세상이 견딜 수 없는 지옥으로 화하는 것을 피할 수 없을 것이다.

제5장에서, 나는 죄책감의 긍정적인 측면에 대해 좀 더 탐구할 것이다. 협력을 조절하는 죄책감의 실용적인 역할로부터 시작해서 더 깊게는 심지어 신비주의적인 깨달음에 이르기까지, 여러 다른 종류의 죄책감을 묘사하고 그것이 기능하는 방식들을 서술할 것이다.

영적 연속체의 끝에서, 심오한 죄책감에 대한 주의는 우리에게 친숙하지 않은 경험의 영역을 열어준다. 죄책감은 그것 자체를 넘어 내면의 자유라는 예상치 못한 영역으로 우리를 인도하는 도구가 된다. 그런 순간에 죄책감은 우리가 알아채지 못했거나, 어쩌면 죄책감이 일깨워주기 전에는 존재하지 않았던 길을 밝혀준다. 한번 그것을 일별하고 나면, 우리는 죄책감을 뒤에 남겨둘 수 있다.

제6장("복수 윤리")은 우리가 개인으로서 그리고 집단으로서, 우리의 최상의 유익에 반대되는 방향으로 행동하게 하는 강제적인 세력에 대해 검토한다. 우리는 이것을 부정적 화염, 또는 고집스럽고 강박적인 정신의 불길이라고 부를 수 있을 것이다. 그것은 잘못된 어떤 것에 보복하기 위해 죽음을 불사하게 만드는 힘이다. 예수는 누가 한쪽 뺨을 때리면 다른 쪽 뺨을 내어주라고 말한다. 이 말은 표면적인 것 이상의 깊은 의미를 지니고 있다. 그것은 우리에게 충격과 반응 사이에 시간을 주고, 대안적인 사고, 감정, 그리고 행동의 가능성을 기다릴 수 있는 자유를 준다.

라깡(1993, p. 6)은 얻어맞는 상황에서 우리가 할 수 있는 한 가지는 "날 때려, 하지만 내 말을 들어봐!"라고 말하는 것이라고 한다. 요점은, 하나의 명령에 갇힐 필요가 없다는 것이다. 우리는 우리 자신에게 시간을 줄 수 있다. 평화와 전쟁을 향한 우리의 존재 안에는 반동적인 사고의 갈라짐이 있다. 이 갈등은 햄릿에게서 강하게 드러난다. 말하고, 듣고, 증언하고, 창조하는 것 반대편에, 자기 자신과 타자를 죽이고, 발달의 긴장을 끝장내는 것이 있다. 셰익스피어의 희곡에서 햄릿은 퇴행적인 대안을 선택했지만, 자기 자신이 따라갈 수 없었던 다른 가능성을 제시했다. 그것들은 미래에 일어날 것이었다. 그 희곡은 의례적 형태 안에서, 우리 자신들과 작업하는 좀 더 창조적인 시도들에 대한 희망을 준다(지금은 아닌가? 지금이 아니라면 언제인가?). 햄릿은 다른 사람들이 자신의 이야기로부터 배우기를 원했다. 그는 자신이 기억될 뿐만 아니라, 우리가 누구이며 무엇을 할 수 있는지에 대한 인간의 성찰에 기여하길 원했다. 우리는 오랫동안 지체된 미래이다. 우리는 최소한 햄릿의 희망을 통과할 수 있을까? 문자적, 심리적, 영적 살인은 오늘날 우리가 겪는 어려움에 대한 선호되는 해결책이다. 우리는 과연 좀 더 나은 해결책을 찾을 수 있을까?

제7장 "뭔가 잘못됐다"와 제8장 "에밀리와 마이클 아이건"은 환자와 치료사가 나누는 대화의 형식을 갖추고 있지만, 그것은 평행적인 독백, 때로는 함께 짜이고, 때로는 자체의 길을 가는, 몽상과 성찰의 흐름에 더 가깝다. 그것은 여러 수준에서 생명이 미치는 영향력에 대해 말한다. 그것은 살아낸 경험과 가장 중심적인 것에 응답하는 방식들에 관심을 갖는다. 그것은 마치 사냥감을 맴돌듯이, 들어가는 길과 나오는 길을 찾으면서, 세상과 자기를 둘러싸고 춤을 춘다. 그것이 제기하는 본질적인 질문은, 우리는 어떻게 우리 자신과 삶에 접촉하는가이다. 다시 말해서, 어떻게 우리 자신을 열어놓고, 생명이 들어오도록 허용하는가이다.

이 "평행적 독백"에서 내가 밑바닥 감정을 모두 드러냈다고 말하는 것으로는 충분하지 않다. 나는 그 순간 내가 할 수 있는 모든 방식을 사용해서 나 자신을 꺼내놓았다. 시간이 지나고, 몇 년이 지나면, 당신은 전환을 필요로 하는 어떤 지점에 살고 있을 것이다. 시간은 멈추지 않는다. 당신이 더 이상 그곳에 없을 때에도 시간이 계속된다는 것과, 당신이 할 수 있는 건 단지 표본을 제공하는 것이라는 것을, 그리고 당신 자신이 표본이라는 것을 아는 것이 당신에게는 위안이 되는가? 위안이 되건 안 되건, 당신이 있든 없든, 시간은 계속될 것이고, 당신은 당신이 할 수 있는 것을 할 것이다. 당신은 야생마를 탈 수 없고, 물론 길들일 수도 없다. 하지만, 그것의 바람을 느낄 수 있고, 그 바람은 당신을 일깨워준다.

"뭔가 잘못됐다"는 이 책에서 가장 긴 장이다. 그것만으로도 한 권의 작은 책이 될 수 있다. 그것은 우리가 느끼는 어떤 것, 즉 인류가 오랫동안 그리고 골똘히 생각해왔던 것에 대한 탐구이다. 우리는 그것을 죄, 어리석음, 광증, 고뇌, 타락, 등등이라고 불러왔다. 비뚤어진 어떤 것. 옳지 않은 것. 기형이나 왜곡, 또는 독소, 자신이나 삶에 적절하지 않은 어떤 것이다. 그것은 단지 뭔가가 결핍되었거나 빠졌다는 느낌이 아니라, 자기의 일부가 한 번도 거기에 있지 않았고, 앞으로도 충분히 완전하게, 또는 충분히 오랫동안 거기에 있지 않을 것 같다는 느낌이다. 그것은 매트리스 밑에 있는 완두콩의 느낌이다. 그것은 그저 하나의 완두콩의 느낌이 아니라 바로 당신의 느낌이다.

아인슈타인은 우주공간에 존재하는 뒤틀림에 대해 말한다. 만약 우주가 뒤틀렸다면, 모든 것이 뒤틀림을 공유하고 있지 않을까? 우리는 또한 그것의 반대를 말할 수 있는가? 만약 우리가 뒤틀려있다면, 우주 또한 뒤틀려 있을 수밖에 없거나, 그렇게 보이지 않을까? 공명 또는 반향, 다시 말해 뒤틀림의 맞물림이 있지 않을까?

파스칼은 불균형(disproportion)에 대해 말한다. 우리는 우리 자신에게 너무 크거나 작고, 뒤처졌거나 앞서간다. 균형에서 벗어난 것을 찾는 방법은 아주 많다. 이 장에서, 나는 그것을 "뭔가 잘못된 것"이라고 부른다. 우리는 그것을 바로잡으려고 하고, 제거하려 하고, 어떻게든 해결하려고 시도한다. 하지만 그것을 제거하기 위해서는 우리 자신을 제거해야만 한다. 그것은 삶, 우리의 삶을 구성하고 있는 것으로 보인다. 제거하거나 지워버리는 것은 우리의 처지에 대한 하나의 반응이다. 어느 정도, 그것은 고통에 대한 원시적 반응의 일부이다. 그러나 현재 그리고 미래의 기술적인 지식과 그것의 엄청난 파괴적 능력을 갖고 있는 우리로서는 고통을 다루는 더 좋은 방법을 확립하는 것이 좋을 것이다. 제거하는 것은 다루는 것만큼 좋은 방법이 아니다. 우리 자신과 서로를 다루는 더 좋은 방법을 찾는다는 이런 진화적 도전은 하나의 순진한 이론인가? 이론적으로, 우리는 이 일을 시작하는 데 수천, 수

십만, 어쩌면 수백만 년이 걸릴 것이다. 우리는 그 일을 할 수 있을까? 아니면 이미 시작한 것일까?

"뭔가 잘못됐다"에는 두 개의 목소리, 즉 심리치료사인 Z박사와 그의 환자인 그레이스(Grace)의 목소리가 등장한다. 그레이스는 그녀의 삶에서 여러 번 입원을 필요로 하는 정신증적 붕괴를 겪었지만, Z박사 그리고 자기 자신과의 작업을 통해서 병원과 약물에서 자유롭게 되었다. 그녀는 벼랑 끝 가까이에서 살고 있지만, 그 벼랑은 그녀의 삶의 방식이 되었다. 그녀는 좋아졌고, 그녀 자신에게 익숙해졌으며, 자신을 더 잘 견딜 수 있게 되었다. 그녀는 정신증적 개인이 더 깊은 붕괴에 대한 면역력을 키우고, 생산적으로 살고, 자신의 존재를 소중히 여기며, 자신의 존재에 접촉하고 그것을 나누는 일에 정신증을 사용할 수 있다는 사실을 증언한다. 거기에는 존재를 자기 자신과 함께 나누는 것과 관련된 성례전(sacrament)이 있고, 그레이스는 운 좋게도 그것을 발견했다.

"에밀리와 마이클 아이건"(Emily and M. E.)은 앞장에서처럼 위니캇이 함께 하는 홀로 있음이라고 부른 것을 내 식으로 표현해 본 것이다. 이 짧은 장에서, 나는 주인공으로 나온다. 에밀리와 나는, 종종 서로의 존재를 인식하지 못한 채, 서로를 보완한다. 하지만 에밀리와 내가 하나의 방향으로 갈 수 있게 해주는 것은 방 안에 함께 있는 다른 마음, 정신, 자기, 존재, 또는 의식-무의식이다. 그것은 홀로, 최대한으로 홀로, 할 수 있는 한 홀로, 그렇지만 서로의 존재와 함께 있는 홀로 있음이다.

뭔가 잘못되었다는 느낌이 이 장의 초점이지만, 여기에서는 또한 올바른 어떤 것이 그 모습을 드러낸다. 이 장들에서 환자-치료사 쌍들은 인간 조건의 장애와 벌레들에 대한 관심에 달라붙어 있다. 우리의 삶에서 벌레들은 낯선 것이 아니다. 금기적 진실은 삶이 우리를 괴롭히는 벌레라는 것이다. 살아있음은 그것이 탄생시키는 능력들에 도전한다. 하지만 은총을 암시하는 경험의 범위는 고통을 달콤한 것으로 만들뿐만 아니라, 신비감을 발생시키는 실재의 깊이를 건드린다.

멜라니 클라인(1946; Eigen, 1996, chapter 2-3; Eigen, 2007, chapter 9)은 근원 경험 안에 이중의 핵을, 하나는 "나쁘고" 하나는 "좋은" 핵을 위치시키는 것을 통해서 이 주제를 다룬다. 이것은 카발라(Kabala)에서 선과 악의 경향성이라 부른 것에 대한 정신분석적 재작업에 속한다. 사랑의 핵과 증오의 핵이 있다는 것이다. 삶에서 우리를 놀라게 하는 끈질긴 요소는 선이 종종 악보다 더 실감나게 느껴진다는 사실이다. 이것은 우리의 고통을 줄이거나 지워버리는 하나의 방식인, 과도한 이상화를 통한 사탕발림인가?

그렇지만, 개인과 종교는 모든 것을 가치 있는 것으로 만들어주는 은총의 영역이 있다고 증언한다. 유대교는 순수한 영혼에 대해 말하고 있고, 그 영혼이 신과 접촉해 있다고 말한다. 불교에서는 자비가 가슴의 근본적 상태요, 지혜가 기본적인 마음이며, 명료한 빛이 기본적 존재라고 말한다. 나는 이것이 단순히 소망일뿐이라고 믿지 않는다. 삶이 기본적으로 악한 것임을 증명하는 사람들이 많이 있지만, 그것의 선함을 증명하는 사람들도 많다.

우리가 어떤 이름을 사용할 때 우리는 초월하지 않고서는 그 이름을 사용할 수 없다. 은총의 영역은 이름 없는 나라에서 조용히 작용하는 상태로 남아있다. 우리가 이중성을, 즉 선과 악, 사랑과 증오, 삶과 죽음을 초월하면, 우리는 그것들보다 더하면 더하지 결코 덜하지 않다.

마지막 장인, "신앙과 파괴성"은 이 책의 기본적인 관심사일 뿐 아니라 지난 사십 년에 걸친 분석가/치료사로서의 나의 관심사를 다룬다. 그것은 2006년에 레지나 몬티와 했던 인터뷰이며, 그때 그녀는 나에게 생생하게 느껴졌던 많은 것과 접촉할 수 있었다. 그것은 그녀가 그녀 자신의 실재의 깊은 곳으로부터 말했기 때문이었을 것이다. 실재는 실재와 접촉하며, 때로는 악으로, 때로는 선으로, 그리고 종종 그 둘을 분간하거나 구분할 수 없는 상태로 드러난다. 이 책은 우리 안에 선(good)을 향해 균형을 잡도록 온 힘을 쏟고 있는 뭔가가 있다는 사실을 확인해준다.

  이 책의 부록은 그레이스의 사례의 일부를 "극화된 독백"으로 확장한 것으로서 "뭔가 잘못됐다"의 내용을 압축하고 있다. 그것은 온라인 여성주의 저널인, 문댄스(Moondance)의 2006년 여름호에 실린 것이다. 나는 로버트 브라우닝의 독백을 염두에 두고 있었지만, 실제 결과는 우리 시대의 것으로 드러났다. 마르타 프리솔리 깁슨(Martha Frisoli Gibson)이 이 극의 연출을 맡았다. 이 축소판은 우리가 "마음"(mind)이라고 부르는 이 이상하고 놀라운 것에 대한 그레이스의 경험을 부각시킨다.

제 2 장

일차적 홀로 있음

> 큰 새가 높이 나는 것은 바람이 그 새를
> 받쳐주기 때문이다.
> — 장자 —

    D. W. 위니캇은 본질적인 홀로 있음은 알려지지 않은 지지에 의해 가능하다고 말한다. 홀로 있는 상태의 아기는 인식되지 않는 존재에 의해 지지받는다. 내가 강조하고 싶은 구절들에서, 위니캇은 자기-타자에 대한 인식에 앞서는 홀로 있음을 강조한다. 엄마는 아기를 도우려고 그곳에 있지만, 아기는 자신과 구별되는 또 다른 존재가 그의 삶을 유지시켜주고 있다는 사실을 알지 못한다. 위니캇이 이 역설에 대해 설명하는 글들 중에는 아래의 글이 있다.

처음에, 거기에는 본질적인 홀로 있음이 있다. 동시에 이 홀로 있음은 전적인 의존 상태에서만 일어날 수 있다.

한 개인의 생애 전체에는 근본적으로 변할 수 없는, 내재된 홀로 있음이 계속되는데, 그것은 그런 상태를 인식하지 못한 채 이루어진다. 그 상태가 홀로 있음을 위한 필수적인 요소이다(1988, p. 132).

위니캇의 시간 순서가 정확한 것으로 판명되든 않든, 나는 인간의 삶에는 위니캇이 말하고자 하는 중요한 경험이 있다고 생각한다. 위니캇은 그 경험을 다루고 소통하기 위해서 특정한 수준의 언어를 사용하고 있으며, 나 역시 그런 자유를 사용할 것이다. 커다란 의미를 지닌 심리적 실재와, 우리가 시간 안에서 살아내야만 하는, 또는 단순히 살아야 하는 우리 존재의 귀중한 부분이 이것에 달려 있다.

알지 못하는 누군가에 의해 지지받는 홀로 있음이 있다. 그것은 경계가 알려지지 않은 타자에 의해 지지받는 일차적 홀로 있음이다. 홀로 있음이 그것의 핵심에 알려지지 않은 무한한 타자에 대한 감각을 갖고 있다는 사실을 생각한다면, 위니캇이 환경적인 존재 및 환경의 반응의 질에 그토록 많은 것이 달려 있다고 말하는 것은 놀랄 일이 아니다. 우리의 홀로 있음의 질은 바로 그것의 질에 달려있다.

나는 개인적으로 이 핵 안에서 성스러운 경험을 했다. 나는 위니캇도 그것을 경험했으리라고 생각한다. 우리의 삶은 그 배경에 알려지지 않은 무한한 지지의 후광과 연결된 성스러움의 느낌과 접촉되어 있다. 그런 암시적인 느낌이 존재한다고 해서 우리가 그것을 사용하는 것까지 보장되는 것은 아니다. 기본적인 홀로 있음이 필요로 하는 지지가 금이 가거나, 사라지거나, 위협 받을 때, 출현하는 자기-감정(self-feeling)은 격변(cataclysm)을 향해 나아간다.

만성적인 자기-공고화(self-hardening)는 개별화의 중요한 부분일 수 있지만, 그것은 대가를 치러야 한다. 즉, 기본적인 홀로 있음은 절단되고, 쪼개지며, 용해되지 않는 격변이 성격적 특질로 자리잡게 된다. 우리는 우리 자신과 세계의 특질과 격변에 대해 많은 것을 이야기 할 수 있다. 그러나 이 장에서 우리의 관심은 위니캇이 주의를 기울일 것을 요청하고 있는, 평화의 가닥을 지지하는 것이다.

그것은 위니캇이 파국이 형성되는 과정을 다루지 않아서가 아니라, 그가 경험의 본질적인 부분인 옴(Om), 혹은 샬롬(평안), 혹은 평화의 요소를 강조하기 때문이다. 우리는 위니캇이 흥분하는 순간들에 더해서 편안하고 고요한 상태의 중요성에 관심을 가지라고 요청했던 사실을 기억한다. 사실, 위니캇은 흥분보다 쉼이 더 일차적인 것이라고 본다. 그러나 순서가 어떻든 간에, 그는 평화로운 순간들이 근본적으로 중요하다고 본다.

> 그는 "흥분된 사람에 의해 방해받기 이전에 흥분되지 않은 상태가 있으며, 그 상태는 그 자체로서 연구할 만한 가치가 있다"고 언급했다(1988, p. 114).

이 흥분된 경험들은 고요함을 배경으로 발생한다. 그 고요한 배경 안에는 아기와 엄마 사이의 또 다른 종류의 관계가 존재한다. 우리는 고도로 의존 상태에 있으면서도 그런 의존을 전혀 알지 못하는 유아에게 관심을 갖는다(pp. 101-102).

고요한 경험은 보통 흥분의 경험만큼 강조되지 않는다. 그러나 그 두 가지는 모두 중요하다. 이것들 사이의 해리는 종종 인격에 발생한 외상들을 나타낸다. 최적의 상황에서조차 이 두 경험이 조화롭게 작용하기는 어렵다. 사실, 위니캇(1988)은 건강한 것이 병에 걸리는 것보다 더 큰 도전을 요구한다고 보았다.

아마도 인간세상에서 가장 큰 고통은 정상이거나 건강한 또는 성숙한 사람들이 겪는 고통일 것이다(p. 80).

건강한 상태에서 완전한 생명력을 갖고 있을 때 그 개인 내부에는 엄청난 세력들이 작용한다(p. 77).

"건강하든" "병들었든" 간에, 인간의 정신 안에는 고요함과 흥분의 변증법이 작용한다.

오래 전, 내가 일했던 아동정신분열증과 자폐증 치료센터인 블루베리(비교적 드물기는 하지만, 비행 아동의 연속선상에 있는 행동장애로 진단되는 아동들이 수용되어 있는)에서 있었던 일이 기억난다. 그곳의 치료사들은 대부분 20대의 젊은 사람들이었는데, 나는 그곳에서 인간 본성에 대한 잘못된 정서적 해석에 관한 한, 연령의 많고 적음이 상관이 없다는 것을 배웠다.

나는 한 자폐아가 평화로운 상태에 잠겨있는 보기 드문 모습을 기억한다. 그 아이는 피터 팬 같은 동화 속의 이름—웬디—을 가진 예쁜 여자아이였다. 웬디는 유모차에 올라가 그곳에 누웠다. 나는 우연히 그 옆을 지나가다가 웬디의 얼굴에서 긴장이 풀리고 그것의 파동이 해소되는 모습을 보고 충격을 받았다. 웬디는 등을 대고 누워있었고, 손을 위로 올려서 충만한 신뢰로 인해 이완된 몸짓으로 몸의 방어를 내려놓았다. 그 아이는 스스로 어떻게 해야 할지 알지 못하는, 알 수 없는 정서적인 흐름을 나타내는 어지러운 동작과, 방향감 없는 고통과 그리움과 사랑을 품은 채, 쉬지 않고 빙빙 돌거나 "이상한" 동작(외부인들에게 그렇게 보이는)을 하는 아이였다. 당시에 나는 그녀의 근육이 만들어내는 경련성 동작들이 파괴성을 방출하는 습관적 행동일 거라고 생각했다.

하나의 기적처럼 또는 은총처럼 웬디의 몸을 통해 평화의 파동이 지나갈 때, 나는 내 안으로 평화가 들어오는 것을 느꼈다. 그때 젊고 영리하고 착한 치료사인 글로리아가 지나가다 웬디를 보고는, 웬디의 가슴과 배를 손가락으로 콕콕 찌르면서 크게 "뽕! 뽕!"하는 소리를 냈다. 나는 잔잔한 물 위에 퍼지는 파동처럼, 웬디의 얼굴에 충격의 파동들이 퍼지는 모습을 보았다. 글로리아는 웬디와 함께 "놀이"한 것이었다. 글로리아는 관심이 많고 활동적인 좋은 사람이며 그 병동에 활력을 주는 사람이었다.

나는 잠시 갈등했다. 내가 환각을 보았을까? 그 모습은 내가 조작해낸 것인가? 그 순간, 웬디의 세계에 대한 글로리아의 감각과 나의 감각은 어떻게 그렇게 다를 수가 있었을까? 세월이 흐른 후, 대니얼 스턴과 베아트리체 비브의 영화들—유아의 관심을 필요로 하는 엄마들, 유아가 충격을 완화하려는 시도로 엄마로부터 고개를 돌릴 때조차 유아와 관계하려고 일관되게 적극적으로 애쓰는 엄마들에 대한 영화들—을 보고나서야 나는 좋은 의도를 가진 좋은 사람들이 세상을 마치 종(種)이 서로 다른 것처럼 경험한다는 사실을 깨달았다.

내 기억 안에는 오늘날까지도 웬디의 평화와 충격의 파동이 생생하다. 나는 인격이 얼어붙는 것을, 사람의 존재가 얼어붙는 것을 마치 처음인 것처럼 목격한다. 내 자신의 얼어붙은 영역이 공명한다. 나는 우리가 얼마나 예민한지, 그리고 우리가 얼마나 무감각한지 알고 있다. 평화의 파동들과 충격의 파동들은 계속해서 해빙되고 얼어붙는다.

웬디는 알려지지 않은 지지에 의해 가능해진 홀로 있음에 잠시 몸을 담갔고, 부분적으로 우리 자신들에 의해, 우리의 기본적 본성 안에 있는 내재된 속성에 의해, 알려지지 않은 무한한 존재에 대한 우리의 암시적인 느낌에 의해 가능해진, 무한한 홀로 있음을 맛보았다; 그것은 편히 자기 자신이 되는 것을 가능하게 해주는 무의식적인 배경을 구성한다.

나는 위니캇의 용어의 일부가 지닌 의미를 주목하기 위해 잠시 맥락에서 벗어나겠다. "존재의 일차적 상태: 전-원시적 단계들"(pre-primitive stages)이라는 제목의 장에서, 위니캇(1988)은 타고난 내재된 홀로 있음이 일차적인 상태라고 말한다. 그는 또한 다른 일차적인 상태들도 언급한다. 예를 들어, 그는 "홀로 있음의 상태에 선행하는 상태를 살아있지 않음"(state of unaliveness, Winnicott, 1988, p. 132)이라고 부른다. 비록 일차적인 상태들 간의 관계들이 아주 풍요롭다 해도, 이 소통에서 내가 초점을 맞추는 것은 홀로 있음이다. 만약 다른 기회가 허락된다면, 시작들의 연결망(network of beginnings)에 대한 위니캇의 언급을 좀 더 깊이 탐구해볼 수 있을 것이다.

멜라니 클라인(Eigen, 1996)의 글이 그렇듯이, 위니캇의 글 안에는 일차적 상태들에 대한 많은 언급들이 있다. 그는 자신의 언어로 경험의 유동성을 표현해낸다. 조용히 앉아서 예의바르게 행동하라고 요구하는 것은 이런 종류의 글을 잘못 읽는 것이다. 정신분석적 시에서처럼, 이런 글에는 때때로 존재의 강물이 글 자체로 드러나기 때문에, 거기에는 그 강물을 합당하게 다루어야 할 필요가, 즉 신실함과 엄격함에 대한 요구가 있다.

위니캇은 "유일한" 일차적 상태가 아니라, "하나의" 일차적 상태를 말한다. 그는 일차적 상태로 가는 길을 복수(複數)로 열어둔 것이다. 그것은 동시적, 교대적, 발달적, 삼투적, 다면적, 유동적 상태일 수 있다. 혹은 이 장에서 그는 일차적 상태의 의미를 경험에 기여하는 복수(複數)의 가능성들을 포함해서 여러 단계들(예, 무관심성, 홀로 있음)을 포괄하는 것으로 확장하고 있을 수 있다. 그것의 순서가 어떠하든지, 그는 삶을 느끼는 데 중요한 경험의 그림자들을 증류해내고 있다.

위니캇은 왜 전-원시적(pre-primitive)이라는 어휘를 사용하는가? 여기에서 그는 정신적인 삶의 초기 단계들에 대해 많이 기술한 멜라니 클라인(1952)과 자기 자신을 구별한다. 클라인에게 있어서, 투사적 동일시는 정신의 초기 상태이자 단계이며 기능이다. 위니캇은 이 편집증적인 조직보다 더 깊은 층으로 내려가 더 유동적이고 열려 있는 것에 도달하려고 노력한다. 클라인은 그녀가 편집증이라고 부르는 원시적인 이미지-정서-대상-자기의 분열에 도달하려고 애쓰는 반면, 위니캇은 그가 전-원시적이며 훨씬 더 근본적인 상태라고 부르는 것에 도달하려고 노력한다. 위니캇은 클라인이 묘사한 것의 대부분이 좀 더 나중에, 즉 공격성이 안정되게 조직화되는 지점에 도달할 때 나타난다고 생각한다. 위니캇은 아기가 편집-분열적 자리 이전에 많은 것을 경험하며, 좋은 홀로 있음을 포함하여 평화로운 경험의 영역들을 갖는데, 이것들이 매우 중요하고 근본적인 경험들이라고 본다.

위니캇의 글은 오해될 소지가 다분하다. 그의 언어는 종종 버터처럼 녹아버린다. 그의 표현은 무척이나 부드럽다. 위니캇은 존재의 섬세한 상태들에 주의를 기울일 것을 요청하기 때문에, 사람들은 그의 표현이 얼마나 강력한 것인지 놓치기 쉽다. "존재의 일차적 상태: 전-원시적 단계"라는 제목은 그것 자체로서 클라인이 애매하게 작업한 영역들에 대한 선언이다. 어떤 점에서 우리는 다른 방식으로 그리고 다른 초점을 갖고 클라인이 도달하지 못한 곳으로, 그녀가 도달한 곳보다 더 깊은 곳으로 가고 있다. 위니캇은 프로이트와 클라인의 작업이 지닌 가치를 끌어내리기보다는 그것들의 위치를 재배치하는 경향이 있다. 그러나 위니캇은 프로이트와 클라인이 놓치거나 왜곡시킨 것과 관련해서 자신이 중요한 뭔가를 열고 있다는 사실을 분명히 밝힌다.

이 장에서 위니캇은 "이중 의존"(double dependence)이라는, 이상하게 마음을 사로잡는 용어를 사용했는데, 그는 그것이 지각되지도, 알려지지도 않는 의존이라는 점에서, 의존 이상의 의존이라는 의미로 그것을 사용한 것으로 보인다. 그는 매우 초기 상태에 대해 말하고 있지만, 그가 의사소통하고 있는 것은 삶 전반에 걸쳐 지속적인 함축성을 지니고 있는 것이다: 즉 인지하는 의존보다 더 큰 의존인, 인지되지 않는 의존에 대해 말하고 있다. 위니캇(1988)은 프로이트와 클라인이 발견하지 못한 더 근원적인 의존이 있다고 느꼈다. 그것은 아직 지각되지 않은 것이다. "근원적인 의존"은 점차 "지각되고 인지되는 의존"으로 이어진다(p. 133). 이러한 위니캇의 설명은 마치 프로이트가 공격성에 대해 묘사하면서, 공격성이 부분적으로 지각된 의존에 대한 반응으로 나타난다고 말했던 것과도 유사하다. 위니캇은 홀로 있음을 지지하는, 보다 초기의 인지되지 않은 의존을 부각시킨다.

여기에서 홀로 있음은 긍정적인 홀로 있음이며, 존재가 행복하게 지속되는 상태이다. 위니캇은 또한 이중 의존의 홀로 있음을 "전-의존적 홀로 있음"이라고 부르며, 그러한 홀로 있음을 토대로 개인이 발달한다고 본다. 그는 다음과 같이 말한다:

> 개인적인 경험은 무생물 상태에서뿐만 아니라 홀로 있음의 상태에서 출현하며, 이 상태는 의존이 인지되기 이전에,

절대적 의존에 해당되는 의존 시기에 발생한다. 다시 말해서 이 상태는 본능에 훨씬 앞서며, 죄책감의 역량과는 더 멀리 떨어져 있다 … 전-의존적 홀로 있음에 대한 이러한 내재된 경험을 인식하는 것은 무한히 중요한 의미를 갖는다(1988, p. 133).

다시 말하지만, 위니캇의 시간 순서가 정확하든 정확하지 않든 상관없이, 그는 삶을 향한 중요한 경험을 위한 길을 예비한다.

처음에 나는 알지 못하는 무한함(unknown boundlessness)에 대한 아기의 감각에 대해 이야기했지만, 앞의 구절들에서 위니캇은 그가 다루는 의존은 그러한 의존에 대한 감각을 느끼지 않는다고 말한다. 이 단계에서는 의존성에 대한 지각도 인식도 발생하지 않는다. 아마도 알려지지 않은 무한함은 뚜렷이 드러나는 것이라기보다 내재된 감각일 것이다. 나는 어느 한 순간에 그것이 존재한다고 느낀다. 그럼에도 불구하고, 나는 위니캇이 여기에서 말하고자 하는 것은, 비록 의존이 현존한다고 해도, 그것은 의존을 지각하지 않는 경험이라는 사실에 관심을 갖는다. 의존을 지각하지 않으면서 의존하는 것과, 지각되지 않고 알려지지 않은 의존에 의해 존재가 지지받는다는 이러한 생각은 많은 파장을 일으키는 근본적인 주장이다. 내가 그러한 의존으로 들어가는 삶을 살 때, 나는 더욱 더 자유롭게 느낀다. 알려지지 않은 지지에 의해 전적으로 지지받는 것은 더 없이 섬세하고 흥분되는 아름다운 경험의 영역을 포함한다. 그것은 이해를 뛰어넘는 평화의 한 조각이다. 위니캇이 말하는 것은 의사소통되지 않는 핵심(an incommunicado core) 안에 있는 홀로 있음을 향하는, 그리고 그러한 홀로 있음에서 나오는 평화이다. 그것은 의사소통되지 않는 존재에 의해 그것 자체의 핵심을 지탱한다. 그것은 한 사람의 생애에서 홀로 있음의 역사를 위한 배경을 구성한다. 홀로 있음 역시 일대기를 갖는다. 홀로 있음의 끈들은 앞을 향해 나아가는데, 그것들 중의 일부는 인식을 통한 하나 됨의 상태에 도달한다. 인식은 무한한 다양성을 즐기지만, 공통의 끈을 공유한다. 반복되는 인식, 즉 의식의 모든 조각들 안에 내재된, 존재에 대한 함축적인 인식은 일종의 하나 됨이다. 그것은 마치 인간존재를 하나로 묶어주는 동일함(sameness)과도 같은 것이다.

우리는 우리의 다른 점들을 사랑하거나 증오하지만, 하나의 생각이 그것들을 관통해서 흐른다. 우리가 그것을 중요한 것으로 평가한다면 말이다. 그것은 모든 것이 하나이며, 모든 것이 홀로인 상태, 즉 홀로 있음 안에서 모두가 하나이며, 형제자매이며, 공유된 인간성인 최초의 상태이다.

우리는 존재의 소중한 상태, 타자들 사이에서 특혜받은 상태로서의 공유된 홀로 있음에 도달한다. 그 안에서 나눔은 홀로 있음 안에 있으며, 홀로 있음은 나눔 안에 있다. 그것에 몸을 살짝 담그면서 우리들 중 어떤 사람은 보살핌의 새로운 수준과 자질을 발견한다. 그리고 어떤 사람에게는 그것에 잠시 몸을 담그는 것만으로도 충분하다.

제 3 장

의사소통되지 않는 핵심과
알려지지 않은 무한히 지지해주는 자

한 여성 환자가 내가 심하게 아프다는 것을 알았다. 그리고 그녀는 어느 오후에 "당신과 섹스를 하고 싶어요. 당신에 대해 알고 싶어요. 우리의 의사소통되지 않는 핵심을, 우리가 알지 못하는 것들을, 그리고 서로에 대해 알고 싶어요"라고 말했다.

나는 그 느낌을 충분히 전달할 수 없다. 전부 다 정확하게 기억나지도 않는다. 그것은 아무것도 억제하지 않고, 모든 것을 주면서, 모든 것을 경험하는 것과 관련되어 있었다. 그것은 충일한 "상호침투적이고 조화로운 혼합" 그 이상의 것이다. 심오한 인지—깊고, 전적인 앎—는 혼합의 일부이다. 마치 모든 것이 연루되고, 주어지고, 알려진 것처럼 말이다. 여기에서 알려지지 않은 것이 알려진 것이 되고, 알려진 것이 알려지지 않은 것이 된다. 어쨌든, 앎은 이 알려지지 않은 것, 즉 의사소통되지 않는 핵심의 필수적이고, 함축적인 부분이다. 알려지지 않은 것에서 알려지지 않은 것으로, 핵심에서 핵심으로. 전체로 한데 쓸어 모은다. 모든 것 그 자체를 말이다.

물론 그녀는 그런 일이 일어나지 않을 거라는 것을 알고 있었다. 우리는 그렇게 하지 않을 것이다. 우리는 그런 방법으로 가까운 사람을 상처 입히지 않을 것이다. 그녀는 젊었을 때, 어떻게 성적으로 "행동화"(act out)했는지 말해주었다. 섹스는 자기주장을 하고, 삶을 맛보고, 아무것도 놓치지 않는 하나의 방법이었다. 그녀가 나에 대해 갈망을 갖고 그것을 표현하기까지, 그리고 우리가 그런 느낌을 갖고 그것의 정신을 갖기까지 오랜 시간이 걸렸다.

그녀는 비난을 두려워했다. 누군가가 그녀를 오해하곤 했고, 그녀를 밀쳤다. 즉 거절했다. 삶을 원하지만, 그 삶은 나쁘다는 느낌을 가짐으로써 그녀 자신이 나쁘다는 느낌이, 그리고 그 나쁜 것의 잔재가 항상 남아있었다. 어쩌면 그녀도 나를 치료하고 싶었을 것이다. 우리는 멋진 삶의 경험을 했을 것이고, 그건 우리 두 사람에게 큰 변화를 가져왔을 것이다. 성취, 진실함의 순간이었을 것이다. 희망, 소망, 환상, 돌봄, 내면의 감정이 나를 낫게 했을 것이다. 이제 그것은 공유한 감정이 되었을 것이다.

나는 비판적인 반응으로 그녀를 두렵게 만드는 그런 사람은 아니었다. 부정적인 누군가는 우리 모두에게, 우리의 한 부분에, 우리의 자질의 일부에 자리잡고 있는, 일종의 영원히 부정적인 누군가이다. 그러나 그것은 많은 좋은 일들을 한다.

나는 미소 지었고, 아마 내 목소리도 미소 지었을 것이다. 나는 "당신은 정말 아름답군요. 정말 아름다운 느낌이에요. 정말 좋아요"라고 말했다. 그녀는 카우치 위에서 몸을 돌려 나를 바라보았다. 그녀는 밝게 빛나고 있었다. 그 순간, 우리는 서로 사랑했다. 대화 중에 나는 말했다. "그것을 마음속에서 그릴 수 있어요." 그것은 함께 섹스를 하는 것이었다. 그녀는 심오한 해방감을 느꼈다.

그 느낌은 그 순간에 잘려나가지 않았다. 감정이 되살아났고,

증명되었다. 우리는 그 감정을 우리의 출생 과정의 일부로 여기며 살아낼 수 있었다.

내가 강조하는 것은, 알려진 알려지지 않음은 알려지지 않은 것으로 남는다는 것이다. 우리가 함께 하는 것은 아주 완전한 것이기 때문에, 우리가 알지 못하는 것들이 서로 접촉하고 서로 안다고 그녀가 말했을 때, 그것은 알려지지 않은 것이 알려지지 않은 것으로 남아있는 앎이었다. 이때 알려지지 않은 것은 깊어지고 더 풍요로워진다. 더 충일한 알지 못함이 낳는 알지 못함은 항상 성장하는 알려지지 않음, 배경, 수평선, 그리고 경험을 지지해주는 알려지지 않은 것의 일부이다.

위니캇은 알려지지 않은 핵과 함께, 알려지지 않은 배경에 대해서도 말했다. 위니캇의 알려지지 않은 배경의 의미에 대한 특별한 공헌 중의 하나는 갓 태어난 개인은 그것을 지지하는 환경에 대한 인식을 결여하고 있다는 깨달음이다. 위니캇은 홀로 있음의 일차적 상태, "본질적인 홀로 있음," "근본적으로 변할 수 없고 내재된 홀로 있음," 인식하지 못한 타자의 지지에 의존하는 홀로 있음에 대해 가정하고, 묘사하고, 표현한다. 그것은 홀로 있음의 요구에 가능한 완전하게 적응하기 위해 타자들의 의지와 능력에 의존하는 홀로 있음이다.

이 상황에 대한 진술은 역설을 포함한다. 처음에 본질적인 홀로 있음이 있다. 동시에 이 홀로 있음은 최상의 의존 상태에서만 있을 수 있다. 이 시작 지점에서, 새로운 개인의 존재의 연속성은 환경에 대한 인식을 갖고 있지 못하며, 그 환경이 주는 사랑을 알지 못한다. 이 환경은 우리가 홀로 있는 상태의 본질적인 조건들에 대한 무지와 함께, 근본적으로 변경될 수 없는 내재된 홀로 있음이 침범에 의해 방해받지 않을 정도로 적극적인 적응을 제공해주는 사람을 지칭한다(Winnicott, 1988, p. 132).

위니캇은 이 상태를 "존재의 일차적 상태"(a primary state of being), "전-원시적"(pre-primitive) 발달 단계라고 불렀다. 이것은 멜라니 클라인과 그녀의 추종자들에 의해 발달된 "원시적" 상태의 풍부함으로부터 부분적으로 구분되는, 전-원시적 단계이다. 클라인의 자리들(positions)이 자기-타자의 삼투성에 다분히 의존해 있는 것이 사실이지만, 그 개념은 예외 없이 박해적이고, 나(me)를 나-아닌 것(not-me)으로부터 지켜야 하는 초기 자기의 방어적 사용을 강조하고 있다. 다른 곳에서 내가 서술했듯이(Eigen, 1996, 2006b), 클라인의 심리학은 정신 그 자체와, 다른 정신들과 전쟁하고 있는 정신을 다루는, 전쟁 심리학으로서 시작되었다. 위니캇의 심리학은 비록 그것이 정신이 발달하면서 나타나는 분열을 포함하고는 있지만, 평화 심리학으로 시작한다. 그에게는 신비주의의 언어와, 어쩌면 이해를 통한 평화에 감동받는, 고통 받지 않고 행복한 중심적이거나 일차적인 순간들이 있다.

평화(샬롬)는 기도문에서 중심적인 역할을 한다. 나는 종종 비꼬듯이 이 말을 하는데, 그것은 거기에 평화가 너무 적기 때문이다. 영혼의 안식 지점, 평화 지점, 신(神)조차도 편히 쉴 수 있는 안식일이 너무 적다. 위니캇은 전쟁이 적지 않은 부분을 차지하는 더 큰 인간 발달을 향해 가는 하나의 중요한 상태로서의, 평화의 지점—평화의 지역이라고 내가 감히 부를 수 있을까?—에 관한 특별한 관점을 발달시켰다. 삶에는 갈등, 고통, 악몽이 너무 많기에 어떤 평화는 떠내려가고, 경시되었다. 위니캇은 결국 가장 고통스러운 갈등들, 역설들, 그리고 극단적인 것들을 유지하는 능력의 발달로 인도하는 발달의 기본적인 부분으로서 평화를 포함시키려고 한다. 그러나 그것은 단지 방어적이거나 이류 시민적이지 않다. 나중에 전사의 운명을 향한 중요성 쪽으로 기우는 경향성이 있기는 하지만, 위니캇은 그것을 목적 지점으로서의 일차적 상태(the primary state)가 아닌, 출발 지점으로서의 일차적 상태(a primary state)라고 불렸다.

어쩌면 이전이나 이후를 비교하는 것은 이것들에 대해 말하는 최선의 방법이 아닐 것이다. 나는 앞으로 있을 많은 상태들이 잇따라 나타나고 합쳐질 거라고 마음속으로 그린다(Eigen, 1986, chapter 4). 아마 어떤 개인들에게는 특정한 분류가 다른 것보다 더 강조되고, 흐름이나 혼합에서 차츰 지배적이고 하위-지배적인 (sub-dominant) 정체성들로 자리 잡게 될 것이다. 최소한, 위니캇의 "서술들"은 그가 중요하다고 생각하는, 그의 존재의 측면이 기초해 있는, 그가 신호를 전달받고 있다고 느끼는 것이 타자에게 중요하다는 직관을 표현하려는 시도들이었다. 릴케(Rilke)의 시를 읽을 때, 나는 종종 그의 말에서 경험이 태어난다는 것을 느낀다. 나는 위니캇의 글을 읽을 때 그런 느낌을 갖는 것은 아니지만 (아니면 내가 그랬던가?), 가끔은 그런 것 같다.

우리는 위니캇이 정신분석의 발달적 용어를 사용하여 암묵적으로 신비의 상태를 건드리고 있기라도 하듯이, 혼자에 대한 혼자라는 플로티누스(Plotinus)의 메아리를 듣는다. 그는 하나의 존재가 시간 안에서 연속성의 느낌에 의해 지지를 받고 있으면서도 나/나아닌 것(me/not-me)의 자리에는 아직 도달하지 않은 비-이원적 또는 전-이원적 상태라고 불릴 수 있는 것에 접촉한다. 물론, 플로티누스에게 있어서 그 목표는 신에게 뿌리를 두고 있고, 다른 모든 것은 잘려나간다. 위니캇의 생각을 적용한 나의 생각은 이제 막 출현하는 최초의 존재는 신생아를 적응적으로 돌보는 이에 의해 지지받는데, 그때 그는 보이지 않고, 알려지지 않은 신의 역할을 물려받고 있다는 것이다.

위니캇은 "근본적인 상태," "최초의 상태"(1988, p. 131)를 말하는 다양한 방식들을 갖고 있다. 위니캇의 글을 읽는 저자들에게 친숙한 용어들 중의 하나는 "패턴 없고 계획되지 않은" 그러나 혼돈스럽지는 않은 "통합되지 않음"(unintegration)이다. 우리는 이 맥락에서 패턴은 없지만 혼돈스럽지는 않다는 것이 무엇을 뜻하는지를 충분히 논의할 수는 없다. 다만 여기에서 통합되지 않음의 의미는 나/나아닌 것의 이원성 이전의 경험이라는 점에 주목하고자 한다. 그것은 통합된 상태에 머무르고 정체성을 유지하기 위해 사용되는 방어적이고 혼돈스런 해체(disintegration)가 아니다. 그것은 "존재 경험의 원초적인 연속성"이다. 시간적 존재로서의 연속감이 위니캇이 말하는 일차적 상태이며, 그것의 출현과 발달을 위해서는 도우미들을, 즉 그들의 도움이 인식되지 않는 상태에서 헌신하는 도우미들을 필요로 한다. 이런 진술에 대해 어떤 이는 어떤 것을 당연한 것으로 받아들일 수 있는 구별된 정체성의 느낌이 아직 충분하지 않다는 것 외에는, 당연한 것이라고 말할 것이다. 그보다는, 그 지지가 헌신적인 자세로 지속되기 때문에 알려지지 않은 상태에서 유아의 경험의 연속성이 유지될 수 있는 것이다.

그런 이유로, 위니캇은 돌봄을 받는 사람이 그 돌봄에 대해 알지 못하고 있고 "필요에 대한 적응이 거의 완전한" "환경-개인 단위"(environment-individual set-up)에 대해 말한다.

후자는 참으로 알려지지 않은 신의 전조, 형판, 또는 초기 정신분석에서 말하던 신의 원기(anlage)이다. 시편에 나오는, "손을 펴사 모든 생물의 소원을 만족하게 하시나이다"라는 말처럼 말이다.

위니캇이 돌봄에 대한 이상적인 그림을 그린다고 비판하기는 쉬운 일이지만, 나는 욕조의 물을 버리면서 아기도 함께 버릴까 봐 염려된다. 위니캇은 감히 내가 빼놓을 수 없는, 나에게 그리고 인류에게 중요한 어떤 것을 맴돌고 있다. 관심의 경험적 연결망의 측면들을 묘사하면서, 나는 다른 많은 것들을 무시하거나 당

제 3 장 의사소통되지 않는 핵심과 알려지지 않은 무한히 지지해주는 자 / 37

연시했다. 우리는 인지적 상호작용, 관계적 상호주관성에 대한 일반적인 생각, 상호적 적응성의 시련, 성공, 실패에 대해 말하고 있지 않다. 나는 이 모든 것을 가정한다. 위니캇의 일차적 상태에 대한 연구에서 중요한 것은, 어떻게 서술되든, 하나의 경험적 모체가 인간의 삶에서 결정적인 결과를 초래한다는 사실이다. 나는 어느 정도 시적 자유를 누릴 것이지만, 우리가 접촉하고 있는 그 경험적 상태가 실제적인 것이라고 느낀다.

나는 존재의 경험에 대한 알려지지 않은 지지가 무한한 측면을 가지고 있다고 생각한다. 위니캇이 사용하는 존재라는 단어와 연관되어 있는 것은 삶, 살아있음, 시간 안에서의 연속성, 지지받고 파열되지 않은 기본적인 홀로 있음이다. 어쩌면, 지지받고 있는 핵의 무한한 측면, 알려지지 않은 무한한 신에 의해 지지받는, 계속되는 존재의 의사소통되지 않는 무한한 핵도 연관되어 있을 것이다. 누군가는 상호침투적인 조화로운 혼합(Balint, 1968), 또는 존재의 상호적 본성을 지적할 수 있고, 이러한 홀로 있음에 대한 헌신적 적응이 병리적인 것이라고 말할 수도 있을 것이다. 그럴지도 모른다. 하지만 위니캇은 그것 또한 본질적으로 생명을 주는 것이라고 주장한다.

그것은 윤리적 민감성을 구성하는, 필요에 대한 돌봄과 헌신에 대한 모델을 제공하며, 한 사람의 핵 안에서 사랑받는다는 느낌(신이 무한한 사랑으로 나를 사랑하신다)의 기초를 형성한다. 우리는 나중에 나타날(만약 나타난다면) 현실적 사랑에 대해 말하고 있는 것이 아니라, 개인의 핵 안에서 살아있고, 살아있는 동안 발달하도록 도전받는 진정한 사랑에 대해 말하고 있다.

이 상태와 연관된 용어들, 예컨대, 일차적 자기애나 자폐 등은 종종 비방을 받거나, 평가절하되거나, 병리적인 것으로 취급된다. 거기에는 충분한 이유가 있다. 타자를 인식하지 못하고 있거나 타자의 실재에 대해 관심이 없는 것처럼 행동하는 것은 종종 파괴적 경향과 관련된다. 자기 자신만의 세계 안에서 사는 것은 광증, 정신병질증, 이기심, 접촉의 결여, 고립, 또는 단순히 꿈같은 상태를 묘사하는 일반적인 방식이다. 그러나 발린트(1968)가 그의 한-사람 관계(one-person relationship), 창조성의 영역에서 다루고 있는 창조적 자폐와 같은, 이러한 언어의 또 다른 사용법들이 있다.

만약 한 개인이 타인들이(만약 "타인"이 존재한다면), 자기를 위해 자기의 삶을 지원해주기 위해 존재한다는 핵심적인 느낌을 고립시키고, 이것을 깊은 무의식적 무한함(특히, 인식하지 못하는 무한히 지지하는 타자)과 연결시킨다면, 그는 모든 병리를 특징짓는 실마리와 접촉하고 있는 것이다. 알지 못하는 무한한 타자에 의해 사랑받고, 사랑받아야 하며, 지지받아야 한다는 생각에는 뭔가 지독하게 잘못된 것이 있다. 그 타자는 나를 지지하기 위해, 나의 필요들을 충족시켜주기 위해, 또는 약간 변형된 형태로, 내가 원하는 걸 모두 주기 위해 존재한다. 알려지지 않은 무한한 타자에 의해 지지받고 있는 의사소통되지 않는 핵심의 깊은 내부에 뭔가가 걸려있다. 극단적인 경우, 의사소통되지 않는 핵심 그 자체가 악성으로 변하기 시작한다. 그러나 그것은 광채를 발하는 순진성에 대한 어느 정도의 기억도 없이 일어나지는 않는다. 살아남는 배경이나 친절한 선함/순진성의 흔적은 가장 악의에 차고 비뚤어진 핵에 대해 말해준다.

싸이코패스에게 타자는 나를 위해 존재한다. 그 타자는 단순히 나를 지지하고 먹여주는 대상으로 존재하는 것이 아니라, 사리사욕에 눈이 먼 세상에서 내가 할 수 있는 한 뜯어내고 얻어낼 대상으로 존재한다. 나는 살아있기 위해 죽이고, 훔치고, 속이고, 사기칠 권리가 있다. 이것은 약탈자-먹이 사슬의 일부이다. 알려지지 않은, 무한한, 베푸는 타자는 무한히 쟁취하는 자와 융합된다.

자아의 무한성은 베푸는 이의 자리를 선취한다. 그것은 무언가를 얻거나 아무것도 얻지 못하는 실존적 전쟁이다. 그것은 나에게, 나 혼자에게 달려 있다. 끝없는 취하기, 취하기와 융합된 무의식적인 무한성이 있다. 언제나 무한성은 어딘가에서 비하되고, 과대적인 것으로 예단된다.

  우리 지도자들의 수사학을 보라: "충격과 경이로움"; "선취적 강타"; 삶의 대가와 실제 고난을 가리는 무한한 영광의 발휘(미국 국기는 "옛 영광"이라 불린다). 온전한 정신의 작은 조각이 연방 법원의 최근 결정에서 그 모습을 드러냈는데, 그것은 웅장하고 가슴이 떨리게 하는 신의 수레바퀴 쇠(Divine Strake)라고 불리는 폭파실험에 대해 법원이 "무기한 연기" 결정을 내린 것이었다. 정부는 초기에 미국의 네바다 사막에서 역사상 가장 큰 비-핵폭탄의 지하폭파 일정을 2006년 6월 초로 잡았었다. 그것의 공언된 목적은 핵무기가 그런 폭파를 모방하기 위해 무엇이 필요한지, 또는, 어쩌면, 다른 방식으로, 핵 장치에 버금가는 무기를 위해 "전통적인" 폭발물에 무엇이 필요한지를 알아보기 위한 것이었다.

  그 폭파는 전에 핵 실험이 행해졌던, 라스베이거스에서 북쪽으로 약 80마일 정도 떨어진 곳 지하에서 행해졌고, 버섯구름이 자랑스럽게 홍보되었다(Divine Strake를 검색해 보라). 그들은 심지어 그 지하터널을 신의 이것, 신의 저것이라고 이름 붙였다. 지옥 같은, 귀신같은, 자축하는, 묵시록적 이미지를 사용했다. 그 폭파가 이란을 위협하고, 그들의 핵 계획을 취소하지 않으면 그렇게 할 것임을 보여주기 위한 것이었을까? 아니면 단지 다가오는 중간 선거에서 공화당을 뽑도록 국민들을 겁주기 위한 상상적인(너무 실제 같은) 힘의 과시였을까? 정치적인 분위기를 조성하는 데 전능한 힘을 보여주는 것만한 것이 없다.

  미국 원주민들은 그들의 땅에 폭파가 예정된 것을 알고 다른 시민단체들과 연대하여 연방정부는 그 미친 짓을 그만두어야 한다고 법원에 소송했다. 온전한 정신의 한 조각이 우세해진 순간이었다.

수단과 방법을 가리지 않고 이기는 것은 충분히 타락한 것이다. 그러나 그 혼합물에 무한한 자격감의 세례를 더한다면, 즉 인격을 감싸는 원초적이고 무한한 지지를 역전시킨다면, 거기에는 끝모르는 과대망상이 기다리고 있을 것이다. 정신병질자의 경우, 스스로를 양육하는 무의식적 기능은 독으로 변하고, 도착된 무한한 자기-양육은 실패하게 된다 (부시의 "매력"의 일부는 과대적인 자기-양육의 자질로 채워진 것일까?). 다른 사람을 무한히 상처주는 사람이 됨으로써 또는 왜곡된 무한함이 됨으로써 그는 무의식적으로 무한한 타자를 흉내낸다. 그는 지지를 흉내내는 것이 아니라, 지지 안에 생긴 구멍, 위반, 외상을 흉내낸다. 그는 그의 힘이 허락하는 한, 외상의 창조자가 되고, 상처의 주인이 된다. 상처는 도망치고, 그 자체의 삶을 가지며, 부메랑으로 되돌아오는데, 그 결과 파괴성과 자기-파괴성이 합쳐진다(Eigen, 1999, 2001a, 2002, 2005, 2006a, 2007).

지구에 살고있는 사람들은 우리의 무의식적인 지지적 보호막의 붕괴에 대해 아파하고 있다. 무한히 좋은 배경적 지지는 전경적(foreground) 위협에 의해 몰수된다. 사람들은 지구에서 일어나는 모든 불의에 대해 아픔을 느끼지만, 권력을 잡은 엘리트들은 그들이 원한다고 상상하는 것을 행하기 위해 아픔 따위는 잊어버린다. 우리는 사회적으로 생각하기 위해 정신적으로 생각해야만 한다. 정신적 지지의 무의식적 층들은 광적인 독에 의해 부패되고 침식되었다. 위니캇의 비전 안에서, 많은 것들이 모든 싸움을 담당하는 자아가 형성되기 이전의 정신적 하층토에서 일어난다. 거대한 잘못들의 압력 하에(그것들을 바로잡거나, 복수하거나, 변경시키기 위해) 싸우기 위해 준비된 자아는 조숙하게 인격의 너무 많은 부분을 떠맡고, 무한한 공간을 선취함으로써, 무한한 싸움꾼이 된다. 이원성을 향한 움직임은 항상 경쟁해야 하는 이것 대 저것의 수렁에 빠지게 된다. 오늘날 전 세계 많은 사람들에 의해 숭배되는 무한한 신은 많은 가면들 뒤에서 잔인성을 재가하는 독성을 지닌 파괴적 신이며, 이는 정신적 하층토의 왜곡을 나타낸다.

아이의 경우 몸은 환상을 따라잡을 수 없다. 나는 프로이트를 따라, '아이로서 또는 꿈꾸는 자로서'라고 말해야 할 것이다. 잠자는 동안 꿈을 꾸는 자는 소망을 노출시키는 것을 안전하게 느낀다고 생각하는 것은 거의 프로이트 시대의 달콤한 순진성에 속한다. 몽유병적인 환각은 소름끼치는 것이 되었다. 우리는 무한한 파괴성의 충동 및 환상과 행위 자체 사이를 더 잘 연결시킬 수 있는 도구들을 발달시켜왔다(Eigen, 2002). 무한히 지지하는 타자는 상처 입었고, 회복된 모습은 보이지 않는다. 자기와 사회의 기형화는 상승작용을 일으키고 있다.

그러면 나의 환자는 어떠한가? 나의 대한 그녀의 사랑은, 그녀의 욕구는 어떠한가? 그녀의 의사소통되지 않는 핵과 무한한 배경적 타자는 어떠한가? 나는 그녀의 나쁜 동기를 엿보아야 하는가? 그녀는 생산력 있는 무한성에 의해 추동된다. 회복하고 온전하게 만들려는 욕구뿐 아니라, 위대한 것, 위대한 순간, 아름다운 것, 영원한 기쁨을 창조하려는 욕구가 있다. 신랄하고, 심하게 고통스럽고, 구속받는 순간이 있다. 너무 큰 고통의 순간은 존재를 한 장소에서 다른 장소로 옮겨 놓는다(운송이라는 의미에서). 그것은 존재를 개방한다.

모두가 느끼지만 아무도 보지 못하는 정동적 지하가 바로 삶이 펼쳐지는 곳이기 때문이다. 그것은 부분적으로 프로이트와 비온으로 하여금 정신적 실재에 어떤 특권을 부여하도록 이끈 것이다. 비온은 외부 공간에 대한 지각은 정서의 떠오름과 가라앉음, 공허-충만에 의존한다고 말했다. 그가 양육, 젖가슴, 모유가 비워지고 채워지는 느낌에 대해 말하고 있다고 생각될 때, 그는 실제로 우리의 지각적 세계를 채색하는 어떤 정동의 일차성에 관해 말하고 있다는 것을 알 수 있다(Eigen, 1986, chapter 6).

전-원시적인 일차적 상태로서의 홀로 있음은 그 홀로 있음이 알지 못하는 배경에 의해 지지받는다. 그것은 존재 안에 있는 암시적인 배경이요, 개념적 명료성을 가진 형상이 아니다. 그것은 시간 속에 있는 존재의 연속성에 대한 느낌으로서의 홀로 있음이다. 알려지지 않은 최대의 의존은 무한한 알려지지 않은 것에 의해 지지받고, 무한히 알려지지 않은 것은 홀로 있음의 핵에 거의 완전히 적응한다.

혼돈은 홀로 있음이 검은 겨울의 충격 아래 해체될 때 온다. 외상화하는 맥락은 홀로 있음을 마비시키고 홀로 있음이 살아있지 않음 속으로 숨게 하는 역동을 작동시킨다. 아마도 홀로 있음은 살아있지 않은 상태 안에서 아직도 존재를 맛보기를 희망하고 있을 것인데, 그것은 부분적으로 존재할 수 있게 되기를 기다리고 있는 숨는 행동이다. 그것은 존재를 엿보는 것, 그것의 일부를 살아있게 하는 것, 그것을 보호하는 것이다. 거기에는 홀로 있음이 존재의 연속성에 대한 경험이 성장하도록 허용할 수 없을 만큼 불안이 많고, 무슨 일이 일어날지에 대한 불안이 너무 많다.

치유에 대한 위니캇의 그림은 존재의 연속성이라는 소중한 느낌이 성장할 수 있는 조건들을 창조하는 것을 포함한다. 치료사는 무의식적인 무한한 지지를, 그리고 어느 정도 알려진 인격의 매개물을 통해 접근된 생산력 있는 무한한 알려지지 않음을 맛보게 한다. 그것은 불연속성을 살아남는 연속성이요, 아마도 즉각적으로는 아니지만, 시간이 지나면서 다시 채워지고 다시 돌아오는 연속성이다. 위니캇에게 있어서 연속성—불연속성이 아니라—은 일차적인 것이다. 그는 유행과는 달리, 불연속성을 이상화하지 않는다. 이상화해야 한다면, 그는 연속성을 이상화했을 것이다. 그러나 홀로 있음이 삶의 풍부함을 추구하는 것은 붕괴를 감싸는 핵과 배경적 지지로서의 모든 것을 포괄하는 존재의 연속성 경험 아래에서이다.

비록 위니캇에게 있어서 양육을 받는 인격의 부분과 양육을 하는 인격의 부분 사이에서 초기 분열이 발생하는 것이 사실이지만, 어느 정도의 자기-양육(self-nursing)은 필수적이다. 자기-양육은 개인이 성장할 수 있게 하는 긍정적 환상(illusion)의 일부일 수 있다. 그것은 의사소통되지 않는 핵에 대한 무한한 적응을 흉내낸다. 한 가지 좋은 점은 개인이 자기 자신과 홀로 있을 수 있고, 자신에게 양분을 공급할 수 있다는 것이다. 그러나 그것은 환상이요, 산산조각 날 수밖에 없는 홀로 있음이다.

위니캇에게 있어서 환상은 원군(succour) 그리고 창조성과 연결된 긍정적 의미를 갖고 있다. 홀로 있는 핵으로부터 시작되는 발달이 잘 진행된다면, 배경의 무한한 타자가 뻗어 나온다. 그것의 탄력성이 변화하는 상황을 호의적이고 삶을 지지하는 것으로 바꾸려도 시도하면서 새로운 장소로 성장해 들어간다. 그것은 최소한, 신뢰와 복종의 뿌리와 연결되어 있는데, 그 신뢰와 복종은 누군가가 거기에 있다는 것을 알지 못한 채 다른 사람과 함께 있으면서 홀로 있음에 자신을 맡긴 행동의 잔재이다.

더 좋건, 더 나쁜 건, 우리는 자기-양육하는 자들이고 이 과정에서 타자들을 사용한다. 우리가 이것을 하는 방식들은 중독들, 도착들, 권력에의 탐욕(또는 단순한 정욕), 창조성, 사랑, 또는 심지어 일상적인 교류의 전체 범위를 관통한다. 거기에는 인식하지 못한 채 타자에게 무한히 지지받는 원초적 홀로 있음에 대한 소망이 남아있다. 즉, 파열시키는 타자 바깥에 있는 순간에 대한 소망이 있다.

하지만 이 인식하지 않음(나중에 환상)을 파열시키는 것은 타자만이 아니다. 개인 자신의 발달 또한 그렇게 한다. 발달적 욕동은 타자들을 창조하는 동안 환상들에 구멍을 낸다. 거기에는 개인 자신에게 내재된 붕괴에 대한 불안이 있으며, 이는 홀로 있음의 또 다른 얼굴이다.

다소 이상화된 문구에서, 위니캇은 "나이가 얼마든, 경험이 어떤 것이든, 모든 개인이 다시 시작하기 위해 되돌아갈 수 있는 근본적인 상태는 어떤 것인가?"(1988, p. 131)라고 질문한다. 소망적 사고, 신조, 신앙, 확신, 비전일까? 참되고 끊임없는 재생(regeneration)의 동력은 무엇일까? (다양한 종류의 재탄생 경험에 관해서는 Eigen, 1992를 보시오).

알려지지 않은 무한성에 의해 지지받는 홀로 있음과 함께 밑바탕을 접촉하는 것은 단순히 소망이 아니라 필요이다. 삶을 지지해주는 배경에 있는 무한성과 다시 연결해야 할 필요 말이다. 신뢰감의 일부는 지지에 대해 인식하지 못한 채 지지받는 시간이나 경험에서 자란다. 이때 지지는 그저 존재의 일부인 것처럼 느껴진다.

아픈 상태에 있는 나와 성관계를 하고 싶다는 내 환자의 충동과 비전(또는 그 안에서 느낀 아름다움에 대한 나의 수용과 사랑) 안에 어떤 "병리" 또는 기능과 사용이 담겨 있든지, 나는 그것이 위니캇이 그의 신앙 안에서 접촉하고 있는 것과 관련되어 있다고 생각한다. 나는 그녀가 느끼는 비전, 지지받고 있는 의사소통되지 않는 핵, 변형되는 소통되지 않는 핵의 생생함을 느끼며, 그런 방식으로 우리의 의사소통되지 않는 핵이 서로를 지지하는 무한한 알려지지 않은 것들이 된다.

제 3 장 의사소통되지 않는 핵심과 알려지지 않은 무한히 지지해주는 자

 우리가 아는 모든 것들은 물속의 물고기처럼 섞인다. 왜냐하면 우리는 중요한 방식으로 서로에 대해 어느 정도 알고 있고, 서로에게 충실하기 때문이다. 그리고 이런 앎은 알려지지 않은 것을 풍요롭게 한다. 이것은, 갈등적인 상호성에서처럼, "성숙"한 성인이 해내는 갈등의 극복과정이 아니다. 그러나 거기에는 존재를 들어올리는, 위험하고, 필수적인, 그리고 결코 웃자라지 않는 영광의 하층토의 일부가 있다. 이따금씩 한데 섞이고, 자기-내용물(self-substances)을 교환하는, 기적적이고, 흥분되는 의사소통되지 않는 핵들과 그것들의 잔물결들이 있다. 그 상호 뒤섞임은 종종 소리없이 덜 강렬한 형태로 핵에서 핵으로 이어진다. 그것은 우리가 "병리"를 취소할 수 있다거나 병리와 정신분석이 서로 관련성이 없다는 것이 아니다. 그 순간에 그것은 더 큰 물결 안에서 휩쓸려간다. 그리고 다른 어떤 일이 일어난다. 결여된 것을 채우거나 해결하는 것이 아니라 결여를 윤기 흐르는 것으로 만들고 결여에 날개를 달아준다. 이것은 생존에 지나지 않는 것이 아니라 돌봄의 승리이다. 그 순간은 아마도 가치 있는 순간일 것이다.

제 4 장

싸이코패스 시대의 죄책감*

 죄책감, 이것은 방대한 주제이다. 우리는 이 주제를 조금씩만 다룰 수 있다. 먹이를 조금씩 갉아먹는 작은 물고기처럼 말이다. 우리는 우리가 말하는 모든 것이 부분적이라는 것을 알고 있다. 어떤 하나에 대해 말하기 위해 다른 것은 남겨 놓는다. 우리가 알면서도 말하지 않는 것 외에도, 우리가 알지 못하고, 아직 생각할 수 없는 것, 아직 시야에 들어오지 않은 것, 아직 생각의 지평선 위로 떠오르지 않은 것이 있다. 그러므로 우리는 미래 앞에서 우리가 줄 수 있는 작은 것을 추구하는 것에 대해 감사하면서, 겸손히 말한다. 이런 말을 하는 것은, 만약 내가 담대히 말한다고 해도, 그것은 우리와 접촉하는 광대함의 아주 작은 부분에 지나

---

* 이 장의 내용은 2005년 4월 로마에서 열린 이탈리아 정신분석학회에서 발표한 논문으로 이루어졌다. 그것은 나의 책 「싸이코패스의 시대」의 한 부분이며, 로버트 영(Robert Young)의 「인간 본성」(Human Nature)의 온라인 사이트: http://www.psychoanalysis-and-therapy.com/human_nature/eigen/part1.html에 실린 내용이기도 하다.

 이 논문의 일부는 나의 책, 「정서적 폭풍」(Emotional Storm)의 "죄책감"(Guilt)이라는 장에서 가져왔다. Middletown, CT: Wesleyan University Press, 2005.

지 않는, 말에 대한 자부심에서 나온 것임을 알기 때문이다.

우리는 모두 죽이는 자이다. 그러므로 우리 모두는 죄인이다. 우리 모두는 죄책감을 지닌 죽이는 자이다. 이것을 피해 갈 수 있는 다른 방도는 없다. 우리는 그것에서 벗어날 수 없다. 우리는 살기 위해 죽인다. 우리는 살기 위해 서로를 죽인다.

죽이는 것은 사는 것의 일부이다. 그것은 삶을 구성한다. 그러나 빛이 많은 색깔들로 굴절되듯이, 살아있음은 많은 성향들과 반대-성향들, 많은 정서적 색깔들을 갖고 있다. 우리는 죽이는 자이지만, 죽이기만 하는 자들은 아니다. 우리는 사랑하고, 호기심을 갖고 있고, 궁금해 하고, 탐구하고, 삶의 잔을 남김없이 비우고, 우리 자신들과 서로에게 감사하고, 세상에게 감사한다. 우리는 삶을 소중하게 여긴다. 우리는 삶에게 정의를 행하기를 원한다.

우리에게는 정서적 가능성들을 포함해서, 일련의 가능성들이 주어졌다. 아이작 바셰비스 싱어(Isaac Bashevis Singer)는 이런 말을 한 적이 있다. "신은 우리에게 그토록 많은 정서들을, 아주 강한 정서들을 주셨다. 모든 인간 존재는 설령 그가 바보일지라도 정서적으로는 백만장자이다." 어떤 점에서, 정서는 많은 색깔로 굴절되는 우리가 지닌 빛이다.

정신분석은 종종 방탕함의 한 종류로 풍자된다. 그것은 사람들을 성욕, 자기-주장, 자기-인정에 덜 죄책감을 느끼게 만들려고 시도한다. 삶을 사는 것에 덜 죄책감을 느끼게 한다. 그것은 살인에 대해서도 덜 죄책감을 느끼게 만드는가? 그것은 사람들을 더 건강하게 또는 더 생산적인 방법으로 살인하는 더 좋은 살인자가 되도록 돕는 걸까? 덜 자기-파괴적인 죽이는 자가 되게 하는가? 더 나은 방식으로 나쁘게 만드는가? 그것은 사람들이 더 생산적인 방식으로 죄책감을 느끼게 만드는가? 아니면 그들의 죄책감을 무시하거나 망각하게 만드는가?

우리는 지나친 죄책감, 고행적 죄책감, 극단적인 자학, 자기-희생(self-immolation), 자기-억제 앞에서 섬뜩함을 느낀다. 우리는 너무 많은 죄책감을 병리, 즉 신경증적이거나 정신증적인 죄책감이라고 본다. 우리는 저지르지 않은 범죄에 대한 죄책감, 자기를 제한하고, 삶을 변형시키고, 저지하고, 심지어 멈추게 하는 과도한 죄책감의 올가미를 느슨하게 만들려고 시도한다. 자살의 한 종류로서의 죄책감, 때로는 실제 자살로 이어지기도 하는 대체 자살로서의 죄책감이 있다. 그러한 극단적인 형태들에서 우리는 타자의 살해이든, 자기 자신의 살해이든, 죄책감과 살해 사이에 연결고리가 있음을 본다.

동시에 죄책감은 유용한 사회적 기능을 갖고 있다. 그것은 사람들을 하나로 묶는다. 살인을 멈추게 한다. 그것은 서로 잘 지내는 법을 배우는 학습과정의 일부요, 우리가 너무 멀리 왔거나, 너무 멀리 가려고 한다는 것을 알려주고, 우리가 서로를 느끼고, 서로를 형태 짓고, 서로를 돕는 방식의 일부이다. 그것은 우리가 서로를 대하는 방법을 조절하도록 돕는다. 그것 없이 우리는 더 나빠질 것이다. 우리는 공격성을 억제하는 데 도움이 되는 여러 조절적 정서들을 가지고 있다. 수치심, 죄책감, 불안이 그것들 중의 일부이다. 이것은 죄책감에 대한 실용적이고, 진화적이며, 생존적인 관점, 즉 죄책감에 대한 현실주의이다.

이것의 전체 범위의 다른 쪽 끝에는 너무 적은 죄책감을 느끼는 사람들이 있다. 죄책감을 느껴야 할 때 죄책감을 느끼지 않는 사람들 말이다. 나는 수년 전에 행동주의자인 모우러(O. Hobart Mowrer)가 그가 정신병원에서 환자처럼 지낸 시간에 대해 했던 말을 기억한다. 그곳에 있으면서, 그는 "정직 집단"(Honesty groups), "고백 집단"(confession groups)이라는 소집단들을 조직했는데, 환자들은 그 집단에 함께 모여 그들의 죄를 고백하고, 무엇이든 자신들이 느끼는 죄책감 또는 잘못한 것을 솔직하게 털어놓았다. 이 집단들은 그에게 커다란 도움이 되었다. 그는 그 모임이 자신의 회복에서 중요한 부분을 차지했다고 느꼈다. 그는 정신증이란 '치유에 실패한 상처'라고 말했다. 대조적으로, 싸이코패스는 세포 조직이 온통 상흔으로 이루어져 있다고 보았다. 그는 "어떤 사람들은 일정한 품위를 갖추지 못한 채 미친다"고 꼬집었다(Mowrer, 1964).

오늘날, 미국은 충분히 죄책감을 느끼지 않는 사람들, 자신들의 행동이 지닌 끔찍한 측면을 느끼지 못하는 사람들, 재벌의 민주적 자유로 이상화된 사리사욕에 시선이 달라붙어 있는 사람들에 의해 운영되고 있는 것으로 보인다. 이들은 살인을 하면서도 그것의 결과를 느끼지 못한다.

어쩌면 대량살상무기와 관련해서 그들이 주장하는 것이 사실로 드러날지도 모른다. 아마도 권력이 만들어내는 현실은 계속 유지될 것이다. 나는 미래를 내다볼 수 없다. 하지만 나는 어떤 목적으로 그렇게 하는지 추측하기조차 두렵지만, 힘과 자아를 뽐내기 위해 침략을 자행하는 불필요한 전쟁에서 불구가 되고 죽어가는 사람들이 겪는 고통을 느낀다. 미사일 공격을 막을 수 있는 방어막을 갖추지 못한 채, 완강한 거짓말의 장벽에 둘러싸이고 그 거짓말에 의해 질식당한 나라가 겪는 고통을 느낀다. 역사가 주는 오래된 교훈은 죄책감이 거짓말에 의해 배제되거나 조작될 수 있음을 말해준다. 하지만, 나는 우리의 심리-사회-영적 존재 어딘가에서, 사람들은 거짓된 삶을 사는 것에 대해 말없는 죄책감을 느끼고 있다고 믿는다. 그 죄책감은 마침내 그것의 영향력을 발휘할 것이다.

나는 우리의 시대가 단순히 또는 주로 광증의 시대일 뿐만 아니라, 싸이코패스의 시대라고 생각한다. 더 정확히 말하자면, 나는 우리 시대의 기조는 정신증적 불안에 대한 싸이코패스적인 조작이라고 생각한다. 종말론적 멸절과 그 외에도 다른 파국적 두려움이 작용하고 이용된다. 그들은 대량살상무기를 가지고 있고, 우리에게 엄청난 파괴를 가져다줄 것이다. 그것들은 위험하고, 약탈적이고, 악의적이다. 우리는 선함과 자유를 그리고 도덕성을 대표한다. 나는 우리가 이라크를 침공하게 이끈 거짓말과 자기-속임수의 목록을 열거하거나 그 침공을 다룬 우리의 방식을 따지지는 않겠다. 그것은 현재의 끔찍스런 사건들을 넘어서는 태도이다. 물론 이 나라의 지도자들만이 자신들이 원하는 것을 얻기 위해 정신증적 두려움을 조작하는 것은 아니다. 그것은 우리의 경제 제일주의 시대에, 즉 가진 자들과 갖지 못한 자들, 위대한 도덕성, 또는 과잉-도덕성(hyper-morality)을 고백하는 자들 가운데서 강하게 드러나는 경향성이다.

세계무역센터를 폭격한 사람들 중의 한 명인 모하메드 아타(Mohamed Atta)의 소지품에서 발견된 4쪽짜리 편지에는 파괴의 선함에 대해 말해주는 놀라운 내용이 씌어 있었다. 그 글에 따르면, 신적인 대의를 위한 말살은 아름답고 영광스러운 것이다. 여기서 미국은 악한자이고 비행기 납치범들은 신의 조력자들이다. 아타의 멘토는 그에게 그를 혼란스럽게 하는 모든 것들은 곧 성화될 것이고, 그의 두려움조차도 거룩한 것이 될 것이며, 평화가 가까이 왔다고 말해주었다. 죄책감은 언급조차 되지 않았다. 그것은 의로움에 의해 씻겨졌다. 선함에 대한 감각은 죄책감을 지워버린다. 하늘에 계신 신과의 하나 됨, 즉 성스런 혼인에 대한 환상적인 접근(visionary approach) 안에 의심이나 망설임의 공간은 없다. 오랫동안 갈망해오던 혼란 없는 상태가 가까이 온 것이다.

셰익스피어는 거듭해서 죄책감 없는 악한 의도를 묘사하려고 시도하면서, 변함없이 혼란을 묘사했다. 그는 리처드 3세의 비틀린 정신-신체를, 정신 깊은 곳을 파고드는 바이러스성 기생충으로서의 이아고(Iago)를, 자다 일어나 피 묻은 손을 닦는, 살인적인 권력의 삶에 자신을 던진 맥베스 부인을 묘사했다. 거기에는 깨어있는 동안에는 죄책감을 느끼지 않는 마음이 강퍅해진 살인자도 있지만, 죄책감 때문에 악몽에 시달리는 사람들도 있다. 싸이코패스들조차도, 깨어 있는 상태에서 꿈속으로 들어가는 순간이든지, 자기에게서 타자로 향할 때이든지, 어디엔가 죄책감을 두고 있다. 셰익스피어는 죄책감 없는 살인에 대해 탐구했지만, 고통스런 마음을 묘사하는 것으로 끝났다. 그의 비극적 희곡을 추동하는 힘은 바로 고통스런 혼란이다.

알 파치노(Al Pacino)가 묘사한 베니스의 상인에 나오는 샤일록은 셰익스피어 시대와 우리 시대 사이의 간극을 충격적으로 깨닫게 해준다. 셰익스피어는 샤일록을 광대, 볼거리, 희극적인 악당으로 묘사했다. 오늘날 그는 희생자와 가해자를 연결시켜주는 비극적인 악당에 더 가깝다.

우리는 셰익스피어가 샤일록의 입을 빌려 말해야만 했던 것이 무엇인지, 그 연극의 공식적인 자기-개념을 무력화시키는 말을 하게 한 것이 무엇인지 추측해볼 수 있다. 그 말은 신 앞에서 모든 인간이 동등하다는 사실을 깨우쳐주는 말이고, 모든 살아있는 영혼의 가치를, 즉 우주적 자비를 긍정하는 말이다. 그리고 숨도 돌리기 전에 살인적이고 복수심에 가득한 죽이는 말들이 이어진다. 희생자는 가해자가 되고, 그 가해자는 다시금 희생자가 됨으로써, 인류를 덫에 가두는 굴욕의 순환이 형성된다.

그 영화의 시작 부분에서 우리는 샤일록이 의로운 기독교인에 의해 침뱉음을 당하는 장면을 본다. 빗나간 행동과는 거리가 멀게, 그것은 거의 기독교인의 의무에 가까운 것이고, 유대인들을 욕되게 하는 것은 정상적인 것이다. 영화가 끝날 때쯤, 그의 목숨을 살려준 기독교인의 풍성하고 의로운 자비에 대한 강요된 감사를 표현하기 위해 땅바닥에 머리를 조아리는 샤일록의 모습이 나온다. 아덴(Arden)에 살고 있는 소위 "건전한"(wholesome) 기독교인들은 세계 정상이라는 그들의 자기-만족감이 다른 사람들에게 입히는 상처를 망각하고 있으며, 이런 모습은 오늘날 우리에게 오싹한 느낌을 불러일으킨다. 샤일록은 어디에서는 비굴함과 굴욕의 상징이 된다. 힘있는 기독교인들은 오만한 우월감을 지닌 채, 다른 사람들은 그들처럼 선하지 않거나 더 나쁘다고 함부로 말하는 경향이 있고, 더 나쁘게는 타자들의 고통을 아랑곳하지 않는다는 오명을 갖고 있다. 자기-확신과 피상적인 승리감에 취한 행복감은 삶의 사실과는 심각한 불협화음을 발생시킨다. 그것은 마치 권력이 부여해주는 결백함에 지나지 않는다.

오늘날 그러한 "해피"엔딩은 우리를 두려움에 떨게 한다. 샤일록의 살인적인 욕망은 모욕, 불의, 끝을 알 수 없는 거대한 상처라는 더 큰 맥락 안에 놓여진다. 선한 기독교인들이 샤일록을 회개시키기 위해 부과한 압력은 그들이 고양시킨 믿음을 조롱하고 있고, 타자의 고통을 대가로 번성하는 자기-만족을 정죄한다. 샤일록은 기독교인의 번영을 지지하는 이면을 보여준다. 기독교인은 샤일록이 고통스럽게 머리를 땅에 댈 때 부유하고 깨끗해 보였다. 기독교인의 자비의 승리는 오늘날 잔인하고 경박해 보인다.

만약 우리가 특권을 허용한다면, 우리가 권력을 위해, 이기기 위해, 우리가 갖고 싶어 하는 것을 얻기 위해 살인을 할 수 있는 권리를 갖는다면, 우리는 비열함의 흔적, 즉 복수를 통한 병적인 보상을 포함하여 어떤 방법으로든 정의를 추구하는 비열함의 흔적을 남기게 될 것이다.

우리 안에서건, 타자 안에서건, 어디에서건, 비열함으로 인해 공포에 떠는 것은 민감성이 성장하는 데 따른 결과의 일부이다.

우리는 모든 인류를 위해 삶을 더 나은 것으로 만드는 일에 참여할 것을 요구받고 있다. 우리의 죄책감은 돌봄(caring)의 일부이다. 근본적(radical) 죄책감은 근본적 돌봄이다. 죄책감은 우리를 방해하고, 우리는 그것을 억제하고 조절하려고 할 수는 있지만, 그것을 제거할 수 있다고 생각해서는 안 된다. 다른 사람에게 상처 주는 것에 대한 죄책감을 없애는 것은 인간을 인간 이하로 만드는 것이다.

우리는 적을 가리킴으로써 우리 자신들을 옹호한다. 우리는 충분한 이유를 근거로, "보세요—그들이 우리를 죽이고 있어요. 왜 우리는 그들이 우리를 죽이는 일을 도와야 합니까?"라고 말한다. 그들이 우리를 해치우기 전에 그들을 해치워라. 우리 스스로를 구하고, 타자의 희생을 바탕으로 스스로를 세우라. 왜 우리가 죄책감을 느껴야 하는가? 그들이 우리에게 상처를 주는데, 왜 우리는 그들에게 상처를 주면 안 되는가? 또는 다른 치명적인 말로, "만약 우리가 그들에게 상처 입히지 않는다면, 그들이 우리를 상처 입힐 것이다."

이것들은 우리가 즉시 답할 수 있는 질문들이 아니다. 그것들은 우리 모두가, 인류 집단이 진화해야 한다는 호소이다.

나는 여기에서 이야기의 방향을 약간 다른 쪽으로 돌리고 싶다. 나는 죄책감이 우리를 위해 할 수 있는 것을 좀 더 지적하고 싶다. 즉 종교에서는 오래 전부터 알려져 있지만 종종 잘못 연결되고 서툴게 사용되어온 또 다른 기능이 있다. 나는 변형을 가져오는 것과 관련된 죄책감의 가치에 대해 몇 마디 하려고 한다. 출구나 도피로서의 죄책감이 아니라, 입구로서의 죄책감 말이다. 그것은 우리 자신과 접촉하는 길이요, 타자의 심층과 접촉하는 길이다. 즉 삶에 대한 더 깊은 감각으로 향하는 길이다.

「독이 든 양분」(Eigen, 1999, p. 225)의 말미에서, 나는 외상이 발달을 위한 대안적인 길을 여는 사례들에 주의를 환기시키고자 했다. 그것은 끔찍스러울 수도 있지만, 새로운 가능성을 제공하기도 한다.

외상에 의해 잘린 깊은 선들은 다른 방법으로는 도달할 수 없는 심층에 접근할 수 있는 길을 제공한다. 그런 경우, 양분은 외상을 따라 새로운 장소에서 나온다. 우리는 일들이 다른 방향으로… 더 쉽게 이루어지길 바라지만, 깨달음이 상처를 통해 빛을 발할 때 우리가 선택할 수 있는 것은 많지 않다.

고통으로서의 또는 혼란케 하는 세력으로서의 죄책감은 새로운 종류의 경험을 위한 구멍을 정신 안에 창조한다. 어떤 이들은 때때로 강렬한 고통이 정신의 벽에 구멍을 뚫는다는 사실로 인해 영혼이 놀랍고 섬세한 느낌 또는 정신적 감각과 인식을 갖고 사람들을 숨막히게 하는 감지할 수 없고, 말로 표현할 수 없는 영역, 즉 동시에 모호하고 감질나게 하고 고양시키며 달콤한 어떤 것에 개방한다는 사실에 놀라워한다. 만약 우리가 이 움직임의 호(arc)를 충분히 멀리 따라간다면, 심미적인 반응성이 윤리적인 반응성, 즉 아마도 키즈(Keats)가 시적 환상에서 진실과 아름다움을 하나로 결합시켰을 때 보았던 그 접촉에 도달할 수 있을 것이다. 우리를 개방하고, 심화하고, 도전하는 것은 접촉, 색깔, 소리, 선, 또는 공간뿐만 아니라 자기와 타자를 향한 민감성을 가득 채우는 것이다. 자기 자신과 타자들에게 잘하려고 하고, 자신이 할 수 있는 한 삶을 정당하게 취급하고자 하는 자발적이고 의미 있는 충동에 도달할 때, 그 죄책감은 돌봄에 흡수되는 죄책감이 된다.

나는 문맥에서 약간 벗어나 루드비히 비트겐슈타인(Ludwig Wittgenstein)의 사고를 사용하여, 일종의 심리-영적 웜홀

(wormhole)로서의 죄책감의 힘에 대한 예를 들어보겠다. 우리는 일단 그 웜홀에 들어간 후에는 우리의 출발점과는 멀리 떨어진 금지된 소문을 통해서만 알고 있거나 전혀 알지 못하는 곳으로 나오게 된다는 것을 발견한다. 그 여정이 병리적이라고 말할 수도 있겠지만, 나는 그것보다는 좀 더 많은 것을 끄집어내고 싶다. 비트겐슈타인에게는 자살로 죽은 세 명의 형제와, 그가 치료를 위해 프로이트에게로 보낸 적이 있는 한 명의 자매가 있었다. 그가 살아남기 위해 견뎌야 했던 압력이 어느 정도였을지 상상이 간다. 생존할 뿐만 아니라, 사상가로서의 삶을 살아내고, 건축가로서의 재능을 즐기기 위해, 사랑하는 삶을 살고 그 사랑을 나누기 위해 그는 싸워야 했다.

비트겐슈타인은 젊은 시절 그가 아는 사람에게 자신의 죄를 고백해야 한다고 느꼈던 시기를 거쳤다. 그는 나쁘다고 느껴지는 자신의 모든 것들을 말해야 했다. 그는 만약 자신이 충분히 말하고 그의 죄책감을 완전히 소통할 수 있다면, 그것으로부터 해방되고, 다시 태어나 신선하고 새로운 존재가 될 수 있을 거라고 상상했던 것 같다. 나는 그가 죄에 대해 말함으로써 그것을 제거할 수 있을 거라고 상상했다고 생각한다.

고백하는 것은, 안에서 곪아가는 것을 다른 사람에게 털어놓는 것이 그러하듯이, 그것 자체의 가치를 분명히 갖고 있다. 숨겨진 감염에 대해 말하는 것은 도움이 된다. 그러나 자기의 감염은 사라지지 않는다. 우리는 악에 대해 말하는 것으로 악을 끝낼 수 없다. 셰익스피어와 윌리엄 블레이크는 반복해서 없어지지 않는 궤양에 대해 말한다. 거기에는 그것에 대한 더 나은 반응과 더 나쁜 반응이 존재한다. 아마 우리 모두의 가장 큰 과제이자 가장 위대한 소명은 우리 자신에게 더 나은 반응들을 발견하고, 찾고, 탐색하는 것일 것이다.

종교에 대한 비트켄슈타인의 관심은 단지 학문적인 것만이 아니었다. 그것은 삶을 어떻게 사느냐에 관한 것, 즉 내면으로부터 나온 것이었다. 비트겐슈타인은 종교적인 것이라고 불릴 수 있는, 또는 종교적 삶의 원천이라고 불릴 수 있는 세 가지 종류의 경험에 대해 말했다. 한 가지는 세상이 존재한다는 놀라움, 즉 존재의 기적에 대한 경험이다. 다른 하나는 "아무리 높은 파도가 친다고 해도 고요함을 유지하는 바다의 밑바다 같은 깊은 안전함에 대한 감각이다(Wittgenstein, 1984, p. 53). 그리고 마지막 하나는 "절대적 죄책감"(Brenner, 2001, p. 57)이다. 이 마지막 종류의 경험은 신의 심판, 즉 우리가 서로에게 어떻게 느끼고 어떻게 행하는지에 관한 심판, 달리 말해서, 우리와 타자들이 하는 일들에 대한 몸서리치는 역겨움의 경험이다. 절대적 죄책감을 느끼는 것은 많은 미세한 실뿌리를 가진 신경구이다. 그것은 여러 방향으로 움직이며 많은 통로들을 열어준다.

하나의 실뿌리 또는 통로는 "오직 종교만이 허무를 파괴하고 모든 구석진 곳들과 갈라진 틈새들을 뚫고 들어갈 힘을 갖고 있다"라고 말하는 비트겐슈타인(1984, p. 48)의 감각이다. 모든 구석진 곳들과 틈새들을 관통하는 선함과 관련된 정신적인 것, 그리고 영적인 것이 있다는 감각 말이다. 인간은 오래 전부터 숨겨진 구석진 곳들과 갈라진 틈새들이 있다는 것을 감지해왔다. 시편에 보면, 신은 은밀한 곳, 우리의 존재의 미묘한 숨겨진 영역을 찾으신다. 우리는 이러한 탐색과 앎을 고통스러워한다. 왜냐하면 우리가 우리 자신으로부터 숨어있기 때문이다. 우리는 알려지고, 느껴지고, 경험되기를 갈망한다. 신이 우리에게 침투하는 것은 두렵고, 끔찍하지만, 그것은 두려움뿐만이 아닌 사랑의 원천이요, 은총이다. 이 침투하는 은혜를 통해서, 우리는 철저하게 내재된 가치인 무한의 감각을 느낀다.

이런 식으로 관통 당하는 것은 복잡한 탄광에 길을 밝혀주는 하나의 등불과 같이 삶의 열정에 불을 붙인다. 그때 우리는 우리가 누구인지를, 우리 안에 있는 침전물, 못됨, 허영, 사랑을 일별할 수 있다. 만약 우리가 타자에게 충분히 관심을 갖는다면, 우리는 우리 자신과 씨름하게 될 것이다. 그때 우리는 상처를 주지 않기 위해 뒤로 물러나 우리 자신의 화를 참고 누그러뜨릴 것이다. 감정은 상처를 줄 수 있고 또 상처 받을 수 있기 때문이다. 사람들은 상처를 입은 채 살아간다. 정신분석은 지나치게 상처에 대해 관심을 갖는다고 비난받아 왔지만, 우리의 상처 받고 상처 주는 피조물이라는 감각을 사회체계 안으로 통합시켜내기 위해서는 아직도 갈 길이 멀다.

몇 년 전에 나는 선거에서 패배한 어떤 훌륭한 정치인이 자신은 오래 전에 고통을 느끼는 신경을 아예 끊어버렸다고 말하는 것을 들은 적이 있다. 그는 상처에 익숙해져야 했다. 정치인으로 활동하기 위해 상처에 대한 그의 민감성을 끊어내야만 했다. 적어도 그는 자신이 선택한 삶을 위해 대가를 치러야 한다는 것을 알고 있었다.

오늘날 이 나라의 국가원수는 언제나 강해보여야 한다는 생각을 갖고 있는 것으로 보인다[1]. 약점을 보여서도, 실수를 인정해서도 안 되며, 당연히 죄책감을 느끼거나 그런 모습을 보여서도 안 된다는 것이다. 정치인들은 상처들 사이에서 선택해야만 하고, 더 나은 경로를 지닌 상처들을 택해야 한다는 것을 오래 전부터 알고 있다. 그들에게 죄책감은 권력을 행사하는 것에 비해 이차적인 것이다. 이기기 위해 해야만 하는 일에 너무 많은 죄책감을 느낀다면, 당신은 이길 수 없다. 우리는 복잡한 상황에 따라 죄책

---

1. 이 장은 현재의 미국 행정부로 바뀐 해인 2009년 이전에 썩어졌다.

감을 최대화하거나 최소화하는 엄청난 능력을 가지고 있다.

비트겐슈타인은 죄책감을 최대화하고자 했다. 이 말은 그가 죄책감을 결코 분열시키거나, 낮게 평가하거나, 무시한 적이 없다는 말이 아니다. 분명 그의 소망과 욕동이 죄책감을 능가한 순간들이 있었다. 그러나 그는 그런 일에 익숙해지지 않았고 면역력을 형성하지도 않았다. 그는 죄책감과 씨름했다. 그는 죄책감의 주장(claims)을 인정했다. 그는 죄책감이 자기에 관해, 우리가 사는 방식에 관해, 우리가 누구이며, 어떤 존재이어야 하고, 어떤 존재가 될 수 있는지에 관해 중요한 메시지를 전달해준다는 사실을 인정했다.

어떤 이들은 그가 과장했다고 생각할 수도 있고, 그것은 사실일 수도 있다. 그는 과도한 양심으로 인해 제안된 지위들과 출판을 거절했다. 그러나 우리의 정신-영역을 오염시키는 철학적, 심리학적 불량식품, 즉 경제적 및 자아중심적 이익을 위해 다가오는 잡다한 것의 범람을 생각한다면, 우리는 그의 빗나간 행동을 좀 더 친절한 눈으로, 심지어 향수(nostalgia)를 갖고 바라볼 수 있을 것이다.

우리는 죄책감이 암적이고 질식케 할 수 있다는 것을 알고 있다. 죄책감은 거짓-도덕성, 도덕적 폭군, 살인적 초자아를 주입시킨다. 그것은 야누스(Janus)처럼, 우울한 삶과, 가능성을 열어주는 두 개의 얼굴을 지니고 있다. 죄책감은 잔인하고, 박해적이며, 비인간적이고, 무자비하고, 비도덕적이다. 그러면서도 그것은 민감한 돌봄과 동맹을 맺을 때 인간답게 만드는 역할을 한다. 그것은 우리를 조이고, 제한하고, 우리의 심장을 꿰뚫으며, 우리를 더 깊은 곳으로 데려다준다.

역사의 이 시점에서, 나는 죄책감의 고통과 자기-의심의 특정한 측면에 대해 긍정적인 말을 하려고 한다. 고통스런 죄책감과 자기-의심이 친구이자, 조력자, 성장을 위한 채찍질, 공포의 신호가 될 수 있는 방법들이 있다. 예를 들면, 분노를 폭발시킨 후에 자신이 자기 아이들을 손상시키고 있다고 느끼는 부모들이 있다. 그들은 자신들이 아이에게 행한 것으로 인해 공포에 질리고 자기-의심과 슬픔에 잠기곤 한다. 부모의 격노보다 아이들을 상처받게 하는 것은 그리 많지 않다.

나는 자신들의 아이를 사랑하지만, 자신들의 격노를 한순간도 참지 못하는 많은 부모들과 작업해왔다. 그들은 거의 항상 자신들이 옳거나 정의롭다고 생각했다. 아이들은 뭔가 잘못되었고, 나쁜 행동을 했고, 규율을 어겼든지, 규제나 경계를 시험했다. 눈 깜짝할 사이에 분노가 폭발한다. 하지만 그것에 도달하는 데는 미세한 단계들이 있다. 분노의 폭발에는 간질 발작이 그렇듯이 준비 신호가 있다. 사람들은 자신들이 폭발할 것이라는 것을 "알고 있고", 거기에는 여러 개의 무시하고 지나친 선택의 순간들이 있다. 감정은 화난 오르가즘처럼 쌓이고, 사람들은 그것에 맞서 힘을 행사하는 데 실패한다.

많은 부모들은 자위행위 이후에 흔히 그렇듯이 수치심이나 죄책감을 느낀다. 많은 사람들은 자신의 감정들을 밀어내면서 자신들의 행동을 정당화하려고 한다. 어떤 이들은 유아들에게 격노하는 것조차도 정당화한다. 그들은 울부짖는 유아에게 지쳐서 격분하며 소리치곤 한다. 격노는 다른 사람의 입을 닫게 하고, 타인들의 비명을 질식시킨다. 아마도 그들은 설령 그 타인이 유아일 때조차도, 타인의 호소, 요구, 고통들이 들리지 않을 정도로 충분히 큰 소리로 비명을 지르는 것일 것이다.

치료자는 그 짧은 순간에 무슨 일이 일어나는지를 알 수 있는 특권을 갖고 있다. 나는 나의 책, 「심리적 죽음」(Psychic Deadness, 1996, Chapter 12)에서, 죽어가는 순간을, 즉 마비되고 얼어붙는다고 느꼈던 순간을 회상하는 한 남자에 대해 쓴 적이 있다. 그것은 저녁식사를 하는 도중에 아버지가 어떤 하찮은 일로 뜻밖에 분노를 폭발시켰을 때 일어난 일이었다. 그 일은 아버지의 상상 속에서만 가치가 있는 일이었다. 그 환자는 그 충격을, 순간적인 몸의 떨림을, 그 다음에는 결코 완전히 사라지지 않는 정신적 마비가 퍼지는 것을 기억했다. 그는 그 후로 늘 이 얼어붙은 상태로 살았다.

누군가는 "그것을 이겨내고 극복해. 왜 그런 생각에 머물고 있어?"라고 말할 수 있을 것이다. 나의 환자는 그 얼어붙은 면의 반대쪽에서 성공한 사람이 되었고, 충분히 완전한 삶을 살았다. 그러나 그는 자기 자신을 되찾고, 얼어붙은 자신을 녹이는 일에 도움을 구하러 왔다. 비밀스럽게도, 그는 중요한 점에서, 자기 자신은 살고 싶어 하는 송장이라고 느꼈다. 우리 모두는 어느 정도 살기 위해, 살아남기 위해 죽는다. 심리적 죽음은 삶의 일부이다. 그러나 우리들 중 일부는 우리가 죽어야 하는 것보다 더 많이, 더 나쁘게, 불필요한 죽음을 죽는다. 그런가 하면 우리들 중의 일부는 누군가의 도움으로 더 많은 삶을 발견하기를 원한다.

격노와 죄책감 사이에는 많은 밀접한 연결들이 있다. 격노는 죄책감을 없앨 수 있다. 죄책감은 격노를 질식시키려고 하고, 때로는 그 일에 성공하고 때로는 실패한다. 격노하는 사람은 죄책감에 갇히기를 거부한다. 격노는 특별한 만족을 무한히 제공한다. 격노의 분출보다 더 철저하게 느껴지는 경험은 그리 많지 않다.

죄책감은, 알코올 중독자가 폭음한 후에 죄책감과 수치심을 느껴서 다시는 그렇게 하지 않겠다고 다짐하는 것처럼, 심하지 않은 격노를 삭혀준다. 그러나 중독이 너무 강하면, 그것은 너무 강제적이 된다. 이럴 경우, 죄책감은 격노에 풍미를 가미할 수는 있

제 4 장 싸이코패스 시대의 죄책감 / 61

지만, 폭풍을 멈추게 하는 데는 실패한다. 어떤 경우, 격노는 죄책감의 속삭임을 없애기 위해서 촉발될 수 있다. 어떤 이들은 죄책감을 느낄 수 있는 뭔가를 얻기 위해 격노할 수도 있다. 아주 종종, 격노하는 사람은 격노 대상이 죄책감을 느끼길 기대하는 것으로 공평성을 확보하고자 한다. 격노하는 사람은 상대방을 기분 나쁘게 만들고 싶어 하고, 그 상대방을 죄책감의 전달자로 만들기 위해 위협을 가한다.

심리치료에서, 격노하는 사람은 종종 자기 자신의 상태를 이해하는 것으로 충분하지 않다. 어느 지점에서, 충분한 공감적 이해와 상처를 어루만지는 작업을 행한 후에, 격노하는 사람은 자기 자신과 싸우지 않으면 안 된다. 격노하는 이는 자신이 외상 입은 외상 입히는 자라는 것을 보고 느끼기 위해, 자신의 상처를 보고 느껴야 한다. 부모는 사랑하는 자녀에게 자신이 미치는 충격이 어떤 것인지를 느껴야 한다.

감정의 홍수 앞에서 자신을 억제하기란 아주 어렵다. 사람들은 종종 억제로 인해 자신에게 손상 입히게 될 것을 두려워한다. 어떤 사람들은 내적인 소용돌이로 인해 자신들이 파괴되는 것을 두려워한다. 나는 많은 사람들이, "나는 내가 꾹 참고 있는 감정들이 나의 내면을 손상시킬까봐 두렵습니다"라고 말하는 것을 들어왔다. 어떤 사람들은 죄책감에 굴복하는 것이 그들을 상처 입힐 거라는 확신으로 인해 죄책감 앞에서 무기력해지거나, 그런 무기력감에로 가라앉게 되는 것을 두려워한다. 조금씩, 치료는 거기에 더 나은 길이 있을 거라고 말하는 작고 고요한 목소리를 지원한다.

여기에는 경험의 새 길을 여는, 자기 자신을 붙잡고, 꼭 끌어안고, 자신을 분쇄하는 방법이 있다는 것을 아는 것이 중요하다. 존재를 축소시키는 고통과 죄책감이 있지만, 더 위대한 삶으로 인도하는 고통과 죄책감도 있다. 죄책감의 기능은 다양하다. 많은 격노하는 사람들의 경우, 죄책감은 그것이 얻을 수 있는 모든 지원을 필요로 한다. 그들은 죄책감을, 그리고 때로는 두려움을 필요로 한다. 그들은 자신이 다른 사람들에게 할 수 있는 것을 두려워할 필요가 있다. 고슴도치처럼, 우리는 우리가 가까이 있을 때 우리의 찌르는 가시를 조절할 줄 알아야 한다.

나는 우리가 우리의 행동의 대한 결과를 예리하게 느끼지 못하는 시대를 살고 있는 것 같아서 두렵다. 우리는 그 결과들이 우리를 뒤처지게 하고, 기다리게 하며, 불확실하게 만들까봐 그것들을 느끼고 싶어 하지 않는다. 우리가 뒤쳐진다면, 누군가가 우리보다 앞서 결승점에 들어갈 것이다.

죄책감의 강물에 빠져 익사하는 것이 한쪽 극단이라면, 죄책감을 느끼지 못하는 괴물 같은 존재가 되는 것이 다른 쪽 극단일 것이다. 인간의 삶에서, 음악과 아이를 사랑하는 것과 조국과 모국의 이름으로 군가에 맞추어 자녀들을 죽음의 전쟁터로 보내는 것 사이에는 아무런 모순이 없다. 외상의 모욕과 권력의 허영은 융합된 하나의 쌍이다.

비트겐슈타인은 고통을 활용하려는 시도를 두려워하지 않는다. 물론 그는 그것을 무디게 하고, 다른 사람들과 마찬가지로 그것을 피한다. 그는 사고의 한 영역에 몰두하거나 강의를 끝낸 후에 지치고 고갈된 채 멍하니 영화를 보는 것 외에는 아무것도 할 수 없는 상태가 된다. 그러나 그는 원칙적으로 죄책감의 가치를 긍정했고, 그가 할 수 있는 범위 내에서 그 가치를 살아냈다. 그는 우월한 민족, 특권을 지닌 집단, 또는 건강과 부의 겸손을 고통 받는 사람들보다 우위에 두는 이상화 등의 아이디어에 대해 성찰한다. 연민(compassion)은 동등한 자들을 위한 것이다. 죄인들의 형제애는 감정이입(empathy)에 기초해 있다. 우리는 서로에게 죄책감을 갖고 있다는 점에서 동등하다. 타자의 가슴은 돌보는 몸짓을 부르지만, 우리는 다른 쪽을 바라보는 습관이 있다. 다른 사람을 돕는 것은 대가를 지불해야 하지만, 돕지 않는 것은 더 많은 대가를 요구한다.

절대적 죄책감은 반응을 불러내는 일에 결코 피곤해하지 않는다. 그것은 우리가 서로에 대한 의무를 다하게 하는 공유된 죄책감이요, 우리의 존재 모두와 우리가 가진 모든 것을 사용할 것을 요구하는 도전이다. 그것은 우리가 상상할 수 없었던 곳으로 우리를 인도한다. 죄책감은 우리에게 달라붙고, 사랑하는 마음을 갖도록 압력을 가하고, 자기와 타자에 대한 감사를 강화하고, 우리의 소중함에 대한 인식을 고양시킨다. 죄책감은 우리가 더 충일하게 살도록, 타자와 자기 그리고 자기와 타자가 결합하도록 부른다. 이 결합은 깊은 차이에 의해 양분을 공급 받는다.

죄책감, 고난, 고통에 대한 비트겐슈타인의 글을 읽을 때면, 플래너리 오코너(Flannery O'Connor)가 「현명한 피」(Wise Blood)에서 묘사한 자기 코트 아래 철조망을 입고 있는, 우리 내부에 철조망을 지니고 있는 옛 "성자" 헤이즐 모츠(Hazel Motes)가 생각난다. 고통은 많은 이들이 믿고 싶어 하는 것보다 더 많이 인간의 삶을 구성한다. 헤이즐 모츠에게 있어서, 고통은 빛의 한 점으로 축소되고 무한함 속으로 사라진다. 비트겐슈타인에게 있어서, 고통은, 올바르게 연결될 때, 사라짐으로부터 우리를 불러내고, 일깨우고, 사용되기 위해 우리를 움직인다.

비트겐슈타인에게도 역시 죄책감은 신에게로 우리를 이끄는 중력적인 끌어당김이 있다. 물론, 세상에는 의미 없는 고통이 많이 있다. 여기에서 중요한 것은 그것이 아니다. 비트겐슈타인은 고통을 온전히 겪을 때 발생하는 어떤 것을 인정하고 공유하려고 시도한다. 그는 강렬한 고통이 신에게로 인도할 수 있다는 경험에 대해 증언한다. 강렬한 고통은 우리를 신에게 인도할 수 있다. 물론 강렬한 고통은 신을 혐오하게도, 부인하게도, 상관없는 존재로 만들도록 할 수도 있다. 그러나 그것은 또한 우리를 서로에게 그리고 신에게 연결시킬 수 있다.

비트겐슈타인은 다음과 같이 말한다(1984, p. 86):

> 삶은 신을 믿도록 우리를 교육시킬 수 있다. 그리고 경험은… 바로 이것을 가져다준다. 그러나 내가 말하려고 하는 것은 '이것의 존재', 다양한 종류의 고통을 우리에게 보여주는 것은 환상이나 다른 형태의 감각 경험이 아니다.

경험들, 즉 다양한 종류의 고통은 신으로 하여금 우리에게 다가가도록 강요한다. 이러한 맥락에서, 우리는 신이 존재하는가의 문제나, 그분의 본성이나 우리와의 관계의 대한 어떤 특정한 세부사항에 관해 토론하자는 것이 아니다. 우리는 어떤 것이 가능한지를 묻고 있지 않다. 우리는 실제 있는 것을 그대로 표현하고 있는 것이다.

우리가 신에 대해 말하는 방식은 다소 우리가 고통에 대해 말하는 방식과 비슷하다. 고통에 대해서 우리는 덜 의심한다. 그러나 고통이 우리를 신에게로 데려다 줄 때, 우리는 의심하지 않는다. 그리고 우리의 신을 타인들에게 강요함으로써 신으로 타자를 공격하지 않는다. 우리는 우리의 고통을 지닌 채 신과 함께 한다. 가르치려 들지도, 전쟁을 하지도, 개종을 시키려고도 하지 않는다.

고통을 통해 신께 다다르는 것은 자기와의 새로운 투쟁을 결과로 가져다준다. 고통은 우리에게 뭔가가 잘못되었음을, 우리의 존재방식에, 죄책감을 느끼는 우리의 성향에 뭔가가 잘못되었음을 보여준다. 우리가 고통 받는 것은 부분적으로 우리의 삶의 방식에 대해 죄책감을 느끼기 때문이다. 우리는 고통과 윤리 사이의 연결이 있는 곳에서 살아간다. 그 윤리는 자신의 목적을 이루기 위한 거짓 도덕성이 아닌, 돌봄의 윤리이다. 우리가 씨름하고 있는 것은 바로 이 돌봄의 윤리이다.

두 사람이 울퉁불퉁한 영역을 가로질러 짐을 가득 실은 외바퀴 손수레를 몰고 나아갈 때 그들은 상호적 감각에 의존한다. 그것은 우리가 생각해내는 어떤 것이 아니다. 암시적인 지능이 짐의 무게, 지형, 파트너에 대한 감각을 얻으면서 앞으로 나아가는 길에서 만나는 변동하는 요인들에 맞추어 움직임을 미묘하게 조절한다. 죄책감은 관계가 여기에서 저기로 움직임에 따라 조화롭게 나아가는 방식을 조절하는 역할을 한다. 그것은 우리가 앞으로 나아갈 때 만나는 짐의 부피, 강도, 정동적 채색을 자발적으로 조절하는, 사회적 감각, 또는 자기-대-자기 감각이라는 더 큰 장의 일부이다.

치료는 결혼생활과 마찬가지로 외바퀴 손수레의 한 종류이다. 사람들은 그들의 움직임이 빗나가거나 팀웍이 실패할 때 결혼 문제로 치료에 온다. 성인기의 대부분을 치료를 받으며 보낸 오십대의 한 남자가 마침내 결혼을 할 수가 있었지만, 그는 자신의 아내가 못되게 행동하는 자신을 용납해주지 않는다는 사실을 발견했다. 그는 그의 삶 대부분 동안 지속해오던 못된 행동으로부터 얼마동안 벗어났다. 우리는 그가 받은 모든 치료에서 무슨 일이 있었는지 궁금해지게 된다.

그는 치료를 통해서 죄책감과 불안에 방해 받지 아니하고 앞으로 나아가고, 성공한 사람이 되는 데 도움을 받았다. 치료는 그가 죄책감과 불안을 떨쳐버리고 일어설 수 있게 했지만, 그가 다른 사람들과 친밀한 관계를 맺고 살아가도록 돕지는 못했다. 일이 친밀감을 대신했다. 삶은 그를 그의 실제적인 정서적 장애를 피해 가도록 허용했다. 그는 그의 결혼생활에 도움을 얻고자 나에게 왔지만, 나는 곧 그가 자신의 아내를 관리하는 데 도움을 받고 싶어 한다는 것을 깨달았다. 스스로 작업하는 것, 또는 자신과 씨름하는 것은, 그것이 목표를 성취하기 위해 궁리하는 것을 의미하지 않는 한, 낯선 아이디어일 뿐이었다. 그는 결혼생활이 사업상의 문제와 같은 것이라고 상상했다.

그는 상담실을 존재감으로 가득 채웠고, 성공한 사람의 광채를 드러냈으며, 내가 순식간에 그의 아내와 관련된 문제를 도와줄 것이라고 확신했다. 시간에 대한 그의 감각은 나를 당황스럽게 했다. 그는 치료에 수년을 보냈다. 그는 어떤 것도 즉각적으로 되는 일은 없다는 것을 알아야 했다. 그는 훌륭한 사업가이다. 분명 그는 타이밍에 대해 알고 있음이 분명하다. 그는 나에게 미소 지었고 확신에 찬 손짓을 했는데, 그것은 나로 하여금 그가 긴장했지만 그렇다고 말할 수는 없다고 느끼게 했다. 확실히 그는 자신의 목적을 이루는 데 익숙한 사람이었다.

그는 그의 아내의 모습을 그렸다. 그녀는 우울했고, 뚱했고, 성미가 급하고, 그가 바위처럼 확고하고 요지부동인 것을 제외하고는, 그와 마찬가지로 일 중독자였다. 그녀에게 뭔가 잘못된 것이 있다면, 그것은 그녀가 너무 쉽게 화를 낸다는 것이었다. 그는 마치 그녀가 그 앞에 앉아 있는 것처럼 손가락으로 가리켰고, "그녀에게 뭔가가 잘못되었어요"라고 여러 번 말했다.

최근에 그녀는 뚱한 상태가 되었고, 격노를 폭발시켰으며, 그를 비난했고, 그녀 자신에게서 멀어졌으며, 자신의 공부 안으로 철수했다. 그녀는 "당신과 함께 있는 게 싫어요,"라고 말하곤 했다.

"그녀는 약물을 바꾸어야 할 것 같습니다"라고 그는 결정했다. 그의 약물은 효과가 있는데, 왜 그녀의 약물은 효과가 없는 걸까?

나는 치료를 재정적 프로젝트인 것처럼 접근하는 한 사업자에 대해 글을 쓴 적이 있는데, 그것은 거의 책 반권 분량에 이른다 (Reshaping the Self, 1995). 시간이 지나면서, 그는 정신이 할 일을 할 수 있도록 변속기를 바꾸는 법을 배웠다. 정서적 삶에서 발생하는 것을 느끼는 것은 많은 사람들이 접촉하기 힘들어하는 능력이다. 사람들은 다른 이익을 위해 그 능력을 무시하곤 한다. 그의 경우, 그 자신뿐만 아니라, 그의 자녀들이 어떻게 그의 삶의 방식으로 인해 상처를 받았는지에 대한 인식이 그에게 찾아왔다.

자신의 결혼생활을 바로잡으려고 나를 찾아온 높은 지위를 가진 남자는 그의 아내를 무시하는 데 익숙해 있었다. 그는 자신이 거의 항상 그렇게 한다는 사실을 알지도 못했다. 그와의 첫 만남에서 십분도 채 걸리지 않았을 때 나는 그가 그들의 결혼생활에서 모든 중요한 결정을 혼자서 내렸다는 것을 알 수 있었다. 그는 그녀가 자신의 결정에 따라주길 기대했고 그들의 멋진 삶을 감사하게 여겨주기를 바랐다. 그의 아내는 점점 더 평가절하하고 모욕을 주는 태도로 반응했고, 그는 차츰 그런 태도를 당연한 것으로 여겼다. 그에게 말하는 것은 소용이 없었다. 그는 듣지 않았다. 그녀는 그녀가 할 수 있는 유일한 방식인, 까다롭고, 뚱하고, 못된 태도로 그와 맞섰다. 그녀의 감정은 약물치료로 돌파구를 찾았다.

그가 나를 만나는 것은 통제를 유지하기 위한 시도였다. 그녀는 부부치료를 받기 원했지만 그는 거부했다. 그는 치료사가 그녀 편을 들고, 그의 남을 괴롭히는 본성에 대해 뭔가를 하라고 할까봐 두려웠다. 그에게 있어서, 정상에서 보스로 있는 것이 가장 기분 좋은 일이라는 것은 단순한 사실이었다. 그에게는 지배하는 자리가 잘 맞았다. 부부치료는 그에게 너무 위협적인 것이었다. 그는 그의 결혼생활이 실제보다 더 좋은 것이라고 믿는 데 익숙해 있었다. 비록 그들은 여전히 서로 사랑했지만, 그들의 결혼생활은 거의 끝없는 전쟁이었다.

그는 그의 자녀들에게도 쉽게 화를 내었다. 그는 자녀들과 관계를 발달시킬 만큼 충분한 시간을 함께 보내지도 않았으면서, 자녀들이 자신의 말을 경청해주기를 기대했다. 그는 아버지로서의 지위만으로 충분하다고 생각했다. 비록 그는 자신이 뭔가를 놓치고 있다는 걸 알고 있었지만, 그것이 무엇인지에 대한 충분한 고통을 느끼지는 못했다. 그는 처음에 자녀들의 문제를 가정의 분위기와 연결시켰지만, 곧 그의 삶과 그들의 삶 사이에 어떤 연결이 있다는 것을 어렴풋이 감지하기 시작했다.

가족생활에 대한 그의 자본주의적 관념 안에는 죄책감이 끼어들 여지가 거의 또는 전혀 없었다. 그것은 상호적으로 연결된 지원을 충분히 공급해주지 않은 채, 마치 각자가 자신을 지키는 것이라고 여겼다. 그는 아직 자기 자신과 진정한 투쟁을 하는 단계에 도달하지 않았다. 비록 거기에 어렴풋이 반짝이는 빛이 있었지만, 그는 그런 종류의 고통과는 몇 광년이나 떨어져 있었다. 그가 마침내 부부치료를 하겠다고 하면서, 노출을 감수하겠다고 동의했을 때, 나는 그것을 승리라고 여겼다. 그는 다른 사람, 아내, 결혼생활, 가족과 함께 하기 위해 필요한 그의 능력이 발달되지 않았거나, 부정적인 방향으로 빗나갔다는 새로운 인식이 동터오는 것을 느꼈다. 그가 정서적 문맹으로서 노출을 두려워한다는 것을 인정하는 것이 출발점이 되었다. 그의 결혼생활과 행동은 환기를, 즉 신선한 관점, 돌봄, 객관적인 현존을 필요로 했다. 부부치료사에게 가는 것은 마치 창문을 여는 것과도 같았다. 그리고 그것은 그의 아내가 원하는 것이 무엇인지를 듣는 것이었다.

"죄책감이 어디 있었을까?" 나는 궁금했다. 지위 안으로 자취를 감췄을까? 다른 사람이 그에게 전달해준 외상과 굴욕 안에서 사라졌을까? 그는 다른 사람들이 그를 위해 충분히 강하고, 충분히 좋고, 충분히 유능하고, 충분히 행복하지 않은 것으로 인해 죄책감과 수치심을 느끼게 만들었던가? 그는 다른 사람들의 약점을 강조하고 조작하는 것을 통해 그들을 잡아먹는 일종의 포식자였는가? 죄책감이 있어야 할 자리에 살인적인 구멍이 있고, 삶은 그를 저지해서는 안 된다는 약탈자의 느낌이 있는가? 그의 삶에는 그의 정서가 타자에게 미치는 현실을 인식할 수 있는 법을 발달시키지 못했기 때문에, 효과적인 죄책감을 위한 공간이 없었던 것 같다. 거기에는 뭔가를 얻기 위한 수단이 되는 것을 제외하고는, 타자들을 충분히 진정된 존재로 느낄 수 있는 길이 없었던 것 같다. 다른 사람을 목적 그 자체로, 스스로의 권리를 가진 소중한 주체로 대하는 것은 그가 할 수 있는 일이 아니었다. 결혼이 깨질 수 있고 아이들이 자신을 사랑하지 않을 수 있다는 위협, 즉 자녀들과 아내가 만들어내는 장애가 그의 삶에서 돌파구의 신호를 보여주었다.

상황이 그가 생각했던 것보다 더 나쁘다는 것과, 다른 사람들이 필요로 하는 식으로 반응할 능력이 부족하다는 것을 보기 시작한 것은 최소한 자기-직면을 향한 예비적 몸짓이었다. 그가 보일 수 없었던 반응들이 태어나기 위해 압력을 가하고 있다는 것을 깨닫기까지는 상당히 힘든 잉태기를 거쳤을 것이다. 자신의 삶 대부분 동안, 그는 그런 압력이 존재한다는 사실조차 알지 못했다. 이 압력을 관리하는 것은 부분적으로 긍정적인 또는 창조적인 죄책감의 기능이자 친밀감의 영역 안에서는 그 누구도 아닌 우리가, 그리고 우리만이 서로를 위해서 뭔가를 할 수 있다는 깨달음에 대한 개인적 표현이다. 어느 정도나 이 "큰" 사람, 이 "승자"가 그런 성취를 이룰 수 있는지는 아직 두고 볼 일이다. 그것은 경제적인 흐름을 좌지우지하는 사람들의 영향력에서뿐만 아니라 그들의 삶의 태도적 맥락에서도 현저한 효과를 발생시킨다는 점에서, 우리의 더 큰 사회를 위해 중요한 문제이다.

자가 자신이 "패배자"라고 느낀 또 다른 한 예술가는 부분적으로 그의 예술활동을 위한 연료로 작용한 과대주의를 갖고 있었다. 아동이었을 때, 그는 칭찬받고, 사랑받았으며, 지지받는다고 느꼈다. 그는 치료에서 자주 "제 어린 시절은 너무 수월했어요. 그것은 인생에 대한 잘못된 그림을 갖게 했어요"라고 불평했다. 아마도 아동기에 수월했다는 그의 느낌은 반쯤 이상화된 것일 것이다. 그는 항상 자신이 다른 사람들과는 다르다고 느꼈다. 재능으로 인해 다른 사람들과 구별되는 것은 칭찬과 존경의 원천이지만, 동시에 일종의 괴짜를 만들어내기도 한다. 그는 언젠가 이렇게 말했다. "내가 어렸을 때 서커스에서 곡예를 하는 예술가를 보았는데, 그때 나는 그 예술가가 나라고 생각했어요. 내가 어느 순간에라도 떨어질 수 있는 위험을 무릅쓰고 화려하게 장식된 저 높은 곳에서 하나의 링에서 다른 링으로, 색깔에서 색깔로 비행할 때 모든 사람들은 눈을 들어 나를 응시하고 있었어요. 정말 멋있었어요. 그래요. 다른 그네 곡예사들을 빼고는 모든 사람들과 구별되었죠. 그리고 아시다시피, 예술가들은 주로 자신들에게 몰두해 있어요."

삶은 그의 과대주의를 완화시켰다. 그는 자그마한 성공을 이루었고, 존경을 받았으며, 품위 있는 삶을 살고 있었다. 대단한 스타는 아니었지만 말이다. 그는 예술가로서 자신이 다르다고 느낀 많은 사람들 중의 하나로서, 자기 일에 열심히 파고드는 자신의 모습에 만족해야만 했다. 그것은 우리가 거물급의 경영자나 예술가가 아니면 패배자처럼 보잘것없는 존재라고 느끼는 시대를 살고 있기 때문일 수도 있다. 사람들은 실제로 성공을 한 상류층 사람들의 그림자 아래에 있다. 삶은 한 사람의 얼굴 위로 다른 사람들의 성공을 던지고 있고, 그 사람은 자신에게 적합한 일을 발견하고 그것에 정착하며, 그것과 화해해야만 한다. 예술가들은 자신들을 다른 예술가들과 차별화하는 특별한 영역을 주장하지만, 그 다른 점이 크게 다르지 않다는 것을 발견할 뿐이다. 사람들은 규모를 줄이고, 자신이 할 수 있는 것에 그리고 자신이 하는 일에 머물기 위해 보다 충분히 전념하며, 그것에 계속해서 머무르려고 노력한다. 왜냐하면 그것이 거기에 있고, 그것이 그가 하는 일이며, 그것이 삶을 가치 있게 만드는 것 그 이상이기 때문이다.

이 모든 것의 근저에는 미묘한 죄책감이 있다. 다른 존재이지만 충분히 다른 존재가 아니라는 죄책감이 있다. 예술가들은 예술가라는 이유로 죄책감을 느끼는가? 그들은 인간 존재에 붙여진 보다 일반적인 죄책감을 예술 안으로 집어넣는가? 예술가로서 불안 혹은 죄책감을 느끼는 것은 우리가 이해할 수 없는 더 큰 어려움으로부터 우리를 빗나가게 할 수 있다.

나의 환자가 삶이 그에게 준비해 둔 것에도 불구하고 집요하게 자신의 일을 수행한 것은 그의 공로였다. 그는 십대였을 때, 아버지를 여의었고, 잇달아 어머니가 정신병으로 영구적으로 입원하는 일을 겪어야 했다. 비록 여러 해 동안 아슬아슬하긴 했지만 예술이 그를 흐트러지지 않게 붙들어주었다. 그는 그의 성인기 삶의 많은 부분 동안 주기적인 붕괴로 고통 받았다. 그는 그의 첫 아이가 태어난 후에, 그가 가장 좋아하는 모델과 성관계를 가진 후에, 그리고 그의 첫 손자가 태어난 후에, 붕괴되었다. 그는 자살하고 싶다는 생각 때문에, 그리고 그의 아이들과 손자들을 실망시키는 것에 대한 엄청난 죄책감 때문에 나를 찾았다.

어떤 사람들은 죄책감 자체가 자살 충동을 자극한다고 말하기도 하지만, 그것은 또한 그가 살아있게 하는 데 역할을 했다. 그의 손자들만큼 그의 삶의 열정에 불을 붙인 것은 아무것도 없었다. 그는 자신이 자살을 했을 때 손자들이 어떻게 느낄지에 대해 상상해보았다. 그는 그들에게 그 이상의 것을 빚지고 있었다. 그는 그의 자녀들에게 더 많은 것을 빚지고 있었다.

그는 그의 자녀들이 자랄 때 그들을 실망시켰던 것에 대해 죄책감을 느꼈다. 그는 자신의 일에만 집중했고 그들이 필요로 하는 지원을 제공하지 않았다. 그의 아내는 쉽게 격노했고 날마다 그들에게 외상을 입혔다. 아주 사소하고 어처구니없는 일들이 그녀를 격분하게 했고, 그는 그의 스튜디오에서 일을 계속했다. 그는 울음소리와 비명을 무시했고, 귀를 막았으며, 참았다. 그는 자신이 무너지는 것을 막기 위해 할 수 있는 모든 것을 했다. 그는 죄책감을 느꼈고, 그 죄책감이 쌓여갔지만 그가 할 수 있는 것은 아무것도 없었다.

그는 나에게 "내가 나쁜 놈이에요. 내가 나빠요"라고 거듭해서 말했다. 그가 드러내기를 두려워한 죄는 그가 살면서 행했던 나쁜 일들, 그를 따라다니며 괴롭히고, 두렵게 하고, 미치게 만든 일들을 의미했는데, 그 중 한 가지는 아기의 입에 자신의 페이스를 집어넣은 일이었다. 왜 그가 그런 짓을 했는지는 말하기 어렵다. 신선함과 접촉하는 것이 그를 신선하게 만들어줄 것이라는 바람 때문에, 또는 깨끗하다고 느끼기 위해 그렇게 했을까? 그는 순수함을 더럽히고, 선한 것을 망치며, 선과 악 사이에서 승자를 가리는 드라마를 만들어내려고 시도했던 것일까? 자기 자신을 치유하려는 시도였을까? 자기 자신이 크다고 느끼고 싶었을까? 신이 되려고 했을까? 그것은 자신이 겪은 것을 아기에게 행함으로써 외상을 역전시키려는 시도였을까? 생명의 원천인 엄마의 젖꼭지처럼 자신이 중요하다고 느끼고 싶었을까? 그는 원치 않는 삶을 목구멍에 채워 넣는 무감각하고 침범적인 타자에 의해 외상 입은 아기와 동일시하고 있는 것일까?

그는 그 일 이후로 계속해서 자신의 행위에 대해 속죄해왔다. 광기와 자살은 그 속죄의 일부였다. 어쩌면 그의 아동기 밑바닥에는 그가 알지 못하는 죄책감이, 즉 양육과 관련된 부모의 분위기가 깔려있었는지도 모른다. 그것은 부모가 그에게 말하지 않은 비밀 때문일 수도 있지만, 꼭 그런 것은 아니다. 그는 그의 아버지가 미국으로 오기 전 유럽에서 박해를 받았고, 그가 말하지 않은 공포를 겪었다는 것을 알고 있었다. 죄책감은 그의 인격을 관통해서 존재했다: 자신이 누구인지와 그런 자신이 되지 못한 것에 대해, 자신이 행하는 것과 생존을 위해 할 수밖에 없는 것에 대해 죄책감을 느꼈고, 알지 못하는 잘못들에 대해 아파했을 뿐만 아니라, 감추어둔 후회를 막연하게 느꼈다. 우리는 결코 죄책감을 따라잡을 수 없고, 우리가 죄책감을 느끼는 또는 느껴야만 하는 모든 것을 다 드러낼 수가 없다. 삶이 우리에게 강요하는 나쁜 것들에 대해 죄책감을 느끼지 않는다는 일로 인해 죄책감을 느낄 때도 있다. 죄책감과 수치심과 자만심의 풍부한 혼합물이 존재하는가 하면, 그것들의 빈약한 혼합물도 존재한다.

옛 가르침에 따르면 우리는 죄책감 속에서 태어나며 존재하는 것으로 서로 고통 받을 수밖에 없다. 마치 죄책감이 우리보다 앞서 있으면서 우리를 기다리고 있는 것처럼 말이다. 그리고 우리는 그것에 호의를 보이는 법을 발견하고, 그것에 주체들과 대상들을 공급함으로써 그것에 이야기의 형태를 주어야 한다. 나의 죄책감 이야기, 당신의 죄책감 이야기가 생겨난다. 내 환자가 아기의 입 안에 자신의 페니스를 집어넣음으로써 죄책감을 느낄만한 구체적인 어떤 것을 가질 수 있었다고 말할 때, 나는 그 말이 전적으로 틀린 것은 아닐 수 있다고 생각했다. 그것은 그의 행위가 그를 평생 동안 두려움에 떨게 만들었다는 점에서, 죄책감을 멈출 수 없는 어떤 것을 그에게 주었다는 점에서, 그것은 벗어나기 힘든 악순환이다. 동시에, 그는 보다 형태 없는 나쁜 존재감이 구체적으로 거주할 수 있는 장소와 이름을 주었다. 이런저런 이유로 나쁜 존재가 되는 것은 단순히 나쁜 존재가 되는 것보다 더 나은 것 같다. 그럼에도 불구하고, 자기를 향한 범죄는 그런 속임수를 쓰지 않는다. 나쁨에 대한 감각은 계속된다.

인격 안의 깊숙한 자기-증오는 우리가 하는 작업의 중심적 부분이다. 이란인 감독인 바흐만 고바디(Bahman Ghobadi)의 영화, 「거북이도 날 수 있다」(Turtles Can Fly)는 미국의 침공 전날 밤을 배경으로 한 쿠르드족(Kurdistan) 아이들에 대한 영화이다. 그 영화의 주인공은 위성(Satellite)이라는 별명을 갖고 있는 재능 있는 소년으로서, 그는 융학파 분석가가 그의 아니마의 한 측면이라고 느낄만한 매력 있는 소녀와 사랑에 빠지거나, 매료된다. 그 소년은 희망에 차서 소녀에게 이렇게 말한다. "나는 수년 동안 너를 기다렸어."

영화가 전개되면서 우리는 그녀와 그녀의 남동생이 전쟁 통에 부모를 잃은 소년을 보살피는 장면을 보게 되는데, 회상 장면에서는 사담 후세인의 군인들이 그녀를 계속해서 성폭행하는 모습을 본다. 그녀는 그 소년이 크면 사생아라고 낙인찍히게 될 것을, 그리고 그녀 자신이 성폭행의 희생자라는 것이 그녀를 평생 따라다니게 될 것을 두려워했다. 그녀가 자신의 운명에 대해 화가 나있다는 표현은 너무 약한 것일 것이다. 그녀는 자부심, 분노, 절망, 수치심, 죄책감, 그리고 희망 없는 아름다움의 혼합이었다. 사회가 기능하는 또는 기능하지 못하는 방식, 전쟁, 맹목, 무능한 권력, 부모 없이 동굴이나 버려진 차 안에서 사는 아이들, 이 모든 것들이 주는 중압감과 함께, 그녀는 너무 힘들고 불가능한 삶을 살고 있다. 나는 그 소년의 앞을 내다보는 희망이 그녀의 엄청난 절망을 자극했고, 그래서 그녀가 아이를 죽이고 스스로 자살했다고 추측한다. 생명을 상징하는 것이 죽음을 상징하는 것이 된다. 최상과 최악은 동시에 계속된다.

고바디는 현실적인 어떤 것에 대한 시각을 묘사하고 있는데, 그것은 끔찍스런 생활 조건, 사회적 무지, 사회적 압력, 인간의 마음과 몸에 대한 병적인 편견, 강간, 추방되었다는 느낌, 수치심, 돌봄, 우리가 서로에게 하는 것으로 인한 고통, 삶을 건설하는 것 등이다. 인간 약탈을 포함한 이 모든 것이 가장 아름다운 산을 배경으로 일어난다. 나는 이 영화를 내 목적을 위해 약간 바꾸거나 비틀어서, 그 소녀가 죽음으로 돌진한 것을 맥락에서 끄집어내어 새롭게 보고 싶다. 왜냐하면 내 생각에 그것은 우리 안에 실제로 존재하는 어떤 것이고, 우리가 인정하고 싶어 하는 것보다 더 보편적인 것이기 때문이다. 그것은 죽음으로 돌진하는 것, 자살 충동 또는 성향이나 촉구이다. 프로이트는 이것을 죽음 욕동이라고 불렀고, 그것을 유사-생물학적으로 만들었지만, 후학들의 동의를 이끌어내지는 못했다.

하지만 그것은 여전히 존재하고 있고, 아래쪽을 향한 움직임은 우울한 기분, 자동차 충돌사고, 우울한 성향, 에너지 상실, 또는 공간에서 벗어나야 할 필요 등에서 그 모습을 드러낸다. 종종 그것은 회복의 일부이고 다시 돌아오고 삶의 추진력을 되찾기 위한 준비 과정으로서의 죽음이다. 우리는 우리 자신을 죽이고 공격하고 조각내고 내면의 모든 것을 분쇄하고 싶어 하는 무의식적 충동을 갖고 있는데, 이 충동은 부분적으로 죄책감에 의해 매개된다. 나는 가끔 절구에서 공이를 사용하여 향신료를 빻는 이미지를 떠올리는데, 그것은 우리의 재료들을 분쇄함으로써 그것들을 더 좋거나, 다르거나, 단순히 다른 맛을 내는 것으로 재결합시키기 위해서이다. 우리는 우리 자신을 맛볼 수 있는 모든 방법에 대해 궁금해 하며, 다른 가능성들을 짜내기 위해 극단적인 자기-분쇄의 길을 갈 수도 있다.

영화 속의 그 소년은 일과 사랑이라는 측면에서, 생존을 위해 집 없는 아이들을 조직화하는 측면, 즉 인격의 재능 있고 생산적인 측면을 나타낸다. 아이와 자기 자신을 죽인 그 소녀(그녀는 옛날 영화,「흑인 오르페」(Black Orpheus)에서 죽음이 따라다니고 머물렀던 여주인공을 연상시킨다)는 우리 안에 있는 자원 없는 것, 삶에 직면해서 사장되는 것, 결국 외상과 불가능하다는 느낌에 굴복하게 되는 것을 나타낸다. 그녀는 아이를 익사시키고, 자신은 아름다운 절벽에서 뛰어내렸다. 아래로 들어가는 것, 떨어지는 것, 끝없이 내려가는 것, 익사하는 것, 이것은 끝없는 영혼의 움직임에 대한 장면이다. 영혼의 움직임이라는 권력은 착취하고 가로막고 가치를 떨어뜨린다. 우리는 그것을 위한 공간을 마련할 필요가 있다.

위에 있는 자들과 아래 있는 자들, 희생자들과 가해자들, 착취하는 자들과 착취당하는 자들의 쌍들은 사회구조와 정책에 의해, 그리고 사회적 수준에서 언급되어야 할 필요에 의해 부각되기도 하고 퇴색되기도 한다. 그러나 이러한 구조들은 삶을 살아보려고 하는 우리 인간들로 구성되어 있다. 우리의 정신은 진화하는 사회적 형태의 종류들과 관련성을 갖고 있다. 정신적 세력이 없는 사회란 없으며, 우리는 우리가 중요하게 생각하는 존재의 종류를 취하지 않고서는 우리 자신과 작업하는 방법을 배울 수 없을 것이다. 사회는 정신의 형태를 만드는 동시에 그 정신에 의존해 있다. 우리가 서로에게 얼마나 선한지와 상관없이, 우리들 사이에는 여전히 살인적 충동이 있고 살인과 죄책감이 있다. 만약 우리가 삶을 사는 더 나은 방식을 원한다면, 우리는 여러 수준들에서 동시에 작업해야만 한다.

감정과 관계를 맺는 방법에는 적어도 두 가지 주된 양태 또는 태도가 있다. 우리는 관심을 가져주는 방식으로 우리의 감정과 관계할 수 있다. 나는 우리가 함께 있든지 떨어져 있든지 간에, 당신과 내가 무엇을 느끼는지에 대해 관심을 가질 수 있다. 우리는 또한 감정을 조종에 대한 신호로 사용할 수 있다. 나는 나의 도식과 목적을 위해, 당신을 희생한 대가로 내가 원하는 것을 얻기 위해, 지배하고 통제하고 이기기 위해 당신의 감정을 조종할 수 있다. 한쪽 극단에는 냉정한 싸이코패스가 있는데, 그들은 이익을 위해, 권력을 위해 무모하고 무자비한 정동적인 간교함을 사용한다. 다른 쪽 극단에는 타자의 복지를 먼저 추구하는 성자가 있다. 우리는 교활하고 잔인하면서도 돌보는 집단이다. 이 두 경향성은 정신의 이중 나선형처럼 함께 직조되어 있다. 죄책감은 우리를 가깝게 데려오고, 서로를 향하도록 방향을 잡아주며, 보살핌을 새로운 장소로 데려오는 기능을 갖고 있다. 그것은 긍정적인 성질의 것으로서, 돕고, 양분을 주고, 베푸는 것의 일부이다. 우리는 우리가 얼마나 위선적인지에 대해 많은 것을 배웠고, 항상 선전도구로서의, 소위 스크린으로서의 좋은 성질을 교활하게 사용한다. 그러나 이 말은 선함이 좋지 않다는 말은 아니다. 돕고자 하는 우리의 소망은 항상 또는 주로 위장된 적대감이거나 굴종이 아니다. 동시에, 우리의 무감각한 본성과 권력의지가 지닌 긍정적이고 부정적인 측면들을 과소평가하는 것은 미숙한 생각이다.

  돕고 양분을 주고 싶어 하는 우리의 욕구는 우리의 본성에 심오하고 핵심적인 부분이다. 그러나 그것이 유일한 부분은 아니다. 만약 우리가 그토록 다양하지 않았다면, 오늘날 여기에 존재하지도 않았을 것이다. 파스칼이 우리 자신과의 불균형이라고 지적한 적이 있는, 우리 자신의 거대한 불일치를 인식하는 것은 쉬운 일이 아니다. 다시 말해서, 우리는 잔인한 살인자이고, 서로 사랑하는 자들이며, 양분을 주고 파괴하고, 죄책감을 느끼고, 죄책감을 느끼지 않는 자들이다. 때로 우리는 서로에게 상처를 줌으로써 서로를 돕는 것처럼 보인다. 상처를 주는 요소로부터 자유로운 양분을 주는 몸짓이라는 것이 있는가? 그것은 부분적으로 우리가 은혜라고 부르는 것을 의미하는가?

어렸을 때 나는 빛의 색깔들이 교대로 혼합되는 모습에 마음이 끌리곤 했다. 아름다움의 전율이 내 등골을 오르락내리락했다. 그 경험은 짜릿한 아름다움뿐만 아니라, 더 끔찍스럽게 마비시키고 선혈이 낭자한 어떤 것에 의해서 특징지어지는 상반된 태도들의 직조라는 감각으로 전개되고 심화되었다. 다중적인 정동의 강물들은 동시에 공존하며 교대하면서 많은 영역들에 퍼져 있다. 우리의 교대하는 혼합된 정동적 태도의 장은 우리의 진화 역사에서 가장 위대한 도전들 중의 하나이다.

우리가 지닌 능력들을 갖고 우리는 어떤 종류의 파트너들이 될 수 있을까? 우리는 우리가 하고 있는 것을 따라잡을 수 없다. 그러나 우리가 우리 자신들 보다 처져 있거나 앞서가는 방식, 분위기, 정신은 중요하다. 우리는 불균형을 작업하기 위한 역량에서 성장해야 할 필요가 있다.

우리는 정의되지 않은 거대함과 매우 파괴적인 식탐의 주머니들을 눈앞에 두고 있다. 후자는 살아있음의 일부인 것처럼 보인다. 정신분석의 하나의 초점은 우리가 우리 자신에게 그리고 서로에게 얼마나 파괴적인가 하는 것이다. 프로이트(1937c)는 회복을 방해하는 힘에 대해 말했다. 멜라니 클라인(1946, p. 297)은 내면의 파괴적 힘에 대해 말했다. 윌프레드 비온(1965, p. 101)은 그것이 시간, 공간, 존재, 인격을 파괴하고 난 후에도 계속해서 작용하는 힘에 대해 말했다. 우리는 파괴적인 경향성이 지닌 우리들 일부를, 얼마 동안, 움켜쥐는 힘을 인식하는 지점에까지 성장했다. 우리의 많은 요소들이 파괴적 충동

속으로 들어간다. 우리는 그것들의 성분에 관해 그리고 그것들에 대해 무엇을 해야 할지에 관해 아주 조금밖에 모른다.

가난하고 연약하며 궁핍한 자들에게 베풀라는 성서의 가르침은 권력의 현실을 인식하고 있다. 성서의 이야기들은 어려움들을 사회구조 안에만 위치시키지 않고, 우리 각자 안에 위치시킨다. 왜냐하면 만약 현재의 지배구조가 존재하지 않았다면, 우리는 그것들을 또는 그와 비슷한 것들을 창조했을 것이기 때문이다. 그것들은 우리 자신의 본성, 우리의 심리사회적 성향으로부터 자라난다. 권력에의 의지는 그것 자체의 추동력을 갖고 있다. 그러나 돌봄의 의식도, 즉 도울 수 있는 곳에서 돕고자 하는 의지도 그러하다. 그런 점에서 우리가 할 수 있는 것의 경계에서 줄다리기를 할 필요가 있다.

우리는 평생 다른 사람을 돕지 않는 사람을 상상해 볼 수 있다. 우리는 문학작품 안에서 그러한 악마적 인물들에 대한 묘사에 매료된다. 우리는 이타주의의 모든 흔적들과 지표들을 고의적으로 박멸시키려고 하는 사람들을 상상한다. 우리는 우리 존재의 한 측면으로서, 차갑고 무관심한 무자비성을 묘사한다. 그러한 태도에서 보자면, 다른 사람을 돕는 것은 저주이거나 기껏해야 후천적으로 획득한 취향에 지나지 않는다. 우리는 우리 자신에게서 벗어나기 위해, 도움의 손을 뻗기 위해서 우리 자신을 밀어붙여야 한다. 그러한 상황에 처해 있는 환자들은 감정이 해빙되기 시작할 때 시체들이 살아나는 꿈을 꿀 수 있다. 그러나 우리들 중에는 또한, 다른 사람을 먹일 수 없다면, 내면에서 굶주리는 많은 사람들도 있다.

우리는 우리의 돌보는 마음, 잔인한 존재에 대해 무엇을 해야 할지 알 수 없을 수도 있지만, 시도해보는 것은 우리의 몫이다. 만약 우리가 작은 뭔가를 시도하지 않는다면, 경계의 모서리 또는 작은 부분을 넓히려고 애쓰지 않는다면, 또는 힘들게 손을 내 뻗으려고 노력하지 않는다면, 우리는 죄책감을 느껴야만 한다.

제 5 장

나는 소크라테스를 죽였다

"나는 소크라테스를 죽였다." 아침에 잠에서 깨면서 이 말이 머릿속에 떠올랐다. 그것이 나를 깨웠나? 그것이 나를 깨울 것인가? 내가 깨워질 수 있나?

나는 어떻게 깨어있는 꿈을 꾸는 나를 위해 봉사할 수 있는가? 내가 소크라테스를 죽였다는 생각이 떠올랐을 때, 나는 잠을 자고 있었다고 기억되지 않는다. 아니 확실히 자고 있지 않았다. 하지만 강한 확신을 담고 있는 전기충격이 나를 벌떡 일으켜 세웠다. 나는 오늘의 최고의 시간을 이 새로운 사실을 다루면서 보내야 한다는 것을 깨닫는다. 나는 이제 내가 소크라테스를 죽인 것을 알고 있고, 돌이킬 수는 없다.

소크라테스를 죽이는 것이 나의 삶의 과제인가? 나는 확신할 수 없다. 그러나 나는 왜 이번에 그를 죽였는지 알아볼 필요가 있다.

"모든 사람은 죽는다. 소크라테스는 사람이다. 그러므로 소크라테스는 죽는다." 이것은 대학교 신입생이 배우는 삼단논법이다.

당신은 이것을 믿는가? 그것은 실제로 어떤 근거를 갖고 있는가? 소크라테스는 정말 유한한 존재인가? 그것은 조금 믿기 힘들어 보이고, 각자가 자신을 위해 발견해야 할 것처럼 보인다.

    과학적 연구의 일부로서, 나는 동이 트기 직전에 소크라테스 뒤로 몰래 다가가서 목을 눌러 죽였다. 나는 감히 그를 쳐다 볼 수 없었고, 그가 살해 순간에 나를 보고 있다는 생각을 견딜 수 없었다. 나는 반복해서 그의 등을 찔렀고, 몽둥이와 돌멩이로 그를 내리쳤다. 그가 넘어지자 나는 가차 없이 그를 발로 찼다. 그리고는 그의 시체에 생명이 전혀 남아있지 않다는 확신이 들 때까지 이 과정을 반복하고 또 반복했다. 그의 죽음에 대한 의심이 사라질 때까지 나는 그를 죽였다. 그것은 근본적인 의심의 해결책으로서의 살인이었다. 죽음은 현실이고, 다른 어떤 것으로 환원될 수 없는 사실이며, 의심보다도 더 최종적인 것에 대한 증거이다. 그러나 과연 그럴까?

    내가 시체에서 두 걸음도 채 떼기 전에 불현듯 소크라테스는 영원히 죽지 않는다는 생각이 들었다. 그의 사상들은 결코 죽지 않는다. 그의 사상, 플라톤의 사상은 우리가 생각하는 방식에 본질적인 역할을 하며, 우리가 어떻게 생각하고, 무엇을 생각해야 하는지, 수백 년에 걸쳐 우리의 사고를 조직하는 데 영구적으로 영향을 끼쳤다. 플라톤의 숨결이 닿지 않은 마음은 없으며, 선의 이데아(Idea of the Good)에 의해 물들지 않은 마음은 없다. 그것으로부터 도망치거나 그것을 평가절하하는 자들은 그것에 의해 무너진다. 이보다 더 강한 것이 있을까?

    하지만 결국 소크라테스라는 인물은 나에게 가장 매력적인 존재이다. 내가 특이한 것일까? 마치 물이라도 된 것처럼, 나는 플라톤을 통해 근원을 향해 거꾸로 흐른다. 플라톤이 원천이라는 사실을 감안할 때 소크라테스의 저자와 창조자를 말하는 것은 얼마나 이상한가? 우리는 소크라테스가 진정한 저자요, 설득력 있는 창조자라고 깊이 느낀다.

　소크라테스가 허구라는 것을 어떻게 아는가? 아니면 그는 「토템과 금기」에 나오는 아버지와 같은, 그러나 실제로 살았던 인물이요, 스승인 플라톤이 죽음을 통해, 즉 그의 아들들인 우리에게 살해당하는 것을 통해 힘을 얻게 된 사실인가?

　마음에서 마음으로 전달되는 영향은 실제 신체적 접촉에 국한되지 않는다는 바로 그 점 때문에, 플라톤으로 하여금 구도자이며 사상가가 될 수 있게 한 사람이 소크라테스인가? 소크라테스의 마음과 그가 마음에 접근하는 방식은 플라톤의 사고하고자 하는 의지를 풀어 주었다. 또는 플라톤에게 꺼지지 않는 불길을 지펴주고, 상상적 핵의 알을 낳아준 사람이 소크라테스인가?

　고백하건대, 소크라테스는 나를 흥분시킨다. 내가 사랑하고 매력을 느끼는 사람은 소크라테스이다. 오늘날 내 안에 살아 있는 사람은 플라톤이 아니라 소크라테스이다. 그는 내가 그를 죽인 뒤에도 살아있다. 내가 그를 죽이면 죽일수록 그는 더욱 살아 있다.

　나는 내 살인행위를 살아남은 소크라테스가 눈물겹도록 고맙다.

　나는 또한 그만큼은 아니지만 나에게 소크라테스를 준 플라톤에게도 고마움을 느낀다. 인정하기는 싫지만, 플라톤이 없었더라면 내가 사랑할 수 있는 소크라테스도 없었을 것이다. 플라톤이 없었더라면 그가 생생하게 창조한 소크라테스는 없었을 것이다. 물론 내가 그보다 소크라테스를 더 많이 사랑하는 것이, 그리고 내가 사랑하는 것이 플라톤이 아니라 소크라테스라는 사실이 플라톤이 대성공을 거두었다는 사실에 대한 척도이기도 하다.

　나는 사고의 역사에 있어서는 플라톤이 더 중요하다는 것을 알지만, 인생의 역사에 있어서는 소크라테스가 더 중요하다고 느낀다. 그는 "나"라는 작은 존재의 화염이 참여하고 있는 불가사의한 불덩이이다. 한 사람의 상상력 있는 창조물이 감히 수천 년간 다른 이들의 삶에 영향을 끼치는 현상을 보면서 우리는 과연 누구인가를 다시 묻게 된다.

한동안(지금도 그 시기일까?) 플라톤을 깎아내리는 것이 유행이었다. 그의 사고 형태들은 우리를 해방시키기도 얼어붙게도 한다. 우리는 그것들에 맞서 싸우고, 그것들을 통과하고, 용해시키고, 불태운다. 우리는 그것들로부터 도망친다. 우리들 중의 일부는 그것들로부터 거의 벗어나거나, 혹은 벗어났다고 주장하면서, 회피하고, 그것들을 조사하고, 어딘가에서 새로 시작하려고 시도한다. 어떤 이들은 돌을 던지며 비하한다. 단점을 드러내고, 잘못된 방향을 바로잡고, 나침반을 재조정하는 것은 중요하다.

동시에 나는 소크라테스와 그의 존재, 그의 진정성의 맛을 즐긴다. 어쩌면 그의 생각보다는, 즉 플라톤이 그에게 주입한 질문들과 사상들보다는 그의 존재가 더 중요하다. 나의 본질에 가장 깊이 접촉하는 것은 정서적인 태도이며, 진실을 추구하는 허기이며, 채워지지 않는 욕구이다. 그의 헌신적인 집요함은 내면에서 큰 소리를 내며, 한번 울려 퍼진 소리는 영원히 계속된다.

소크라테스는 촌스럽게, 심지어는 못생겼다고 묘사되기도 하지만, 그의 열정과 영혼의 아름다움은 수 세기에 걸쳐 사람들 마음속에서 같은 종류의 열정을 점화시켰다. 소크라테스에게 있어서, 지성은 우아함, 모순, 유머, 사랑과 섞여 있다. 그는 물어뜯고 피를 빨지만, 그것은 우리가 갈망하는 것이다. 하지만 나는 그를 죽였다. 그리고 살인자는 나 하나가 아니다. 나의 고대의 아테네 동료들이—우리 모두가 동료이다—이 살인을 시작했고, 우리는 이를 계속한다.

인정하기 힘들지만, 살인은 생각이 전수되는 과정의 일부이며,

오늘날까지도 마음과 영혼을 조직하고, 마음을 더욱 살아있는 것으로 만드는 요소이다. 동시에, 사고는 살인을 살아남고 그로 인해 더욱 풍부해진다. 사고의 형태들과 씨앗들만이 살아남는 것이 아니다. 태도들과 감정의 기질들도 마찬가지이다. 우리는 죽음 또는 살해에서 살아남는 것들에 영원히 끌리는 속성을 갖고 있다. 이 혼합물의 어딘가에 우리 자신들이 살아남을 것이라는 타오르는 희망이 있다. 어쩌면 소크라테스는 이것이 가능하다는 것을 우리에게 보여주거나, 최소한 우리를 견뎌내는 삶의 방식에 대한 식욕을 돋구어준다.

* * *

확산되는 나에 대한 물음들이 제기된다. 여기서 나는 나뿐만 아니라 모든 나를 뜻한다. 그것은 어디에나 있는 나들이다. 내가 소크라테스를 죽였다는 것은 모든 나들이 소크라테스를 죽였다는 것이다. 그리고 계속해서 그를 죽인다. 우주적인 예수 살인자와도 같다.

나는 이 확산되는 나를 정신증-논리나 미친 논리, 혹은 순진한 시대에서는 일종의 아기 논리, 악마의 시대에서는 악마 논리라고 부르고 싶다. 편의상 나는 정신증-논리 혹은 미친 논리라고 부를 것인데, 이는 경계가 없는 어떤 것을 의미한다.

나는 경계가 없는 것이 영적인 것이 될 수 있으며, 미친 또는 정신증이라는 말을 사용함으로써 내가 전달하려는 본래의 의미를 왜곡할 수도 있다는 것을 알고 있다. 이것은 수정될 수 있으므로 일단은 이 왜곡을 채택해보겠다.

확산되는 나. 이 경우에는 나의 나가 확산된다. 내가 내린 필연적인 결론은 내가 모든 인간의 죽음에 책임이 있다는 것이다. 내가 죽음의 원인이다. 내가 세상에 죽음을 가져왔다. 이는 보편적인 죄책감을 극단적으로 확장한 것으로 보일 수도 있다. 그러나 이는 뚜렷하고 명백하며 필연적인 생각이다. 한번 품으면, 그 생각은 자명하다.

이것에 대한 많은 유비들이 있다. 오이디푸스의 죄는 그 나라의 죄가 되었다. 성경에서는 한 가족이 죄로 인해 타락하면 온 나라가 병들 수 있다. 죄는 확산된다. 사람 안에 있는 뭔가가 부패하면, 그것은 정치와 사회로 퍼져나간다. 종종 죄는 위에서 아래로부터 퍼지며, 사람들이 생각하는 것처럼 아래에서 위로 올라가는 경우는 드물다. 고위층과 사법기관, 미디어 소유자, 사회의 권력층의 죄가 시발점이다. 끝 모르는 탐욕 때문에 부시 정권의 사람들이 이 시대의 영혼에 저지른 만행을 보라. 물론 약탈을 추구하는 동기가 그들보다 앞서지만, 그들은 국가의 죄책감을 치솟게 하는 데 자신들의 상처를 입히는 서명을 더했다.

부정된 혹은 연기되거나 치환된 죄책감이 있다. 지도자들은 그들의 잔학행위에 대한 죄책감을 부인하고, 다른 곳에서 죄인 집단들을 찾는다. 그들은 자신들이 저지르거나 앞으로 저지를 일들에 대한 책임을 다른 사람들에게 전가한다. 그들은 자신의 행동에 따르는 결과에 대해 무감각해지며, 종종 자신들이 정당하다고 느끼는 데 성공한다(이것은 정의 개념의 잘못된 사용이다). 죄책감에 대한 부인도 확산된다. 죄책감과 죄책감의 부인은 한 쌍을 이루며 쌍쌍둥이이다. 비온이 이와 관련된 맥락에서 말한다(2005, p. 91): "그들은 분리될 수 없으며, 그 중 하나는 다른 쪽 극단과 짝을 이룬다. 그것은 양극화되어 있다."

생각-감정에는 항상 존재하는 정신증 혹은 미친 차원이 있다. 그것이 작용하는 한 가지 방법은 확산되는 경계 없음이요, 경계 없는 확산이다. 부인하는 자들은 경계 없는 확산으로부터 자유롭지 못하다. 그들은 부인된 요소 혹은 그것의 대체물을 갖고 다른 사람들에게 덧칠한다. 반쯤 맹목적인 방식으로 자신들의 감정으로 세상을 칠한다.

* * *

나는 다시 한 번 에덴동산에 와 있다. 나는 무엇을 하는가? 나는 세상에 죽음을 가져온다. 인류의 기원에 대한 이 신화에서 악, 죄, 그리고 죽음은 인간에게 그 원인이 있다. 어떤 인간이 아니라 바로 당신과 나이다. 우리가 저질렀다. 내가 아담, 이브 그리고 뱀이며 또한 당신이 그들이다. 여기서 우리의 나는 비록 다른 모습을 갖고 있어도 구분이 안 된다. 그것은 나의 변형이요, 복수로서의 나이다.

우리는 자연스레 인과관계의 조직자로서의 나(나의, 너의, 다른 사람의)에게 끌린다. 나의 잘못, 너의 잘못, 우리의 잘못이라고 생각하기를 좋아한다. 우리는 통제할 수 없는 세력 앞에서 무력한 느낌을 차단시키려고 한다. 우리는 인간은 죽는다는 사실과 같은 끔찍한 사실들에 대해 죄책감이나 책임을 떠맡음으로써 통제할 수 없는 것들을 통제하려고 하고 공포를 없애려고 한다. 상대적인 방식으로 우리가 죄인일 수 있는 가능성이 절대적인 사고로 확산된다.

우리는 충분히 착하고, 특정한 방식으로 행동하거나 특정한 믿음을 갖는다면 영원히 살 수 있다고 말하는, 그런 종류의 사고 형태를 갖고 있다. 우리는 죽음을 취소시킬 수 있다. 우리는 죽음을 살릴 수도 있고, 죽일 수도 있다. 이것은 책임을 뭉개버리는 것처럼 들리며, 경계 없는 확산의 일부이다.

죽음이 우리의 탓이라는 이야기를 우리가 만들어낸다는 사실은 우리 마음이 가진 나-중심적 측면에 대해 뭔가를 말해준다. 죄의 책임이 전 인류에게 있다고 해서 나의 몫이 사라지는 것은 아니다. 죄책감의 인과관계는 양방향으로 퍼져 나간다, 개인↔집단. 나는 세상에 죽음을 가져왔고, 당신 역시 그러했다. 단수가 아닌 복수로서의 나가 있으며, 죽음은 그것의 생명을 그 우리에게 빚지고 있다. 인과관계와 죽음 사이에는 사회적 맥락이 있다. 아담, 이브 그리고 뱀은 모두 음모에 참여하고 있고, 각자 자기의 역할이 있다. 프로이트에 따르면, 꿈의 여러 부분들은 나의 부분들이다. 이것은 심오한 지혜이다. 하지만 이것이 진실의 전부인가?

분명히 우주는 꿈을 통해 메시지를 전달한다. "나"가 유일한 등장인물이 아니다. 삶은 중요한 등장인물로서, 꿈의 삶(dream life)을 포함한 삶을 표현하고 창조한다. 내가 꿈의 원인인가, 아니면 삶의 과정들이 나의 도움으로 또는 도움 없이 꿈과 나를 존재하게 했는가?

에덴동산의 꿈은 우리를 능가한다. 그것이 주는 메시지는 마음 깊은 데서 우리는 우리가 죽음을 불러온 원인이라고 느낀다는 것이다. 확산되는 나는 상상이든 현실이든 인과관계의 연결망을 통해서 죄책감을 확산시킨다. 에덴의 꿈은 우리가 죄책감을 정서의 조직자로, 칸트의 시간, 공간, 인과관계와 유사한 내적인 조직 원리로서 사용한다고 말해준다. 죄책감은 경험의 기본적인 조직자라는 것이다.

우리는 죄책감과 얼룩을 우리 자신에게서 제거하려고 한다. 우리 자신과 우리의 행동을 깨끗이 하려고 한다. 그러나 깨끗이 해야 될 것들을 우리의 본성에서 지워낼 수는 없다. 그것들을 지워내려고 하다가는 우리 자신들을 지워버릴 수 있다.

***

    끝없는 죄책감에 대해 명상할 때 역전이 시작된다. 삼단논법은 결국 "모든 사람은 죽는다"로 끝난다. 나는 앞에서 "만약 모든 사람이 죽는다면, 그리고 소크라테스가 사람이라면, 소크라테스는 죽는다"는 의미로 말한 바 있다. 만약 …, 이것은 아직 해결되지 않은 문제이다.
    그러나 실제로 모든 인간이 죽을 수밖에 없는 존재라면 어떻게 되는가? 여기에는 만약, 그리고, 그러나 등이 적용되지 않는다. 우리는 모두 죽고, 증거가 보여주듯이, 죽음이 모든 것의 끝이라는 사실을 두려워한다. 죽음 뒤에 나를 위한 삶은 없다. 이 삼단논법이 나를 좀 더 객관적인 길처럼 보이는 대안적인 생각으로 데려다줄 수 있게 하기 위해서 나는 규정적 결론에 도달할 필요가 없다. 모든 사람들은 죽는다.
    잠시 이 말을 하나의 객관적인 진술로, 있는 그대로의 사실에 대한 진술로 받아들이자. 그러한 진술의 솔직한 객관성은 죽음의 사실에 대한 죄책감이 주는 부담으로부터 나를 해방시킨다. 왜냐하면 모든 사람이 죽는다면, 그리고 그것이 있는 그대로의 삶의 사실이라면, 내가 죽음을 만들어낸 유일한 혹은 주된 혹은 심지어 공범이 아닐 수 있는 분명한 가능성이 있기 때문이다. 죽음은 내가 무엇을 했건, 또는 앞으로 무엇을 할 것이건, 관련이 없다. 그것은 그저 있는 것이다. 나는 죽음이 내재되어 있는 삶의 체계의 일부분이다.
    이 얼마나 큰 안도감인가!

* * *

　종종 그렇듯이, 이중적 태도가 존재한다. 죽음을 믿기도 어렵고 믿지 않기도 어렵다. 한쪽에는 주관적 확산이 있고, 반대쪽에는 객관적 구별이 있다. 전자는 경계 없음을 지향하고 후자는 경계를 지향한다. 나-감각의 측면에서 보자면, 경계 없는 나가 있고 경계가 지어진 나가 있다. 인과성과 연결된 죄책감이라는 측면에서 보자면, 내가 원인 제공자이고, 너가 원인 제공자이다: 어떤 나가 또는 모든 나가 원인 제공자이다.

　하나의 변형을 예로 들자면, 우리가 했다, 아니, 발생한 것이다. 또는 그것은 자연스러운 것이다, 아니, 그것은 다른 것으로 바꿀 수 있다.

　죽음은 자체를 슬그머니 에덴동산 안으로 들여보내는 자체의 방법을 갖고 있다. 동산 안에는 특별한 중요성을 가진 생명과 지식을 나타내는 두 개의 나무가 있다. 그 둘은 마치 분리할 수 없는 어디에나 존재하는 이중성을 나타내는 것 같다. 첫 커플이 선악과 열매를 먹고 선과 악을 알았을 때, 신은 그들이 생명나무의 열매를 먹고 영생을 얻기 전에 서둘러 동산에서 쫓아냈다. 여기에 하나의 수수께끼가 있다. "신은 어째서 생명의 나무를 미리 보호하거나 숨겨두지 않았을까?" 아담과 이브가 그것이 금단의 열매이기 때문이 먹지 않을 거라고 믿었던 것일까? 생명의 열매는 그들에게 강한 유혹이 아니었을까? 아니면 선악과를 먹는 것이 죽음, 죽음으로서의 죄, 그리고 실제 죽음 등을 불러온 것인가? 그리고 사람들은 죽음에 대한 불안과 함께 영원한 삶을 추구하는 것인가?

　동산 한가운데에는 생명의 고동 속에서 발견되기를 기다리고 있는 죽음이 아련하게 서있다. 마치 영적인 인형극처럼, 나쁜 일이 일어날 것을 알고 있지만 언제 일어날지는 모른다. 에덴동산

이야기는 다르게 전개될 수도 있었다는 느낌을 주기도 하고, 그럴 수 없었다는 느낌을 주기도 한다. 이 놀라운 장소의 한가운데 고통을 야기하는 뭔가가 있으며, 이는 반드시 거기에 있을 필요가 없지만 거기에 있는 것으로 느껴지기도 하고, 또 거기에 있어야만 하는 것으로 느껴지기도 한다.

진부하게 들릴지 모르지만, 고통의 원인이 이야기가 묘사하는 태도들이 엉켜 있기 때문이라고 말할 수 있다. 허락-금지, 관심, 호기심, 시기심, 자부심, 자극, 동경, 배고픔, 희망, 욕망 등, 모든 정서적 태도들이 한데 섞여 있다. 에덴동산은 흥분들과 기대들과 태도들의 끓는 가마솥이다. 이야기는 그 경향들을 추적하고 엉킨 것을 풀어내려 한다.

신은 세상과 그것의 내용물들을 만드신 다음, 반복해서 "좋다"라고 말하셨다. 아담과 이브는 그 열매를 먹고 선뿐만 아니라 악을 보았다. 그들은 신이 본 것 그 이상을 본 것인가? 더 많이 경험했는가? 신은 그들이 너무 많은 것을 너무 빨리 보는 것은 해롭기 때문에, 그들을 보호하기 위해서 그렇게 할 수 없도록 조치해 주신 걸까? 신은 그들을 수치심으로부터 보호하고 계셨던 걸까?

현자들은 아담과 이브가 불완전한 견해를 가졌다고 말한다. 삶을 악으로 보는 것은 근시안적인 견해이다. 신은 우리의 영혼을 위해 모든 선을 행하신다. 아담과 이브는 그들을 아프게 하는 어떤 것을 나쁘다고 말하는 어린아이들과 같은 것인가? 그들은 신에게 불복종했고 수치심을 느꼈다. 신의 뜻을 어기는 행동이 그들을 아프게 한 것일까? 개성(individuality)을 갖는 것이 그들에게 고통스러웠을까? 차이가 그들에게 고통스러웠나? 신은 그들에게 수치심을 느낄 수 있는 기회를 주셨다.

우리는 그들이 어떤 악을 알게 되었는지 알 수가 없다. 그들은 예전에 보지 못했던 것을 보았거나 전에는 불가능했던 보는 방식을 갖기 시작했다. 악이 새로운 어떤 것으로서 출현한다. 지식의 한 형태, 즉 지식의 새로운 한 형태로서 나타난다. 하나의 직접적인 앎(knowing)과 직접적인 보기(seeing)로서 출현한다. 그들은 무엇인가를 보았다: 악 자체를 보았다. 그리고 그것은 그들 자신들과 분리될 수 없는 것이었다. 그들은 정신적으로 뿐만 아니라 신체적으로 자신들의 벌거벗은 모습을 보았다.

우리가 짊어진 심리적 부담은 빠르게 한계를 넘어선다. 정신적 존재로서의 출현, 그것은 놀라운 것이지만 우리가 견딜 수 있는 것 이상이다. 삶 안으로 들어가는 것은 우리를 불가능의 깊은 곳으로 데려다준다. 그리고 모든 가능한 것들은 미묘하고 거대한 것으로 느껴진다.

동산은 지금 어디에 있는가? 천국은 우리 안에 있다. 우리의 내부 어디에 있는가? 고통의 중심을 통해서 도달하는 그곳이다.

동산지기가 되는 것은 하나의 부드러운 시작이다. 하지만 나는 무대 옆에 있는 햄릿의 숨결이 느껴진다. 그것은 동요된 숨소리이다. 햄릿이 동산에 있나? 나는 더 자세히 본다. 나는 그가, 삼손처럼 힘의 순간을 기다리며, 생명과 지식의 두 나무에 손을 얹고 있는 모습을 얼핏 본다. 그 힘은 앎의 힘도 아니고 물리적인 힘도 아니라, 꿰뚫는 지각의 힘이다. 그는 아직 말을 하지 않지만, 또는 많은 말을 하지 않지만, 말들은 한데 모이기 시작한다. 그것은 뱀에게 물린 치유되지 않는 상처로부터 쏟아질 것이다. 그 뱀은 아담과 이브가 있기도 전에 동산을 배회하면서 파장을 일으키고, 동료를 찾고 있던 뱀이다.

그 뱀은 햄릿을 상상 속의 동료로서 꿈꾸는 것을 통해서 시간이 더 빨리 가게 했던 뱀이다. 실제 사람으로서의 아담과 이브는 실망스러운 존재로 드러났다. 그들도 이야기 속의 인물이라는 것을 그가 깨닫기 전까지는 말이다.

* * *

잉마 버그만(Ingmar Bergmann)은 한 인터뷰에서 자신은 죄책감을 믿지 않는다고 말했다. 그는 죄책감이 한 사람이 다른 사람에게 실제적인 고통을 준 것을 깨닫는 것을 방해한다고 보았다.

우리는 그가 또한 자신의 고통에 대해 이야기하고 있다는 것을 상상할 수 있다. 한 사람의 존재의 중심이 고통을 받고 있다면, 그가 이것을 다른 사람들에게 전달하지 않기란 쉽지 않다. 우리는 삼투성을 갖고 있으며, 감정은 확산된다.

그러나 그가 의미하는 것은 이것만이 아니다. 그의 아들에 대한 그의 행동은 불필요할 정도로 잔인했는데, 마치 그가 아들을 잔인성을 담아두는 특별한 주머니로 사용한 것 같았다. 그의 아들은 이런 대접을 받을 이유가 없었다. 버그만은 자신의 본성 때문에 불가피하게 나쁜 아빠였다고 말한다. 그는 전혀 변명하려고 하지 않았다. 그것은 그 자신의 존재의 신비의 일부이며, 발생하는 어떤 것이며, 자신의 어린 시절과 부모에게서 온 고통과 연결되어 있다. 생의 출발 시점에서 겪는 고통은 끝나는 법이 없다.

그 자신이 어찌할 수 없는 것에 대해 그는 책임을 지는가? 그는 자신이 누구인가에 대해 책임을 지는가? 그는 책임을 지지도 않고, 책임을 회피하지도 않는다. 그는 그것을, 그가 살 수 있는 부분을 산다. 잔인함을 존재의 신비의 일부로서 살아낸다. 그의 증언의 형태는 스크린 위에서 불가피한 고통을 공유하는 것을 통해서 잔인함을 심오한 예술로 바꾸는 것이다. 그의 영화들은 고통 받는 존재에 대한 증언을 담고 있다. 그것들은 보여줄 뿐 설명을 하지는 않는다. 그것들은 우리들 중 많은 이들이 단번에 알아볼 수 있는 가장 깊은 고통을 공유한다. 그는 최선을 다한다.

그렇게 보여주는 것이 바로 그가 할 수 있는 공유이며, 그것에 대해 우리는 감사한다.

* * *

나와 상담을 하기로 한 사람이 방으로 들어온다. 나는 배를 먹고 있다. 우리는 서로를 쳐다보고, 나는 내가 배의 세포조직을 파괴하고 있다는 것을 깨닫는다. 배는 살아있는 것이다. 당신이나 나처럼 살아있는 것은 아니지만 말이다. 그러나 그것은 자신만의 생명으로 충만하며 나는 그것을 죽이고 있다.

나는 그녀를 씨이(Sea)라고 부를 것인데, 씨이는 보다(see)를 뜻하기도 한다. 그녀에게 나는 살인자라고 말하고 있고, 그녀는 내가 생명을 죽이는 장면을 목격하고 있다. 우리는 살기 위해 죽이며, 설령 우리가 채식주의자라 해도 이를 피할 수는 없다. 그녀는 살생을 목격하고 있다. 나는 이어서 배의 조직을 이빨로 물어뜯고, 씹고, 삼키는 것에 대해 자세히 이야기한다. 이는 천천히 진행되는 즙이 많은 파괴이다. 나는 단식 투쟁, 식욕부진, 살생에 대한 거부, 다른 이들의 희생에 의해 사는 삶에 대한 거부를 충분히 이해한다.

나는 특정한 종교적 충동이 제안하는 것을 할 수 있다. 즉, 배의 자기희생에 대해 감사하고, 나의 행복을 위한 그것의 소중한 기여를 칭송할 수 있다. 심지어 나는 배가 기꺼이 자기희생에 참여함으로써 스스로를 성화시키고 있다고 나 자신을 설득할 수도 있다. 배를 다 먹고 나자, 이제는 먹을 수 없는 껍질과 속대만 남아 있다. 그 거룩함의 대부분은 이제 내 안에 있다.

씨이는 산만해보이고, 눈물이라도 흘릴 것처럼 보이는데, 그것은 내가 그녀를 잘못 보고 있는 것일 수도 있다. 나는 뭔가 강렬하고, 꽉 찬, 긍정적인 것을 느낀다. 마치 씨이 내면에 있는 자기의 방사능 조각이 빛을 발하고 있는 것 같은데, 그것은 새로운 발견, 새로운 자기-느낌이다. 그녀는 작고 짙은 힘 주변으로 이끌린다. 내가 틀렸을 수도 있다. 이 모든 미세-지각들은 순식간에 일어난다. 이 작업에서 가장 놀라운 것들은 가장 포착하기 힘들고 어두운 배경에 드리운 채 잘 느껴지지 않는 동요들이다.

씨이는 만성적인 심리적 과부하의 문제를 다룬다. 그녀는 어렸을 때 목을 맨 채 죽어 있는 아빠의 시체를 발견했다. 엄마의 두 번째 남편은 씨이를 사랑하는 좋은 사람이었지만, 그녀의 아동기 중반쯤 기계 사고로 죽었다. 엄마의 세 번째 남편은 살아있었는데, 그는 차갑고 잔인했다.

씨이는 여러 종류의 치료에서 살아남았고, 앞으로 정신건강 분야에서 일하기 위해 준비 중이다. 그녀가 자신의 외상 세계와 잘 들어맞는 일을 찾은 것은 행운이었다. 그녀는 다른 이들을 도움으로써 그녀 자신을 돕는 삶을 살고 있었다. 내담자가 이런 끔찍스런 과거를 다루는 것이 전혀 새로운 일이 아니었다. 그것이 왜 지금 이 방에서 말해지는가? 그것이 이 오후시간에 묻고 있는 것이 무엇인가?

그녀는 농장에서 동물들과 함께 자랐지만, 그 동물들을 도살하는 장면에는 적응하지 못했다. 잘려진 목과 잘려나간 동물들의 머리 형상들이 잠재의식 안에서 그녀를 고문했다. 그녀는 특정 동물들에 대한 공포를 갖게 되었고, 그 사실을 숨기려 했다. 아무도 그녀를 이해하려고 하지 않았다. 그들은 그녀를 조롱하고, 무시하고, 그런 두려움의 근원에 대해 질문하고, 그것을 비현실적인 것으로 만들었다. 그들이 두려움에 대해 무엇을 할 수 있겠는가? 그녀는 그것을 스스로에게 혹은 다른 사람들에게 "납득할 수 있게" 표현하지 못했다. 갈 곳이 없는 공포는 어디로 가는가?

나는 주의 깊게 듣고 주의 깊게 느꼈다. 치료란 공포를 담아주는 가정과 같은 것이다. 어떤 사람들은 그들이 공포와 편안하게 함께 있을 수 있는 유일한 곳이 치료 상황이기 때문에 평생 치료를 받는다.

나는 한 이미지를 공유한다: "당신은 아동기 동안에 마치 목이 잘린 닭처럼 느꼈군요." 나는 그녀가 느꼈던 감정을 전달하려 한다. 목이 잘리고 분리되어 떨어져 나간 채 퍼덕거리는 닭. 죽기를 거부하는 머리와 죽지 않는 몸. 그것들은 긴 세월 동안 토막 나고, 꿈틀대고, 이름도 장소도 없는 혼란 상태에 있다. 잔인한 죽음의 시냇물은 존재를 벼랑에 세운다.

씨이는 즉각 반응한다. 그 순간에 그 이미지는 아주 잘 들어맞는다. 정확히 안도감이라고는 말할 수 없지만, 그것과 비슷한 무엇인가를 느낀다: 말로 할 수 없는 것과의 접촉, 그녀 자신과의 접촉 지점을 느낀다. 이 말의 의미는 그 이미지가 항상 거기에 있었다는 것이 아니라, 뭔가가 반향하고 있으며, 자신의 상태에 대한 진실의 느낌이 있다는 것이다. 이런 문구가 언어의 공통적인 일부라는 것은 중요하다. 그것들은 우리가 어떻게 해야 할지 모르는 성향이 있는 상태들을 표현하고 추적한다. 너무 빈번히, 우리가 할 수 있는 것이라고는 그것들이 존재한다는 사실을 주목하는 것뿐이다. 그 이상을 행하는 것은 그들에게 무엇인가를 빼앗는 것이고 망치는 것이다. 그것들은 우리에게서 따뜻한 존중을 받기를 원한다. 이처럼 내밀한 어떤 것에 대해서 말한다는 것 자체가 이상하게 느껴진다: 그것들은 최소한 조금, 또는 조금 더 우리가 그것들을 받아들여주기를 원한다. 그것들은 우리가 우리의 내면을 개방하기를 원한다.

***

　소크라테스는 죽을 때 그가 빚을 지고 있는 닭에 대해서 말했다. 그는 제자들에게 당부하기를, 그 닭을 본래 주인에게 돌려주라는 말을 아내에게 전해달라고 했다.
　플라톤의 이야기에 따르면, 소크라테스의 죽음은 인류 역사상 최고의 죽음 중 하나이다. 그는 목 없는 닭처럼 떠나가지 않았다. 그는 닭처럼 죽지 않았다(이것은 다시 한 번 우리의 상태에 대해 말해준다). 그는 죽음을 맞이했다. 이것은 모델 이상의 의미를 갖는다. 그것은 삶에 대한 경의이다.

***

　잠정적으로, 이 작은 공상을 마무리하기 위해 죄책감이 취할 수 있는 3가지 형태에 대해 말하겠다: (1) 기능적 (2) 신비적 (3) 초월적.

　1. 기능. 죄책감은 수치심 및 두려움과 함께 사회적 관계를 규제하는 데 중요한 역할을 한다. 그것은 한쪽 방향 또는 그 반대 방향으로 너무 치우칠 때 일종의 경고 기능을 한다. 그것은 물러서서 상황을 재평가하라고 말한다. 이것은 사회적 감각의 일부로서, 이쪽으로 가라, 저쪽으로 가라, 너무 많다, 너무 적다 등을 말해주는, 내면의 나침반이다. 그것은 손상을 담아내고 조절하도록 돕는다.
　일종의 손수레 모델(솔로몬 애쉬의 사회 심리학에서 읽은 이미지로 보이는)이 여기에 해당된다. 두 사람이 짐을 이쪽에서 저쪽으로 옮기기 위해 각자 손수레의 한쪽 손잡이를 잡고 웅덩이들과 장애물들 사이로 운전하고 있다고 상상해보라. 손수레를 넘어뜨리지 않고 올바른 방향으로 끌기 위해서는 많은 자발적이고 함축적이며 상호적인 감각이 필요하다. 사회적 관계에서 죄책감, 수치심 그리고 두려움이 이러한 역할을 한다고 말할 수 있다. 그것들은 내면의 감각의 일부로서, 우리 자신의 홀로 있음 및 책임감과 관련되어 있고, 동시에 다른 사람들과의 살아있는 경험의 일부이다.

그것은 자신과 함께 존재하는 삶, 자신과 함께 살아가는 삶에 해당하는 감각이다. 그것은 내가 이것을 할지, 저것을 할지, 이쪽으로 갈지, 저쪽으로 갈지를 결정하는 것과 관련되어 있다. 그것은 내가 어떤 종류의 사람이며, 어떤 종류의 사람이 되고 싶은지, 또 어떤 종류의 사람이 될 수 있는지와 맞닿아 있다. 그것은 방향을 정하고 행로를 계획하는 데 도움을 준다.

마찬가지로, 그것은 국제관계를 포함하여 가정에서 국가에 이르기까지 광범위한 사회적 활동 안에서 행해지는 자기-교정 움직임의 일부이다. 왜냐하면 국가적 죄책감, 수치심, 두려움(종종 신중함의 일부인)이라는 것이 존재하기 때문이다.

죄책감, 수치심, 두려움은 자기-성찰, 비전의 교정, 그리고 자신이 살고 있는 상황에 대한 재평가를 포함하는, 삶을 바라보는 시각의 재구조화로 인도할 수 있다.

2. 신비. 죄책감은 때로 사람들을 협력적이거나 우호적인 행동에 뿌리를 둔 기능적 죄책감으로는 다다를 수 없는 곳으로 인도하기도 한다. 신비적 죄책감은 더욱 강렬하게 개인적인 경향이 있다. 그것의 개인적 강렬함은 그 자신의 심리적 공간을 근본적으로 변형시키는 경험으로 인도한다. 비록 기능적 죄책감이 그것의 배경의 일부이기는 하지만, 신비적 죄책감은 사회적 존재의 구조와 그것의 삶 자체가 의심과 심문의 대상이 되고, 죄가 있음

을 확인하게 되는 철저한 자기-의문으로 인도할 수 있다.

비록 여러 내부 혹은 외부 상황이 신비적 죄책감을 촉발시킬 수는 있지만, 신비적 죄책감은 종종 자신의 파괴성에 대한 뼈아픈 인식과 파괴성이 삶에 내재되어 있다는 사실로 인한 고통에 의해 추동된다.

우리는 고통을 주지 않는 생명체가 되기를 원하며 가슴으로부터 이렇게 외친다. "신이여, 왜 당신은 나를 죽여야만 살 수 있는 존재로 만드셨습니까?" 혹은 단지 살기 위해 상처를 주는 자이다. 왜냐하면 어느 누구도 다른 사람이나 자신을 상처 입히는 것을 피할 수 없기 때문이다. 식욕부진 또는 다른 형태의 잠재적 및 실질적인 자살행위는 살인자가 되고 싶지 않다는 소망의 표현으로 이해될 수 있다. 식욕부진은 삶이 구조화된 방식에 대한 비판적 항의이며 거부이다: 우리는 먹기 위해서조차 파괴해야만 한다. 식욕부진은 존재에 대한 도덕적 비판이다.

특정 형태의 심리-영적 식욕부진과 맞닿아있을 수 있는 신비적 죄책감이 있다. 물리적인 단식뿐만 아니라 영적인 단식도 있다. 그러나 자기-정화를 아무리 많이 한다고 해도, 자신이나 다른 사람의 의도, 잔인함, 행동에 의해 자신이나 다른 사람에게 상처를 주거나 받는 성향을 없앨 수는 없다. 우리는 타인으로부터 혹은 우리 자신을, 또는 우리 자신을 타인으로부터 보호하려고 시도할 수 있으며, 상처를 입히는 정도를 줄이는 데 성공할 수 있다. 그러나 우리는 결코 파괴로부터 벗어날 수는 없다.

그러나 우리가 그렇게 되기를 소망하는 종류의 사람이 될 수 없다는 사실이 이 패배를 직면해야 하는 과제로부터 우리를 자유롭게 해주지는 않는다. 우리 본성 안에는 위험한 패배감이 흐르고 있다. 그것은 완전히 파낼 수 있는 것은 아닐지 모르지만, 그것은 어떤 식으로든 다루어져야만 한다. 즉, 우리는 우리 자신들을 만나는 작업의 일부로서, 평생에 걸친 우리를 우리 자신들에게 소개하는 과정의 일부로서, 우리의 내적 패배를 만나야만 한다.

대면하지 않은 내면의 패배는 우리의 존재를 좀먹는, 숨겨진 붕괴의 영역을 더욱 악화시킨다. 이 붕괴는 완전히 바로 잡을 수 있는 것은 아닐지 모르지만, 우리가 그것을 느끼고 그것을 작업하는 방식에 도달하려고 노력할 수 있다면, 그것이 차이를 만들어낼 것이다. 지속적인 붕괴의 영역을 발견하는 것은 붕괴 안으로 붕괴하는 것과는 다른 것이다.

우리 자신들이 살인자이기 때문에 우리 자신들을 죽이고, 고갈시키는 것은 무책임한 행동이다. 그것은 붕괴를 붕괴시킬 뿐만 아니라 우리 존재의 기본적 사실을 회피한다. 우리는 우리에게 주어진 임무의 일부로서 붕괴에 대한 우리의 감각을 유지해야 한다. 우리는 우리 자신들의 불쾌한 사실들과 새로운 관계를 발전시켜 나갈 것을 도전받고 있다.

신비적 죄책감은 부분적으로 죄책감 앞에서 또는 우리가 죄의식을 갖는 모든 것 앞에서 붕괴되기를 거절하는 것으로서 발달한다. 이것은 욥을 위로하던 자들이 했던 것과 같은 'I'm OK, You're OK' 식의 가식적인 싸구려 위로에 굴복하지 않는다. 우리는 삶이 돌아가는 방식에 대해, 그것의 소름끼치는 무자비성에 대해, 그것의 타고난 파괴성에 대해 죄책감을 느끼는, 정반대의 욥을 만난다. 무죄를 주장하는 욥이 아니라, 그의 존재의 핵심에 있는 고통 전체를 끌어안는 욥이다. 의로움과는 거리가 먼, 기본적인 결함에서 도망칠 수 없는, 상처를 주고-받는 존재가 수반하는 모든 어려움들을 드러내는 욥이다. 죄책감이 줄 수 있는 최대한의 충격을 받아내는 욥이다.

이 새로운 욥은 일종의 우주적 죄책감을, 삶 자체의 본성에 대한 죄책감을 중재하며, 죄책감의 어떤 부분도 붕괴시키기를 거절하고, 또는 거절할 수 없다. 삶이 스스로에게 느끼는 죄책감은 개인의 인격 안으로 흘러들어간다. 사람들은 삶 자체를 탓할 수 없고, 그런 삶의 사실로부터 벗어날 수 없다. 자신의 삶을 끝냄으로써 삶에서 벗어나고 싶은 유혹을 받을 수는 있지만, 그것은 그를 그 어디로도 인도하지 못한다. 사과는(썩은? 독이 든? 즙이 많은?) 우리 안을 깨물고 계속해서 깨문다. 우리는 우리를 무는 삶을 중단할 수는 없지만, 지금 일어나고 있는 일이 일어나지 않고 있다고 믿는 거짓을 거부하는 것은 새로운 공간을 열어준다. 우리가 변화하는 것은 해결될 수 없는 것을 직면하고자 하기 위해 끈질긴 노력을 기울이는 것에 의해서이다.

나는 때로 이것을 심리적 웜홀(wormhole)이라고 부른다. 우리는 계속해서 벽에 머리를 부딪칠 때, 우리 정신 안에 새로운 어떤 것이 열리며, 조금 전까지는 존재하지 않았던 곳으로 우리를 인도한다. 우리는 한 곳으로 들어가 다른 곳으로 나온다. 존재의 새로운 부분이 열리거나 창조된다. 우리가 존재의 또 다른 부분 안에 있을 때, 우리는 다르게 느낀다.

동화들 중에는 땅 속에 나있는 구멍, 거울이나 마법의 가구, 옷장, 양탄자 등과 같은 다른 곳이나 다른 존재의 차원으로 통하는 출구를 다루는 이야기들이 있다. 우리는 이런 경험을 환상이라고 부르며 경시한다. 또는 제도화된 종교로 만듦으로써 과대 포장한다. 또는 이를 이용하는 가짜 종교인들을 지적함으로써 그것을 일종의 촌극이나 사기극으로 만들어 버린다.

내가 지적하고자 하는 것은 극히 개인적인 것이다. 마치 정신이 스스로의 강렬함에 의해 구멍이라도 난 것처럼, 광대하고, 식별할 수 있는 형태나 대상이 없는, 단지 암시들과 말로 설명할 수 없는 감각들만이 있는 곳, 즉 액체도 아니고, 고체도 아니고 기체도 아닌, 신비스럽게 존재하는, 빛과 그림자의 색조로 채색된 희미한 풍경이나 배경 안에 있는 우리 자신을 발견하는 것과도 같다.

사람들은 뚫는 데 실패한 움직일 수 없는 벽으로부터 멀리 떨어져 있는 자신들을 발견한다. 그들은 조만간 그 벽이나 다른 벽에 머리를 들이받는 행동을 재개할 것이다. 그러나 우선은 다른 곳 어딘가에 있을 것이다. 그 벽을 뚫는 데는 실패했지만, 어쨌거나 자신을 뚫는 데는 성공한 것이다. 그의 존재의 핵심에 있는 뭔가가 허물어졌다. 그리고 알 수 없는 힘에 의해 순식간에 다른 곳으로 이동하는 이야기들에서처럼 다른 존재의 상태로 순식간에 옮겨간다.

거의 알려지지도 않고 쓰이지도 않는 이 능력을 발견하고 사용하는 데는 여러 해 또는 인생의 대부분이 걸릴 수도 있다. 그러나 이것을 맛볼 때마다 우리는 이해를 초월하는 평화와 축복과 행복의 가능성을 느낀다. 우리는 물자체(the thing itself)를 느낀다. 이 발견은 끊임없이 신선하게 사용될 수 있는 것이고, 결코 다함이 없는 것이다. 그것은 선하건 악하건 간에, 존재에 감동적인 광채를 더해 준다. 사람들은 그것을 수로를 만들어 통제하고, 양을 조절하고, 그것을 지도로 만들려고 시도하며, 작게나마 중요한 방식으로 성공하기도 한다. 그러나 그것은 지도로 만들어질 수 없는, 그 자체가 이미 충분히 은혜롭고 충분히 친절한 것이다. 죄책감이 그것을 통해 뭔가에 도달하게 되는 특권을 부여받은 길이라는 것을 우리가 처음부터 알 수 있는 방법은 없었을 것이다. 그러나 우리는 아마도 이 접촉을 중재하는 모든 길이 특권을 부여받은 것이라고 말할 수 있을 것이다.

신비적 죄책감의 징표는 더 이상 해를 끼치고 싶어 하지 않는 강렬한 욕망이다. 그 욕망은 사람들의 영혼 가장 깊숙한 곳에 구멍을 내고, 자기 투쟁과 더 좋은 사람이 되려는 욕구를 불러일으키는 동시에, 신비롭게도, 우리를 더 자유로운 곳으로 인도한다. 이것은 성서가 묘사하는 사랑, 즉 "가슴과, 마음과, 힘과, 영혼을 다해 신을 사랑하라"고 말할 때의 사랑과 관련되어 있다. 그것은 우리 전체를 활성화시키는, 사랑의 선물이 될 수 있다.

3. 초월. 신비적 죄책감은 자신이 입힌 상처에 대한 고통과 고뇌에서 시작하여 더 좋은 사람이 되려는 강렬하고 집요한 자기-씨름으로 인도한다. 그것의 부산물은 존재하는지조차 몰랐던 심리-영적 영역에 대한 놀라운 발견으로서, 이는 일종의 놀라운 은혜이다. 더 좋은 사람이 되기를 소망하거나 노력하는 데에는 끝이 없다. 그러나 그 투쟁은 가혹함의 요소에서 벗어나 더 많은 자비와 사랑에 물들어 있다.

토마스 머튼은 어딘가에서 "우리 정체성의 비밀은 신의 자비 안에 있다"고 말했다. 심리-영적 세계에 편만한 자비의 발견은 삶을 변화시키고 부드럽게 만든다. 그것이 죄책감의 고통과 고문을 멈추게 하지는 않는다. 사람들은 여전히 돌보는 일과 봉사하는 일에 실패하며, 해를 끼치기보다는 도움을 주고 싶어 하는 소망은 여전히 좌절된다. 사람들은 여전히 피할 수 없는 단점들로 인해, 그리고 자신들이 썩은 사과라는 사실 때문에 숨이 막힌다. 그러나 그들이 참여하는 선은 삶을 고양시키며, 삶에 목적을 준다.

그러나 거기에는 선함 및 악함과 관련된 죄책감의 고뇌와, 정직한 투쟁의 깊이를 초월하는 다음 단계가 기다리고 있다. 내가 그것을 처음 맛본 것은 극히 짧은 한 순간이었다. 기억이 나지는 않지만, 불교 경전에서 읽은 어떤 것이 그 짧은 순간 동안에 더해졌고 진화했다. "더해진다"라는 표현은 이 갑작스런, 삶을 변화시키고 자기를 변화시킨 사건을 서술하는 데에 적합하지 않다. 그 순간에 죄책감이 사라졌다. 존재의 다른 맛이 발생했다. 나는 그것을 정확히 "죄책감이 없는 상태"라고 말할 수 없다. 왜냐하면 시간이 지나면서 동기적 세력으로서의 죄책감이 존재의 다른 영역 안에 일종의 언외의 의미(subtext)로서 존재하면서 중요하게 삶을 규정하고 있다는 사실을 깨달았기 때문이다. 그러나 죄책감은 더 이상 최종적인 것이 아니다.

그 새로운 경험에 진실되려면, 나는 죄책감으로부터 자유로워지는 것을 느꼈다고 말해야 한다. 그것은 한순간에 사라졌다. 나는 이것을 거의 믿을 수 없었고, 그것을 찾으려고 주위를 둘러보았다. 새로운 세계 안으로 들어오면서, 나는 더 편하게 숨을 쉴 수 있었다. 팔다리는 더 가볍게 느껴졌다. 내가 완전히 깨닫지 못하고 있던 억압이 제거되었다.

나는 만성적으로 나를 괴롭혀왔던 내가 했던 나쁜 행동들을 불러내는 것을 통해서 이 새로운 사건을 시험했다. 나는 그것들의 일부가 어떤 영역들 안에서 활동하고 있는 것을 느꼈지만, 그것들은 훨씬 더 희미했다. 그것들은 과거에 갖고 있던 힘을 갖고 있지 않았다. 깨무는 이가 사라지고 없었다.

처음에, 나는 웃는 게 두려웠다. 나는 내가 너무 좋아하면 안도감이 사라질 것 같아 두려웠다. 나는 감히 그 새로운 공간을 당연한 것으로 여기거나 발걸음을 크게 떼어놓을 수가 없었다. 이상하게 들릴지도 모르지만, 그토록 나를 해방시켜준 것이 망쳐지는 것이 두려워 나는 긴장하고 자유롭게 움직일 수 없었다. 나를 자유롭게 숨 쉬게 만든 어떤 것이 숨 쉬는 것을 두렵게 만들었다.

그럼에도 불구하고 나는 숨을 쉬고, 여기저기 둘러보며, 맛을 보고, 냄새를 맡았다. 나는 내 행운을 믿을 수 없었다. 이것은 꿈이 아니라 생시였다. 죄책감은 떨어져 나가거나 공간을 덜 차지하고 덜 중요하게 되었고, 깔아뭉개는 불도저가 아니라 희미한 자국에 더 가까웠다.

나쁜 일들을 저질렀을 때의 나는 다른 사람이었던 것처럼 느껴졌다. 결코 나를 놓아주지 않았던 나쁜 일을 저질렀을 때의 나는 보다 하위 층의 다른 나였다. 순식간에 그 존재는 다른 것으로 대체되었다. 나는 새로운 존재의 영역에 들어섰으며 보다 "하위" 영역들 안에서 발생하던 것들은 덜 괴롭히고 덜 관련되고 의미를 잃은 것이 되었다.

실제로는 아무것도 없어지지 않았고, 하위나 상위와 같은 용어들은 잘못 인도할 수 있다. 그러나 기대하지 않았던 것이 더해지고, 더해지는 것 이상으로 개인을 구성하고 있는 모든 것의 분포를 변화시킨다. 삶이 느껴지는 방식, 삶이 존재하는 방식이 변화된다. 이것을 경험하는 순간, 새로운 능력이 출현했고 나는 나 자신에 대해 처음부터 다시 알아야만 했다. 나는 그것의 지형을 익혀야만 했다. 나는 그것이 나를 가르치도록 허용해야만 했다.

그 뜻밖의 사건은 외상이 될 수도 있고, 해방을 줄 수도 있다. 나는 성인의 외상이 아동기 외상보다도 나쁠 수도 있다는 것을 경험을 통해 배웠다. 삶의 어떤 한 시기가 고통과 상처를 독점하는 것은 아니다. 나는 아동이 견뎌낼 수 있는 외상의 여파로 성인들이 죽는 것을 보아왔다.

때로 해방이 발생할 때, 사람들은 "구원받았다"고 느끼고 삶을 억압하는 요소들로부터 해방되었다고 느끼는 것을 볼 수 있다. 일상 언어에서 구원을 받는다는 것은 위험이나 나쁜 상황으로부터 벗어나는 것을 뜻한다. 이 구원(save)이라는 단어는 또한 저축(savings), 즉 화폐 또는 상품을 축적하여 물질적으로 자유롭고 안전해지는 것을 뜻하기도 한다. 그것은 또한 영혼에도 적용되며, 심각하거나 치명적인 위험으로부터 그리고 죄와 악과 자기-억압으로부터 영혼이 구원받는다는 것을 뜻한다.

내가 그것에 접촉하려고 시도하는 그 순간, 억압은 사라지고 나는 나의 존재를 미소 짓게 하는 신선한 자유를 느꼈다. 나를 괴롭히는 모든 것들이 사라졌다. 종교에서 말하듯이, 나는 다른 존재가 되었다. 물론 나는 완전히 다른 존재가 된 것은 아니다. 왜냐하면 나는 변화에도 불구하고 여전히 다른 존재로서의 나이기 때문이다.

　　붓다의 한 이야기가 생각난다. 나는 자유롭게 내 방식대로, 또는 내 안의 붓다로부터 말하고 있다. 세상에는 우리를 가두는 벽들이 있으며, 그것들은 우리들 중 일부에게 생과 사의 문제가 되기도 한다. 싯다르타 고타마의 경우, 고통이라는 사실이 그 벽이었다. 삶 속에 내재된 고통, 즉 사람들이 자신들과 서로에게 행하는 것, 자연과 인간이 만들어내는 온갖 종류의 재난, 질병, 악, 죽음, 삶의 잔인성, 자기의 잔인성 등이 그것이었다. 붓다는 이 용서할 수 없는 사실들 앞에서 그것들과 함께 앉아 있었다. 움직일 수 없는 사실 대 움직일 수 없는 앉아 있는 사람. 그는 삶이 상처를 받는 것을 멈추게 할 수 없었다. 그는 죽음을 없앨 수 없었다. 그러나 거대한 벽의 일부인 이 변치 않는 사실들과 함께 앉아 있는 가운데 뭔가가 일어났다. 벽은 없어지지 않는다. 그러나 내면에서 뭔가가 변화한다.

　　움직이지 않는 것을 향해 자신의 전 존재를 던질 때 존재는 열린다. 삶과 죽음이라는 사실을 바꿀 수는 없지만, 그것에 대한 접근방식은 바꿀 수 있다. 그는 불가피하고 예기치 못한 것에 도달하는 다른 종류의 길이 될 수 있다. 학생들은 그에게 죽음 이후의 삶에 대해서, 그리고 알 수 없는 것들에 대해서, 질문을 할런지도 모른다. 그는 그 질문을 자신이 발견한 존재의 변화에 초점을 맞추어 재구조화할 수도 있을 것이다. 붓다는 다음과 같이 말할 것이다. "나는 너희들의 모든 질문에 답할 수는 없다. 그것들은 내가 발견한 것의 경계 바깥에 있다. 아, 나는 죽음이 최종적인 것인지 아닌지에 대한 확립된 믿음들을 반복해서 말할 수도 있다. 그러나 그것은 내가 특별히 잘하는 분야가 아니다. 나는 고통의 사실이라는 단 한 가지 분야에서 전문가이다. 그리고 나는 그것에 접근하는 하나의 방식을 여러분과 공유한다."

심지어 이런 존재의 변화의 맛은, 비록 배고픔은 더 크겠지만, 먼 길을 간다.

제 6 장
복수의 윤리

 햄릿은 그의 부친을 살해한 자에게 복수해달라는 요청을 받는다. 그는 약간 망설이지만, 망설임은 오래가지 않는다. 그것은 긴 시간처럼 느껴지는데, 그 이유는 그의 내면에서 발생한 모든 것 때문이다. 셰익스피어는 희곡의 독백 전체를 관통해 흐르는 내적 독백의 느낌을 만들어낸다. 그 시간이 그토록 길게 느껴지는 것은 그것이 심리적 시간, 즉 외부 사건들과 선형적 시간, 또는 역사의 행진과 대비되는 근저의 시간이기 때문이다. 그 희곡은 영원히 지속되는 것처럼 보이는 주관적 심층에 흠뻑 젖어있다.
 나는 「격노」(2001b)라는 책에서, 햄릿의 망설임이 충분하지 않다고 말했다. 그는 원초적인 피의 복수와 주관성의 윤리 또는 양자택일의 윤리에 사로잡혀 있었다. 나는 모든 복수가 피의 복수라고 생각한다. 사람들은 피를 흘린다고 느끼고, 같은 방식으로 반응한다. 눈에는 눈, 이에는 이라는 것이다. 그러나 여기에는 고통의 균등화 그 이상의 것이 관련되어 있다. 복수는 과장이라는 후광 안에서 발생한다. 고통과 피와 상처와 분노는 심하게 과장된다. 문학과 영화는 복수심에 불타는 얼굴들을 왜곡된 것으로 묘사한다. 한 사람의 존재는 보이거나 보이지 않는 변형을 거친다.

복수 윤리의 내적 의미는 바로 이것이다. 즉 상처를 보상해주고, 잘못된 것을 바로잡는 등, 옳은 일을 시도하는 것이다. 복수는 어떤 정의감의 측면, 즉 종교 안에 많이 스며들어 있는 정동적 태도 편에 서 있다.

정의로운 신은 잘못된 것을 바로잡기 위해 죄에 대한 복수를 추구하신다. 이 성향의 정수(精髓)는 죄를 진 인류를 지워버리고자 하는, 사람들을 멸절시킴으로써 문제의 소지를 없애버리려는 신의 충동이다. 고대의 홍수 이미지는 결코 우리를 떠난 적이 없다. 프로이트는 홍수를 근원적 외상 그리고 태아의 정서적 폭풍이라고 불렀고, 그것은 전 생애에 걸쳐 이런저런 형태로 표현되고, 표현을 위한 세력을 끌어 모은다고 말했다(Eigen, 2005).

가장 극적이면서도 흔한 복수와 연결된 홍수는 격노이다. 격노는 많은 사람들에게 있어서 가장 전체적인 경험들(total experiences) 중의 하나이며, 가장 흔히 외상을 발생시키는 것이다. 그것의 재료는 오르가즘적인 파괴, 상처, 탄원, 판단, 그리고 정당화의 혼합물이다.

고통과 혼란을 쓸어버리는 것, 격분을 사용해서 거슬리는 타자들을 쓸어버리는 것은, 그 순간 격노하는 사람에게는 거의 합리적인 것처럼 보인다. 그는 자신이 정당하다고 느끼는데, 격노가 터지는 순간에는 약간 자신이 신인 것처럼 느낀다. 혼란을 지워버리려는 신의 최초의 충동은 주체에게 신적인 짜릿함을 주는, 정신 안에서 "향성"(tropism)과 같은 것이 된다. 격노에 불타 맹목적이 되는 것은, 상처 받고 복수심에 불타는 신의 노여움을 맛보는 것이다.

멸절 당하는 감정과 싸우기 위해, 지구상의 문제들을 지우고, 닦아내고, 쓸어버리고, 생명을 깨끗한 것으로 만들기 위해 멸절을 사용한다는 점에서, 이 표현이 항문기와 관련되어 있다는 점에 주목하라. 항문성을 닦아냄으로써 순결하게 된다는 것인데, 이것은 더럽히기(soiling)와 망치기(spoiling)에 의해 성취되어야 할, 똥구멍으로부터 자유로운(asshole-free) 존재에 대한 미친 무의식적 환상이다. 어떤 이는 다른 사람의 얼굴에서 더러운 미소를 없애는 것을 통해 이것을 역전시킨다. 격노와 복수가 청소용 화학약품으로, 정신적 똥이 청소용 세제로 사용된다.

우리가 보호하고 있고, 누군가가 넘보고 있다고 느끼는 것 안에는 가슴-미소(heart-smile)가 있다. 그것은 우리가 보여주기를 두려워하는 내면의 소중한 미소이다. 우리는 그것을 지키기 위해 공격하는 개로 변한다. 우리는 그것에 독소가 스며들어가고, 그것을 영원히 더럽히고, 기본적인 자기감을 망칠까봐 두려워한다. 복수를 통해 발산되는 격노는 다시금 온전하고 순수하다고 느끼는 하나의 방식이요, 스스로가 옳다는 폭력적인 느낌, 즉 치명적일 수도 있는 정화 펌프에 의해 독소를 우리의 마음으로부터 제거하고자 하는 시도이다.

복수는 오랜 시간에 걸쳐 이루어진다. 복수가 담고 있는 격노는 장기간의 계산, 타락한 인내를 거친 것일 수 있다. 세계무역센터를 파괴시키는 것은 많은 계획을 통해 이루어졌다. 파괴자들은 그 순간에 그들의 삶의 혼란이 사라질 것이라고 확신했다. 그들은 사악한 잘못을 바로잡고, 상처의 원천에 상처를 입히는 것을 통해 혼란으로부터 자유로운 상태를 실현하고자 했다. 자살 폭탄의 천재성의 일부—정치적 계산법을 넘어—는 전적인 헌신과 전적인 파괴를 융합함으로써 비범한 만족을 얻는다는 데서 발견된다. 헌신하고 파괴하는 두 가지의 기본적인 경향성은 잠시 동안 최대한의 융합을 성취한다.

　부시의 이라크 전쟁은 우리를 공격하는 자들이 공유하고 있는 구성요소를 사용한다. 그것은 잘못된 존재에 대한 느낌, 바로 잡고 혼란을 지워버려야 할 필요이다. 이것들이 애국적인 완전함, 일종의 모든 것을 지워버리는 완전함의 감정들과 혼합된다. 이것이 가능한 이유는 자신의 것과 상반되는 생각들과 정보들이, 만약 지워지지 않는다면, 무가치한 것으로 폄하되기 때문이다. 복수에 대한 강력한 욕망은 권력구조의 계산을 따라 흐르게 되고, 군사적, 정치적, 그리고 종교적 쇼와 혼합된다. 우리는 자살 폭탄을 사용하지도 않고 무고한 민간인의 목을 자르지도 않는다. 그러나 깊은 의미에서 보자면, 이라크에서 죽은 모든 군인들은 자살 임무에 투입된 자들이었다. 피에 대한 욕망은 권력의 의지 아래 있다. 인간의 생명과 관련된 곳에 "깨끗한" 권력이란 없다.

　격노-복수는 거의 언제나 다른 사람의 희생을 대가로 하여 행해지는 자기-긍정(self-affirmation)이다. 맥락에 따라, 여기에는 긍정적인 어떤 것, 즉 듣고, 개인의 존재에 활력을 불어넣고, 효율성과 중요성에 도달하는 길을 발견하며, 영향력을 가질 필요가 있다. 우리는 우리 자신을 긍정할 준비가 되어 있지만, 커다란 부정적인 희생 없이 그 일을 할 수 있을지 방법을 찾지 못했다. 포악한 어떤 것이 심리사회 구조의 일부이며, 자기-긍정의 일부이다.

　여기에는 또한 할 수만 있다면 포악해지지 않으려는, 폭력적인 상황에서 스스로를 제어하며, 돌봄을 베풀려는 강한 욕망이 있다. 햄릿은 포악한 행위에 굴복했지만, 그 과정에서 위대한 발견을 하였다. 그가 복수 윤리에 굴복하지 않았더라면, 그는 주관성의 윤리를 안정시켰을 것이다. 결국 그 희곡의 진정한 영웅은 인간 주체, 햄릿이 가졌던 생각과 감정의 강물, 햄릿의 자유연상, 몽상, 강박이다. 셰익스피어는 주관적 세상을 열었고, 우리의 주인공은 그 주관적 세상의 많은 차원들을 관통한다.

프로이트의 절제의 규칙("잠시 동안 교묘함으로부터 멀리하라")은 우리가 편을 들지 않고, 결정하지 않을 수 있게 하기 위해서 고안되었다. 그것은 다른 정신적 장(field)을 얼핏 보기 위해 결정을 내리는 일로부터의 휴가이다. 우리는 우리가 알고 있거나 알고 있다고 생각했던 것 이상의 것과 접촉하고, 더 큰 정신적 장이 우리와 접촉하도록 허용할 때, 우리는 열린 마음으로 기다리는 것, 즉 우유부단(indecision)의 윤리를 발견하고 그것에 특정한 가치를 부여하게 된다.

햄릿은 충분히 햄릿이 되지 못했다. 그는 너무 쉽게 피의 윤리에 굴복했다. 하지만 그는 우리에게 또 다른 어떤 것이 있다는 암시를 준다. 그 어떤 것은 바로 동시에 많은 세상들에 굶주려 있고, 동시에 많은 세상들에 스며들어 있는, 존재의 곤경들과 함께 다중적인 차원에서 표류하는 주관성(subjectivity)의 드라마이다. 그것은 불확실성, 알지 못함, 흔들림, 궁금해 함과 같은 것들을 경험할 때 우리가 느끼는 맛이다. 무의식적 과정이 작동하는 방식을 느끼기 위해 필요한 것은 표류하는 것, 다시 말해서, 어떤 결과를 얻거나 힘을 행사하기 위해 계획을 하는 것과는 또 다른 종류의 인내이다. 그것은 연약함(민감성, 감정들, 다면성)이 조롱당하고 힘의 과시가 과대평가되는 주류 정치 안에서 가치 있다고 여겨지는 것과는 근본적인 대조를 이루는 것이다. 가장 많이 비판받은 햄릿의 결점은 마음의 동요였는데, 사실상 그것은 절실히 요구되는 주관적인 민감성의 세상으로 들어가는 관문이다.

민감성의 윤리는 모든 인간 존재의 소중한 주관적 삶에 대한 민감한 앎을 가리킨다(Eigen, 2004). 선거에서 패한 기분이 어떠냐는 질문을 받은 한 정치인은 "나는 오래 전에 신경을 절단했습니다. 그렇게 하지 않고는 정치에서 살아남을 수 없었습니다"

라고 말했다. 우리의 지도자들 중 얼마나 많은 사람들이 이 "필수적인" 감정에 대한 두려움을 공유하고 있을지를 생각하는 것은 끔찍스런 일이다. 민감성이 절단된 나라라는 생각조차도 끔찍스럽다.

복수의 권리 말고도 또 다른 종류의 권리가 있다. 우리 자신과 다른 사람들에게 옳은 일을 하는 것, 삶에 정의를 행하는 것, 통제 모델에 의해 통제 당하기보다는 우리가 지닌 역량들의 협력자가 되기 위해 애쓰는 욕망이 그것이다. 감정이 중요하다. 그것 없이는 진실이 있을 수 없다. 그러나 세상에는 사람들에게 일어나는 일에 대해 관심을 갖는 사람들이 있다.

힘의 정치는 우리가 민감한 존재라는 사실을 숨기라고 말한다. 민감성은 약한 자들에게만 해당되는 것이라는 것이다. 그러나 우리는 다른 사람들이 우리에게 무엇을 하는지에 대해서 뿐만 아니라, 우리가 다른 사람들에게 무엇을 하는지에 의해 영향 받는 민감한 존재들이다. 만약 우리가 줄 수 없다면, 우리는 텅 빈 상태로 남게 될 것이다.

병사들은 "정당하다"는 느낌이 살인의 변형시키는 영향력으로부터 그들을 구해주지 못한다는 것을 발견한다. 살인자가 되는 외상은 민감성에 상흔을 남기고, 결코 완전히 회복될 수 없는 손상을 입힌다. 설령 살인이 정당화된다고 해도, 영혼은 상처를 입는다. 싸이코패스들은 많은 상처 입은 조직을 가지고서 별 생각 없이 살아갈 수 있는 사람들이다. 우리가 다른 사람들에게 끼친 해라는 측면에서 우리들 자신이 하고 있는 일을 살펴본다는 것은 특별할 것이 없다. 그러나 그 고통은 많이 사람들에 의해 느껴지고 있다.

약함, 동요, 마음의 동요, 우유부단, 알지 못함에 관심을 갖는, 민감성의 윤리는, 다시 말해, 일종의 민감한 개방성의 윤리는 이익만을 추구하는 이 세상에서 별다른 기회를 얻지 못하는 것처럼 보인다. 그러나 나는 그것의 가능성을 배제하고 싶지 않다. 거기에는 하나의 작고 고요한 주변적인 음성이 있고, 우리를 기다리고 있는 진화의 가능성이 있다.

제 7 장

뭔가 잘못됐다

Z박사: "섹스는 욕망이라기보다는 괜찮다고 느낄 필요 때문에 하죠. 나는 섹스의 밀고 당김, 그리고 긴장 해소와 방출을 의미하는 것이 아닙니다. 나는 뭔가 잘못됐다는 것을 말하는 것입니다. 나한테 뭔가 잘못되었다는 느낌이 있는데, 섹스는 나를 괜찮다고 느끼게 해줍니다."

"섹스는 나의 중심에서 한 인간으로서, 나는 괜찮은 사람이라고 느끼게 해줍니다. 얼마 동안 나의 중심에 뭔가 잘못됐다는 느낌은 섹스에 의해 깨끗하게 씻기죠. 그건 일종의 세례요, 정화의식이며, 자기를 재설정하는 거예요."

"섹스는 사람들을 더럽다고도, 깨끗하다고도 느끼게 해요. 더럽히고 타락하게 하는 섹스의 역사가 있습니다. 비참함, 죽음, 신체의 부패와 연관된, 즉 죄로서의 섹스가 있어요. 수치, 죄책감, 두려움과 관련된 섹스 말입니다. 협박, 붕괴, 잔인함으로서의 섹스. 뭔가 나쁜 것으로서의 섹스."

"섹스는 사람들을 행복하고, 밝고, 배려하고, 따뜻하고, 의기양

양하고, 성취감을 느끼고, 정당하게 만들어줍니다. 그것은 사람들이 서로에게 '안녕하세요'라고 말하고, 미소 짓고, 질문을 교환할 때 일어날 수 있는 것에 대한 좀 더 강렬한 표현입니다."

* * *

그레이스: "욕망은 우주적이에요. 섹스는 나를 개방시켜요. 두려움은 그것의 일부예요. 당신은 빛, 두려움, 희망, 신 안에 헤엄치고 있죠. 나는 다른 사람이 행복해지길 바라는데, 그게 중요해요. 하지만 그것은 그 길에서 생겨나는 것의 일부이죠. 상대방에 대한 관심은 뒤로 물러나고, 거기에는 다른 뭔가가 일어나요. 삶이 숨기고 약속한 것, 그것이 거기에 있죠. 그리고 거기에 있는 선함은 잘못되었다고 느껴지는 어떤 것을 사라지게 해요."

* * *

Z박사: "내가 어떻게 고통을 느끼지 않을 수 있겠습니까? 우리는 삶을 지탱해 주는 환경에 대해 아랑곳하지 않고 있고, 사람들을 지탱해 주는 정서적 환경에 대해서는 더더욱 그러합니다. 너무나도 서툴고 부적절한 누군가에게 도움을 구하려고 애쓰는 내 환자의 고통도 있습니다. 그뿐 아니라, 내 아이들에 대한 기쁨은 너무 깊은 것이기에, 나는 그들에 대한 고통을 느끼지 않을 수 없습니다."

"당신이 내 고통을 없애줄 수는 없어요. 나는 당신이 그러기를 바라지도 않아요. 당신은 같은 배에 타고 있고, 다른 한 사람은 우연히 치료사입니다. 두 명의 치료사가 방에 함께 있습니다. 다만 나는 당신에게로 향하고 있습니다."

"나는 당신이 환각적 보호막, 거짓말 장벽, 우리의 세계에 대한 심리적 방음제로서의 거품에 대해 쓴 글을 읽었어요. 당신은 그 글에서 당신이 거기에 없다고 느끼는 환각에 대해 썼더군요. 자신이 거기에 없다고 환각하지 않는다면, 어떻게 거짓된 전쟁 속으로 들어갈 수가 있겠습니까?"

"오늘날 이 시대에 사람들이 자신들의 이익에 상반되는 투표를 한다고 해서 놀랄 사람은 아무도 없습니다. 만약 정신분석이 뭔가를 보여준다면, 그것은 우리 본성의 자기-파괴적 경향성일 거예요. 그것은 작게는 개인들에게, 크게는 국가들에게 작용하죠. 재정적 탐욕과 제국의 광증, 그것들은 우리의 본성이 자기-파괴를 위해 사회 안으로 몰래 들여오는 트로이 목마와 같은 것입니다."

"거짓말 거품은 부유한 사람들에게 세상의 울부짖음에 대한 면역력을 가져다줍니다. 그 같은 거품이 우리들로 하여금 아무런 영향력이 없다고 느끼게 만듭니다. 하지만 우리는 영향력을 갖고 있다고 상상하고 있고, 그 상상은 우리를 괴롭힙니다."

"내 환자들에게 그들이 스스로를 해하기 위해서 무슨 일을 하고 있는지를 말해주는 것은 도움이 되지 않습니다. 정보를 제공하는 것으로는 충분하지 않아요. 우리는 합리성의 가면으로 포장된 적응들의 층으로 이루어져있어요. 우리가 보여주는 합리성의 대부분은 허구적인 합리성이에요. 우리의 적응들 역시 겉치레로 채워져 있어요. 우리는 겉치레의 침전물 층으로 채워져 있어요. 합리성은 고통을 증가시키죠. 우리의 진지함과 절박함은 누적된 척하기, 속임수, 형태의 변화, 뒤틀림과 관련성이 없습니다."

"당신 자신의 "나"가 비뚤어진다면, 영향력을 행사하기 위해 무슨 말을 할 수 있을까요? 어떤 이들은 다른 사람들보다 새로운 것을 더 잘 받아들입니다. 우리는 우리의 형태가 변형되는 것을 지켜줍니다. 거품은 그런 변형들 주변에서 자랍니다. 그리고 우리들의 삶 주변에서 자랍니다."

"나는 친구가 없는, 한 호감 가는 여인에 대해 생각하고 있습니다. 그녀는 이론적으로 호감이 가는 사람입니다. 기분 좋은 외모, 성격, 취미를 갖고 있습니다. 그런데 그녀는 왠지 모르게 어색한 사람이고, 그런 방식에 익숙한 사람입니다. 그녀 주위에는 거품이 있어요."

"그래요, 그녀는 매력적이고, 흥미를 끌지만, 당신에게서 미끄러져 나갑니다. 그것은 그녀가 당신과 함께 있고 싶지 않다는 게 아닙니다. 그녀는 당신과 함께 있고 싶어 합니다. 그러나 그녀는 당신과 함께 있지 않습니다. 그녀는 당신과 함께 있을 수 없어요. 그녀는 다른 어딘가에 있거나 어디에도 없어요. 보기 좋고, 듣기 좋고, 맛이 좋지만, 그녀 곁으로 갈 때면 당신은 미끄러져요. 당신은 그녀에게 다다를 수 없죠. 거품에 다다를 수 없어요."

"그녀의 결혼생활은 무너져 내리고 있습니다. 그녀는 모든 것이 남편 잘못이라고 비난하죠. 그가 잘못하지 않았다는 것은 아니지만, 모든 게 그의 잘못일까요? 그녀는 비난을 빗나가게 합니다. 아담과 하와처럼, 자기 잘못이 아니라고요. 그것은 다른 사람의 책임이거나 그 누구의 책임도 아니라고요. 책임을 빗나가게 하는 것은 비난 이상의 것입니다. 책임은 비난이나 죄책감 또는 원인의 문제가 아닙니다. 그것은 자신의 삶에 자기 자신을 더 많이 투입하는 것이고, 삶에 보다 충일하게 반응하는 것입니다. 그것은 그녀가, 마치 모호하고 탐지되지 않은 정신적 결함을 얼핏 보게 될까봐 그녀 자신을 빗나가게 한 것과도 같습니다."

"그녀의 결혼생활 안에 그 거품에 대한 단서가 있어요. 그녀의 결혼생활에서 거품이 만들어졌고, 그것은 보기 추한 모습이었죠.

친구들과의 관계에서는 거품의 강도가 그런 수준까지 도달하지는 않아요. 거품은 일종의 부정적 환각을 포함하고 있어요. 그것은 무능을 사라지게 만들지요. 그것은 잘못을 인정하는 무력감을 허용하도록 인도하는 실패를 지워버려요. 이 부정적 환각, 즉 거품의 결과는, 그녀가 잘못할 수 있다는 사실을 인정하지 못한다는 것을 알 수 없고, 알지 못하는 것입니다. 이런저런 작은 일에 대한 잘못이 아니라, 실존적 잘못, 존재의 잘못, 즉 그녀와 다른 사람들의 존재에 대한 잘못입니다. 그녀는 사물의 본성과 관련해서, 즉 그녀가 사는 방식, 그녀가 누구인지, 다른 사람들이 누구이며 무엇인지, 또는 다른 사람들이 그녀를 올바르게 알 수 있는지에 대한 평가에서, 의미 있고 현실성 있는 방식으로 느낄 수 없습니다."

"잘못된 어떤 것이 그녀에게서 몰래 빠져나오는 것이 어떻게 가능할까요? 그것은 타고난 결함, 자질의 부족 때문인가요? 나는 그렇게 생각하지 않습니다. 나는 그것이 만성적인 외상에 대한 만성적 반응이라고 생각합니다. 어린 시절에 무서웠던 것, 그리고 그녀 내면에서 계속해서 두려운 것으로부터 자신을 방어하기 위한 방식입니다. 어린 시절부터 그녀는 다른 사람들이 잘못되었다는 것을 알았습니다. 그녀의 아버지는 그녀와 섹스를 했고, 그녀는 그 일에 대해 침묵했습니다. 지금 그녀는 그 잘못을 행한 사람을 비난하는 것을 결코 멈추지 않습니다. 비난의 방패가 그녀의 성장을 가로막고 있습니다. 비난의 거품은 그녀가 그녀의 내면과 접촉하지 못하게 합니다."

"성적 학대는 그녀가 가리킬 수 있는 것이었지만, 거기에는 그녀가 가리키기 더 힘들어 한 다른 것이 있었습니다. 학대가 그녀에게 황폐하고 뒤틀렸다는 느낌을 가져다준 정서적 빗나감과 박탈을 덮고 있습니다. 그녀가 가까이 갈 수 없는 내면의 황무지로 채워지고, 반항과 붕괴라는 쌍둥이에 의해 덮여 있습니다: "그건 내 잘못이 아니야."

"그녀는 관계와 지지가 필요해요. 나는 그녀가 비난 없는 상태를 환각하고 있다고 그녀에게 말할 수 없어요. 그녀는 밑바닥에서 비난할 수 없는 존재일 수도 있지만, 그것은 마비시키는 태도입니다. 그녀 안에서 어떤 것이 실존적인 완전함을 주장하고 있는데, 그것이 그녀를 접근할 수 없는 사람으로 만들고 있습니다. 그것은 마치 완벽한 존재라는 느낌이 질병의 일부, 즉 그녀가 자신을 느끼지 못하도록 가로막는 일종의 보호막이 된 것 같습니다. 결함 없음이 그녀의 황폐한 느낌을 막습니다. 문제는 그녀가 비난받아야 한다거나 그렇지 않다는 것이 아닙니다. 문제는 결함 없는 태도가 다른 사람들이 그녀 안으로 들어오는 것을 막고 있다는 것입니다. 다른 사람들은 기본적인 접근 불가능성에 처하게 되고, 그녀는 그 사실을 지각하지 못합니다."

"나는 이 결함 없는 접근 불가능성이 환각이 지닌 힘이라고 봅니다. 그녀는 그것을 이해하지 못할 것입니다. 그것은 너무 겁나는 일이고, 어쩌면 옳은 일이 아닐 수도 있습니다. 아마도 그것은 지각과 투사 사이의 미묘한 상호작용에 더 가까운 것일 것입니다. 그녀는 내적 지각의 전체 영역을 받아들이지 않습니다. 그녀의 지각은 부정성의 투사에 묶여있습니다. 그녀는 그녀에게 나쁜 짓을 행하고 있는 다른 사람들을 봅니다. 그녀는 눈앞에서 일어나고 있는 나쁨을 보고 있고, 그것은 신이 아시듯이, 더 이상은 참을 수 없는 것입니다. 하지만 나는 그녀가 발견할 수 없는, 보이지 않는 독을 지닌 환각을 감지합니다. 내가 그것을 환각하는 건가요? 어쩌면 다른 사람의 환각에 대해 아는 방법은 스스로 환각하는 것일지도 모르죠. 평생 지속되는 효과를 지닌 조용한 환각들, 환각적 거품에 싸인 상처들의 역사들 말입니다."

"그녀는 사람들을 미끄러지게 하는 스스로 생성해낸 생각으로 가득 차 있습니다. 그녀는 고통이 너무 심하고 그것이 원천으로부터 너무 멀리 있어서 어디가 아픈지 정확히 알지 못하는 아이와도 같습니다. 그녀는 고통을 다루는 무능력을 중심으로 성장했습니다. 다시 말해서, 그녀는 '왜 내게는 더 많은 친구가 없을까? 왜 내 아이들은 더 잘할 수 없을까? 왜 세상은 이 모양인가?' 와 같은 질문들로 번역되는 무능과 함께 자란 겁니다."

"깊은 곳, 대부분 무의식적으로, 때로는 타오르는 의식과 함께, 고통스러운 것은 나에게 뭔가가 잘못되었다는 것, 뭔가가 끔찍스럽게 잘못되었고, 무가치하고, 사랑스럽지 못하다는 비밀스런 느낌이 있습니다. 그것이 거품의 핵, 핵심의 일부일 수 있습니다. 그리고 그녀가 그 자리에 있을수록, 대화와 접촉을 위해 접근하는 것이 더 어려워집니다."

"나는 잠망경과 수중 음파탐지기를 갖고 내 환자가 느끼는 뭔가가 잘못되었다는 느낌이 어디에 위치해 있는지를 찾는 잠수함과도 같습니다. 그러한 느낌은 이 여성에게만 국한된 것이 아닙니다. 그것은 이런저런 성격에만 있는 것이 아닙니다. 그것은 공동체 전체로 퍼지는 것이고, 국제적인 공동체 또는 세계 공동체가 공유하는 것입니다. 세상에는 그것에 대한 많은 해석들이 있습니다. 그러나 아무것도 그것을 없앨 수 없습니다."

"나는 나 자신을, 또는 당신을 제외시키지 않습니다. 나는 내가 접근할 수 없는 길들이 있다는 것을 알고 있고, 당신도 그렇다는 것을 의심하지 않습니다. 내가 더 많이 두려워하는 것은 우리에게 전혀 아무런 생각이 없기 때문에 우리가 도달할 수 없는 길들이 있다는 것입니다."

***

그레이스: "그것은 단순히 다른 사람들이 당신이 잘못되었다고 느끼게 만드는 것만이 아니라, 당신 자신이 잘못됨 그 자체라는 것입니다. 잘못됨의 화신(avatar) 말입니다. 내가 기억할 수 있는 한, 내가 그 잘못됨이었습니다. 그 감정의 일부가 바로 내가 그들의 잘못됨이라는 느낌이죠. 그들에게 잘못된 것, 모두에게 잘못된 것 말입니다. 어린 소녀로서, 나는 나를 소중하게 생각하는 사람, 즉 나를 잘못됨으로 보지 않는 사람을 찾아다녔습니다. 나는 선생님들 중에서 거의 찾을 뻔했지만, 완전히 찾지는 못했습니다."

"나는 십대 때부터 입원생활을 시작했어요. 어쩌면 병원에서는 좋은 일들이 일어날 거라고 생각했죠. 설령 그런 일이 일어났더라도, 그것이 나를 어떻게 하지는 못했습니다. 나는 고치는 것이 불가능한 잘못됨의 낙인을 갖고 있었으니까요. 그리고 나는 나를 도우려고 시도하는 어른들에게서 그 잘못됨을 보았어요. 나는 심지어 도와주는 사람들조차도 나를 그들이 숨 쉬는 잘못됨의 특별한 샘으로, 그 누구도 견딜 수 없는 얼룩으로 만들었다는 것에 대해 구역질난다는 느낌을 받았어요. 잘못됨이 세상을 삼켜버렸죠."

"심문자들은 당신이 잘못됨이라고 느끼도록 당신을 고문하고 나서, 당신을 떠납니다. 그들은 잘못됨을 당신에게 붙여놓고는, 다음 밀물 때까지는 당신을 필요로 하지 않습니다. 그 잘못됨은 그들 안에서 잠시 동안 일어났다가, 절정에 이르고, 사라지는 섹스 충동과도 같아요. 그것이 일어나면, 그들은 그 잘못됨을 내게 집어넣을 필요를 느끼죠."

"한 얼굴 밑에 다른 얼굴이, 피와 고통 속에 칼이 있어요. 굶주린 칼이에요. 그 칼이 정신증 환자들이 인간의 내면을 굶주린 칼로 보게 하는 걸까요?"

"나는 어린 소녀였을 때, 전적으로 예수님을 열망했어요. 그것을 이해하시는 분, 잘못됨, 고통을 아시며, 그것을 이기신 분을요. 예수님은 이 세상의 잘못됨을 위한 피뢰침이시죠.

"내 마음은 안개에요. 예수님은 생명보다 더한 분이셨나요? 그분은 삶을 이기셨나요? 더 위대한 삶을요? 예수님에게서 나 자신에게로 돌아오는 일은 언제나 힘들었어요. 현실 세상에 남겨진 건 나 혼자 뿐이었죠. 예수님은 나의 잘못됨을 씻어주지 않았어요. 나는 여전히 깨끗하지 못했죠. 그 잘못됨은 내 본질의 일부요, 삶의 맥박의 일부에요."

"잘못됨을 초월하는 기쁨의 순간들이 있어요. 잘못됨은 기쁨에 의해 가려지죠. 그것을 경험하는 사람은 그 순간을 감사하지만, 잘못됨은 강타로 되돌아오죠."

"나는 시편에서, '나는 가난하고 궁핍하여 나의 중심이 내 안에서 죽었습니다' 라는 구절을 읽습니다. 맞는 말인 거 같아요. 이 구절이 내 마음에 와 닿는다는 말은 내가 죽었다는 뜻은 아니죠. 그보다는 마치 이 구절이 살아있는 동안 잘못됨이 죽는다는 뜻 같아요. 마치 잘못됨이 이 세상의 십자가인 것 같아요. 거기에는 얼마 동안 구원하는 말이 있습니다. 그것은 살아있는 영혼의 말, 잘못됨을 취소시키는 생명이에요. 내가 이 말 안에서 살아있는 한 잘못됨은 나를 이길 수 없어요. 한 가지는 내가 결코 회복할 수 없는 외상이고, 다른 한 가지는 생명으로 변하는 죽음이에요."

"뭔가 잘못되기 이전의 시간이라는 게 있었을까요? 나는 그렇게 생각하지 않아요."

"에덴동산에서 뭔가 잘못된 것이 있었죠. 뱀은 거짓말, 즉 파괴성과 연결된 유혹하는 이야기를 했어요. 우리의 삶은 이야기들이죠. 나는 그것들을 신의 이야기들이라고 생각하곤 했어요. 나는 여전히 신을 가깝게 느끼고 있고, 그 어느 때보다도 더 가깝게 느껴요. 나는 종종 신을 더 증오하지 않는 것에 대해 수치심을 느껴요."

"우리가 그 동산이고, 거짓말쟁이고, 이야기를 하는 뱀들이에요. 바다, 바람, 동물들, 꽃들이 다 우리 안에 있어요. 우리는 파괴적인 창조성이에요. 신이 그러신 것처럼요."

"에덴동산은 악의 동산이에요. 어떤 사람들은 정말로 거짓말을 하고, 거짓말을 진실인 것처럼 속이죠. 신의 이야기를 날조하면서 그것이 실제로는 문학적 사건이고 영적 사건인데도, 마치 사실 영역에서 일어난 사건인 것처럼 말해요. 우리는 생명의 동산 안에 있는 파괴적 충동에 대한 이야기를 해요. 우리는 우리가 이런 파괴적 충동을 좋아한다고 말하는 것을 두려워하나요? 이 충동이 생명으로 가는 길이라고 말하는 것을요?"

"이게 비밀인가요? 동산은 파괴성을 낳죠. 그것은 파괴적 출생이요, 파괴성에게 양분을 공급합니다. 나는 양분을 공급받는 유아와 돌보는 엄마 안에서 뱀을 보는 건가요? 언제 믿음이 파괴적이 되는 걸까요? 다시 말해서 파괴하면서 파괴로부터 자유로운 삶을 상상하는 광적인 종교 말이에요."

"우리는 파괴로부터 자유로운 장소를 상상할 필요 때문에 동산에서 쫓겨나는 것을 상상합니다. 동산은 돌아보거나 지향해야 할 장소이죠. 우리는 파괴가 이미 동산에 있었고, 우리의 일부로서 우리를 기다리고 있었다는 사실로부터 눈길을 돌려요."

"동산은 우리에게 살아있다는 것은 좋은 일이라고 말해요. 하지만 파괴가 찾아오죠. 우리는 파괴하고, 철수하고, 속일 필요에 대해 경악하죠. 그리고 파괴 너머를 생각하려고 시도하고, 파괴를 속이는 방법, 언젠가 파괴로부터 자유로운 곳으로 돌아가거나 그런 곳을 창조하는 방법을 생각해요. 우리가 단지 상상할 수밖에 없는 곳 말이에요."

"그렇다면 무엇이 진짜인가요? 파괴가 존재하지 않는다고 믿는 것, 우리가 할 수 있는 것들을 숨기고, 행하면서, 마치 파괴의 주인인 척하는 것이 진짜인가요?"

* * *

Z박사: "침팬지들은 서로의 털과 피부에 붙어있는 진드기와 벌레들을 잡아주고요. 우리는 서로의 내면에 있는 거짓말들을 지적해줘요. 서로 다른 청소법이죠."

"우리 자신의 거짓말을 보는 것은 어렵습니다. 그것들은 믿음(beliefs)안으로 녹아들어요. 우리는 무엇인가를 강하게 믿으면서, 그것의 거짓된 부분은 눈감아줍니다. 어떤 한 공적 인물은, 이스라엘의 지도자였던 아리엘 샤론(Ariel Sharon)이 뇌졸중을 앓은 것은 성지(the Holy Land)를 나눈 것에 대한 징벌이었다고 말합니다. 당신은 그의 말이 잘못된 것이라고 증명할 수는 없죠. 그것이 그의 믿음입니다. 그것이 단지 믿음일까요? 인과응보적 사고에 대해 어떻게 생각하세요? 그것은 상당히 강력하고 우세한 사고죠. 그것은 거의 자연스러운 것처럼 보여요. 만약 무슨 나쁜 일이 일어난다면, 그것은 벌이고, 만약 어떤 좋은 일이 일어난다면, 그것은 상(reward)이라는 생각 말입니다."

"믿음은 당신을 소름끼치는 매우 낯선 곳으로 데려갈 수 있습니다. 소신은 당신을 거의 윤리적으로 건전한 전쟁으로 인도할 수 있어요. 믿음은 당신 자신에게 문을 닫은 상태에 사로잡히게 할 수 있고, 그래서 무엇이 잘못되었는지 듣지 못하게 할 수 있습니다."

"경청의 환대. 이 초대에서 제외되는 사람이 있나요? 주의, 그리고 돌봄이 엷어지고 있습니다. 대중매체가 사물들을 축소시킵니다. 생각들은 얇아지고, 감정들은 더 나빠집니다. 이기고자 하는 의지가 생명을 얇게 만드는 걸까요? 우리는 이겨야 한다는 의지 말입니다. 그리고 만약 이기는 것이 거짓말을 요구한다면요? 거짓말하는 것이 규범적인 것이 될 때 어떤 일이 일어날까요? 그것이 항상 규범적인 것이었을까요?"

"거짓말들이 도처에 있습니다. 어떤 것들은 색깔을 더하고, 어떤 것들은 상처를 더하지요. 우리는 그 차이를 말할 수 있을까요? 얄팍한 인격과 피상적인 사회가 거짓말하는 방식들이 있습니다."

"이기는 것이 거짓말하는 것을 정당화하나요? 이기는 것 또한 거짓말이라면요? 그렇습니다. 바깥에는 우리를 이기려는 원수들이 있습니다. 나는 그들에게 지배당하기를 원치 않고, 그들에 의해 죽기도 싫습니다. 그러나 우리는 우리의 지도자들에 의해, 이기는 것에 의해 파괴될 수도 있습니다. 승자와 패자는 의로움이 파괴성을 정당화한다고 주장함으로써 스스로에게 아첨합니다."

"어떤 지점에서 승리가 우쭐하게 합니까? 어떤 지점에서 그것은 삶에 대한 느낌을 얇게 만들고, 우리를 당파적인 사람들이 되게 합니까? 그것은 우리가 존재의 충일함을 조금씩 깎아내는 길입니다."

"우리는 우리 자신들의 충일함을 소멸시키고 있어요. 증오나 이익을 위한 좁은 깔때기가 되고 있죠. TV에서 일어나는 일들을 사실 그대로 말하는 것은 너무 두려운 일일까요? 여기 풍요한 나라에서, 나는 마치 이기는 것이 그들을 더 작게 만들고, 그들의 영혼을 수축시키기라도 하듯이, 승자의 수축된 얼굴을 봅니다. 우리는 진실을 무시하도록 조건화되고 있어요."

"한 남성 환자는 이성과 성교를 하는 꿈을 꾸었습니다. 특히 그 여성은 충만하고, 열려있는 몸을 가지고 있었습니다. 그 직후에, 그는 그가 생각하기에, 동성애자인 두 남자에 대한 꿈을 꾸었는데, 그들 역시 튼튼하고, 충만하였으며, 열려있는 감정을 지니고 있었습니다. 그 꿈은 그에게 삶을 가치 있게 만들어주고, 인간 존재를 가치 있는 것으로 만들어주는 존재감을 선사해 주었습니다."

"부정적인 것으로 드러나지 않은 꿈을 꾼 것은 그에게 일상적인 것이 아닙니다. 그에게는 유예 상태죠. 단두대의 칼이 떨어지지 않은 상태 말이에요."

"그때, 내리막길이 시작되었는데, 최악의 것은 아니었죠. 상처가 욱신거렸어요. 누군가가 그에게 실망했습니다. 그 누군가는 그에게 넓은 홀에서 열리는 큰 모임에서 사회를 보라고 요청한 교수였습니다. 뭔가 잘되지 않았는데, 그는 그것이 무엇인지 확신할 수 없었습니다. 그는 미안해하고, 부끄러움을 많이 타는 사람이었고, 작은 그룹을 더 편하게 느끼는 편이었죠. 그는 옆으로 비켜나는 것을 더 좋아했고, 주요 행사나 중요한 일을 피하곤 했어요. 그는 그 교수의 신뢰를 잃을까봐 두려워했습니다. 그때, 그는 그 교수가 잃어버린 열쇠들이 땅에 떨어진 것을 발견하고는, '신이 이 일을 하셨다. 신께서 그것들을 보여주셨다'라고 느낍니다. 그는 그것들을 교수에게 전해주는 것을 상상합니다. 그 순간, 몰려드는 나쁜 일들로부터의 승리감, 일종의 구속(redemption)을 느낍니다."

"그는 이 꿈들을 나에게 말할 때 미소를 지었지만, 그 다음에는 조용한 경외감에 빠진 것 같아 보였습니다. 마치 벌레가 안에서 기어다니는 것처럼, 그의 등 근육들이 경련을 일으킨다고 말할 때, 그의 입술이 떨렸습니다. 그는 한 사람—그 자신, 그의 교수—이 교수대에 매달려 있는 것을 보았습니다."

"의사인 내가 무엇을 원하나요? 죽음을 막고 공포를 치료할 수 있기를 소망해요. 교수대에 매달려있는 그의 교수 옆에서 작다고 느끼는 내 환자 옆에서 나 자신이 작게 느껴집니다. 삶의 거대한 힘 옆에서는 모두가 다 너무 작습니다. 할 수 있는 것이 더 많길 바라면서 내 옆에 있는 당신도 작게 느껴질 겁니다. 교수대 위에 있는 우리 자신들만이 행복의 빛을 발하면서 캄캄한 우물 속으로 떨어집니다."

***

그레이스: "나는 그 구멍 속으로 완전히 떨어졌어요. 하하, 당신은 내가 농담하는 거라고 생각하시는군요. 내가 영리한 바보가 되면, 당신은 몰래 짜증이 난다는 걸 나는 알아요. 당신은 그것을 견디고, 지나가길 기다리죠. 나도 당신을 위해 같은 일을 합니다. 그것은 짜증나는 일이에요. 그러나 우리가 서로에게 좀 느슨하다면, 조만간 어떤 일이 일어날 겁니다. 나는 오늘 무슨 일이 일어날지 궁금해요."

"나는 잘못됨, 잘못됨 그 자체, 칸트식, 플라톤식 잘못됨을 생각하고 있어요. 그게 나의 본질이에요. 그것은 뉴스를 통해서 나 자신에게 반영되죠."

"의붓아버지에게 살해당한 소녀에 대한 기사가 실려 있어요. 의자에 묶여있고, 개 사료를 먹고, 두들겨 맞고, 굶주리고, 깃털처럼 마른 모습을 한 그녀의 사진이 함께 제시되었죠. 일반적인 소동과 조사와 투옥이 있었죠. 감옥에서 울고 있는 그녀의 어머니에 대한 이야기가 실렸어요. 그 글에서는 그녀가 좋은 어머니라고 말해요. 뉴스는 매일 또 다른 이야기를 덧붙이다가 얼마 후에는 사라질 거예요."

"그 어머니와 그녀의 남편은 잘못됨을 죽이려고 했던 걸까요? 사람들은 잘못됨을 죽이려고 하지만, 그 잘못됨이 사람들을 죽인다는 것, 이것이 문제예요. 내가 나 자신을 그 소녀라고 본다고 말하는 것은 그녀의 죽음을 부당하게 취급하는 것이겠죠. 그러나 그런 그녀는 내 안에 있어요. 나는 운이 좋은 그 소녀이며, 당신과 함께 이 방에 살아있고, 당신의 잘못됨과 함께 있으며, 우리의 잘못됨과 함께 있어요. 우리는 운이 좋은 사람들이에요. 왜냐하면 사십오 분 후에 헤어져서 서로 떨어져 지낼 것이니까요. 시간이 우리를 지켜주고, 우리가 함께 잘못된 존재가 되는 것을 견딜 수 있게 해주죠."

"잘못된 것이 잘못된 것을 만나요. 우리는 이 만남에서 살아남죠. 실제 삶의 많은 경우에서, 이러한 만남은 폭발하고, 충돌하고, 심지어 죽음으로 인도하죠. 잘못된 것에 맞서는 잘못된 것, 죽이는 것에 대한 변명이에요. 결국 전쟁이 발발하고 사람들을 쓸어버려요. 무엇이 그 소녀를 살해하도록 이끌었고, 무엇이 그들을 쓸어버렸을까요? 누군가를 죽이는 데는 사십오 분도 채 안 걸리는데, 그녀의 경우 그것은 여러 달이 걸렸어요."

"어떤 이야기에 따르면, 그녀가 의붓아버지의 수치스런 행동에 굴복하기보다는, 내가 나의 부모에게 그랬던 것처럼, 사납게 날뛰었고, 더 나빠졌으며, 문제를 일으키고, 밉살스러워졌기 때문에 그녀의 의붓아버지가 그녀를 죽였다고 해요. 그녀는 굴복하기보다는 죽었어요. 나는 굴복했고 미쳤죠. 그리고 오늘 당신과 함께 여기에 있어요."

"악마가 악마를 자극해요. 어린 소녀의 건방진 에너지가 포학을 자극하죠. 우리는 공격이 제대로 조준된 것이든 아니든 공격을 하고 반격을 해요. 어린 소녀의 에너지와 손상 입은 성인의 에너지. 그것은 세계무대에서 행해지는 공격성 대 공격성을 반영하는 축소된 거울은 아니지만, 그것에서 전적으로 벗어난 것도 아니죠. 인격들은 잘못됨을 다룰 수 있는 자원도 없이, 서로에게 잘못을 해요."

"우리는 정말로 서로를 살아남을까요? 나는 그렇다고 말했지만, 너무 빨리 말했어요. 우리는 부분적으로 살아남죠. 그것은 생존이 아니라 변화에요. 더 나쁜 무언가가 일어나요. 만약 우리가 더 나쁜 일 속으로 충분히 깊숙이 들어간다면, 우리는 변합니다. 잘못된 것은 결코 없어지지 않지만, 우리가 그것을 꽉 잡을 때, 무언가가 일어나요. 나는 당신의 잘못 안으로 들어가고, 당신은 나의 잘못 안으로 들어갈 때, 나는 당신의 잘못을 통해 나의 잘못을 발견하고, 당신은 나의 잘못을 통해 당신의 잘못을 발견하죠. 최악의 것과 접촉하는 것. 대부분의 사람들은 거의 언제나 그 안으로 들어가야 할 때 거기에서 나오려고 합니다. 이때 자유는 잘못된 쪽에서 일하죠. 나는 내가 옳다고 믿게 할 필요가 없을 때, 자유롭다고 느낍니다."

"나의 부모님은 그들이 옳다고 믿었고, 나는 그들을 믿었어요. 나의 두뇌는 마비되었죠. 어렸을 때 나는 살인자들, 거미들, 마녀들, 악마들이 나오는 무서운 꿈을 많이 꾸었어요. 반복해서 꾼 꿈이 있는데, 그것은 도처에 똥이 가득한 꿈이었어요. 모든 사람들이 화가 났고, 나는 수치스러웠어요. 그들은 깨끗한 걸 원했죠. 나는 의붓아버지가 살해한 그 소녀처럼 더럽히고, 망쳐놓는 사람이었어요. 지금 나는 도처에 똥이 가득한 성인들의 세상을 보고 있어요. 전쟁, 죽음이 모든 것을 망쳐놓는 곳이 우리가 살고 있는 세상이에요. 나만 그런 것이 아니에요. 그것은 단지 너의 상황일 뿐이라는 느낌은 뿌리가 아주 깊은 것이죠. 하지만 그것은 우리의 상황이죠. 우리의 행동, 우리의 똥 같은 자기들, 우리의 똥 같은 정신들 말이에요. 그것은 마치 나의 어린 시절 꿈이 모든 사람들의 꿈과 삶에 의해 공유되고 있는 것과 같아요."

* * *

그레이스: "나는 꿈에서 밤중에 달리고 있었어요. 대학 캠퍼스 안에 나있는 길이에요. 주위에 학생들이 있었고, 강연이나 행사가 있었던 것 같아요. 갑자기 개 한 마리가 나에게 달려들고는 나를 붙잡고 함께 달렸어요. 우리는 함께 뛰었어요. 그것은 매우 어색했어요. 우리는 서로 걸려 넘어질 뻔했어요. 나는 그 개가 나를 물까봐 겁이 났어요. 그 개는 온순한 애완견이었고, 내 얼굴을 심하게 핥지는 않았지만, 그렇게 할까봐 겁이 났죠. 나는 나누어질 것을 생각했지만, 그 꿈은 두려움을 지닌 채 같이 뛰려고 노력하는 것으로 끝이 났어요. 그 두려움은 내 것이었고요. 그 개는 단순히 욕망과 흥분이었죠."

"내가 전에 말한 적이 있는 고집 센 아이처럼, 당신은 고집 센 개를 갖고 있네요. 더럽혀지는 것, 핥음을 당하는 것, 상처받는 것에 대한 두려움 말이에요. 나의 본능적 반응은 떨어져나가서 자유롭게 되는 것이었어요. 나는 구속되고 붙잡혀 있었어요. 동시에, 접촉이 나의 흥미를 끌었죠. 개가 뒷다리로 당신을 붙잡고 거리를 달리는 것은 매일 있는 일이 아니잖아요. 그 개는 일종의 파트너죠. 초등학교 시절에 우리는 줄을 설 때나, 강당에 갈 때나, 체육관에 갈 때나, 운동장을 돌 때나 항상 파트너가 있었어요."

"개의 에너지. 나는 나의 부모님에게 애완용 개였어요. 착한 아기, 착하고 귀여운 강아지였죠. 나에게 개는 깨무는 것을 통한 애정을 상징했어요. 나의 깨물기에 무슨 일이 있었죠? 나는 나 자신을 깨물면서 자랐어요. 지금 나는 제대로 된 애정도, 깨물기도 얻지 못해요. 내 꿈에 나타난 개는 내게 요구하는 편이에요. 나는 도망가든지, 아니면 견디든지, 선택할 수 있어요. 나는 그것을 견디는 것이 더 나을 것 같아요."

"내가 개라면, 사람들에게 뛰어오르고 그들의 얼굴을 핥는 상냥한 개일까요? 나는 뒤로 물러서고, 조절하겠죠. 아마도 아기들이, 또는 아기들에게 키스하는 부모들이 그럴 것 같아요."

"나는 그 밤에 혼자라고 느꼈어요. 대학생들이 옆에 있었는데도 말이죠. 나는 그들 중 하나가 아니었어요. 항상 혼자였어요. 나를 편안하게도 하고, 두렵게도 하는 개와 함께 혼자였어요. 나는 항상 국외자에요. 삶을 향해 뛰어드는 것이 아니라 삶을 통과해서 뛰어가는, 어디에도 속해있지 않은, 깨물지만 애정 있는 사람 말이에요. 이번에는 삶의 한 조각이 내게 뛰어들었어요. 그 개는 실제로 영향을 미쳤어요. 나는 그 개를 주목해야 해요. 나는 그냥 지나칠 수 없어요. 만약 내가 도망친다면, 그건 나에게서 도망치는 거예요."

"내가 당신에게 이 말을 할 때, 나는 나 자신에게 돌아오는 것 같아요. 마치 나의 정체성이 사라졌는데, 그것을 깨닫지 못하고 있다가, 우리가 말하는 동안 그것이 돌아온 것 같아요. 애정 있으면서도 깨무는 사람이 되는 것에 대해 말하면서, 마치 개가 나의 마음을 따뜻하게 해주고, 내 마음이 따뜻해지는 것 같아요. 당신도 나의 강아지예요. 당신과 나, 우리는 애정 있는 깨무는 사람이에요. 우리는 이 방 안에서 세상으로부터 고립된 채, 함께 뛰고 있는 별난 사람이죠. 미친 사람이 말하는 것을 듣거나, 어떤 한 사람의 미친 부분에 대해 듣는 것은 많은 사람들이 원하는 게 아니에요. 그리고 내가 이렇게 말할 때, 나는 그다지 미친 것 같지 않아요. 나는 여기에 생명이 있다고 생각해요. 저 바깥에는 거짓이 있어요."

***

Z박사: "환경은 우리의 신체의 일부입니다. 등산을 가서 언덕과 호수의 아름다움을 느낄 때면, 내 몸은 더 잘 느낍니다. 그 몸은 환경과 혼합되죠. 세상이 내 몸의 구멍들로 들어옵니다. 내가 병든 호수 옆을 지나갈 때면, 내 몸은 그 병을 반영하여 오염된 몸이 되고, 흐름이 막힌 몸이 됩니다. 몸은 사물의 건강에 반응합니다. 미각, 촉각, 시각, 청각은 더 건강해질 수도, 더 병적일 수도 있습니다. 당신은 건강한 색깔 또는 건강한 소리와 같은 것이 있다고 생각하세요? 나는 그것이 있다는 것을 알아요. 사물들이 자라는 것을 보는 것은 차이를 만들어내죠. 우리는 주위에 있는 것들을 안으로 받아들여요."

"'보기만 해도 좋은 것'이라는 말이 있어요. 우리가 보는 것은 우리를 더 좋게도 만들고 더 나쁘게도 만듭니다. 숲 속의 아름다운 곳에 도달하면 텁텁함이 사라지죠. 그리고 그곳을 다시 한 번 바라봐요. 흙 냄새가 당신의 몸의 맛을 변화시킵니다. 당신은 새 소리를 들을 수 있을 만큼 조용해집니다. 당신은 공기의 소리를 듣습니다. 그리고 공기가 숨을 쉰다고 생각합니다. 당신은 의식하지 못한 채로 얼마나 찌뿌듯했었습니까? 당신은 당신의 몸이 상처받고 있다는 것을 몰랐던 겁니다."

"도시에 있을 때 나는 이를 꽉 물고, 소음과 먼지와 속도로부터 등을 돌리려고 애씁니다. 숲에서는 내가 듣기를 기다리고 있는 어떤 것을 말해주지 않은 누군가의 말을 듣습니다."

"나는 닭들이 비좁은 공간에 갇혀있는 꿈을 꿨는데, 그때 나는 나의 꽉 막힌 삶을 생각했습니다. 그 다음날 밤, 나는 서로를 쪼아 죽이지 못하도록 부리를 자른 닭에 관한 보고서를 TV에서 보았습니다. 사람들은 계란을 얻기 위해 닭들을 역겨운 우리 안에 몰아넣은 채 키우고 있었습니다. 그 장면은 북적이는 감옥의 장면으로 바뀌었습니다. 수감자 교육 프로그램이 재수감률을 감소시킨다는 연구결과에도 불구하고, 정부는 그 프로그램을 위한 기금을 줄입니다. 기금축소에 대한 질문을 받은 한 공무원은 사람들이 무상 대학교육을 받으려고 범죄자가 될까봐 걱정되기 때문이라고 말했습니다. 나는 그 이유가 범죄자들을 닭처럼 취급하려는 욕망 때문이라고 생각합니다."

"교육은 사회계층의 상층부에서 범죄를 멈추게 할 것 같지 않습니다. 렌퀴스트(Renquist)가 죽었을 때, 나는 죄책감이 그를 죽였을 거라고 생각했습니다. 양심이 당신을 죽일 수 있습니다. 그럴 수 있어요. 미국 대선의 투표결과 집계를 멈추게 하는 것, 그것이 당신이 대부분의 사람들이 행동하길 바라는 것인가요?"

"인간이 되려는 비밀스런 욕구와 그러지 못한 것에 대한 죄책감이 있습니다. 어떤 종류의 선택적인 분리들은 정상성의 일부입니다. 낯선 사람들이나 적들의 행복에 대해서는 신경 쓰지 않는 것과 같은 것이죠. 그러나 나라의 최고 판사가 정의에 대한 관심에서 자신을 분리한다면, 그것은 정상성에 대한 설명이 될 수 없죠. 정의란 편견을 갖는 정상적인 경향성, 즉 어떻게든 이겨서 정상에 오르려는 정상적인 욕망에 맞서는 것이 아닐까요? 정의란 공명정대에 관한 것이 아닌가요? 정확히 말해서, 자신의 이익을 위해서 하나의 관점을 선호하는 것이 아니라, 대립되는 주장들에 공평하게 개방되어 있는 것이 아닐까요? 법을 지키기로 맹세한 사람이 그것을 배신한다면, 그는 수치스러워 해야 한다고 생각하지 않으세요? 그가 그렇게 하는 것은 민주주의보다는 권력의 주장을 공급하는 법정의 우두머리가 되기 위해서인가요? 때로 우리는 자기-역겨움으로 인해 죽습니다."

"어쩌면 그러한 죽음은 우리 안에 있는 뭔가 좋은 것에 대한 증언일 수 있습니다. 마치 우리가 또 다른 독성 있는 순간을 견딜 수 없기라도 하듯이 말입니다. 또 하나의 자기-독화의 순간 말입니다. 사회적 독이 몸 안으로 용해됩니다. 우리가 행하고, 생각하고, 느끼는 것이 우리의 사회적 대기에 영향을 끼치기 때문에, 정서적 공기와 토양이라는 것이 있습니다. 우리는 함께 우리가 숨 쉬는 사회적 공기를 창조합니다. 우리의 맛은 우리의 땅의 맛에 영향을 끼치고, 땅의 맛은 우리가 서로 맛을 느끼는 방식에 영향을 줍니다. 우리는 우리 자신의 분리를 분리시키지만, 사회적 대기는 실제적인 것이고 대가를 요구합니다."

"이건 미친 생각일까요? 범죄자인 대법원은 나쁜 업보로서, 세상에 충격파를 내보내고 있습니다. 그 충격의 일부는 9/11 사건에서 진행되고 있습니다. 그것은 역방향의 파문과 함께 진행 중에 있는 하나의 과정입니다. 충격파와 역-충격파가 있습니다. 다음에 무엇이 올 것인지에 대한 실마리도 없이 말입니다."

"우리는 한때 진실이 처방이라고 생각했습니다. 지금 그것은 질병의 일부입니다. 계속되는 유행병은 우리가 서로에게 행하는 잘못입니다. 법 자체가 일종의 바이러스요, 공포의 일부입니다. 범죄는 범죄를 끌어당기고 우리가 권력에 접근하는 방식에 뭔가가 잘못되었다고 말해줍니다."

"나는 모임에 참석하기 위해 안으로 들어가려고 하는데 문이 잠겨있는 꿈을 꾸었습니다. 그것은 조찬 모임이었고, 사람들이 모여 있었습니다. 마침내 안으로 들어가 식탁에 둘러앉아 이야기하며 먹고 있는 사람들을 보았습니다. 그곳은 도서관과 같은 곳이었습니다. 모임이 곧 시작될 것입니다. 잠시 동안 나는 이번에는 아무것도 빠뜨린 것이 없다고 느꼈고, 그룹 안에는 좋은 감정이 있었습니다."

"그때 그 꿈이 나의 환자의 꿈으로 바뀌었습니다. 나의 옛 교수님들 중의 한 분이 내가 쓴 글을 읽고 나서, 내가 셰익스피어의 글을 인용한 부분에 대해서만 칭찬을 하신 적이 있습니다. 나는 교수님이 나의 글을 읽었다는 것이 자랑스러웠을 뿐, 셰익스피어와 경쟁할 수는 없습니다. 마음은 마치 그것 자체와 경쟁하듯이, 나 자신을 높이기도 낮추기도 합니다. 타고난 결함은 그것을 극복하고자 하는 시도들을 분출시킵니다. 우리는 우리가 하는 위대한 일들에 놀라고, 넘어질 때에는 혀를 내밉니다. 셰익스피어는 삶이 그것의 상승 순환들 중의 하나에서 끌어낸 위대한 것을 나타냅니다."

"한 인간으로서 나는 약간 반사된 영광을 느낍니다. 그러나 잘못됨은 멈추지 않습니다. 꿰뚫어보는 눈은 자기의 층들로 이루어진 피부에서 피부를, 정신적 피부를 벗깁니다. 그래서 아주 조금만 남습니다. 이 과정에서 어떤 것은 아무것도 남지 않기를, 완전히 없어지기를 바랍니다. 그러나 그것은 실현될 수 없는 꿈입니다. 여기에는 어두운 지점들, 텅 빈 지점들이 있습니다."

"나는 내가 갑자기 너무 행복하다고, 설명할 수 없도록 행복하다고 말하고 싶어요. 왜 그런지는 모르겠어요. 그것은 내 피부로 퍼지는데, 내 생각에는 내 가슴에서 온 것 같아요. 나는 잘못 안에 있어요. 문자적인 의미 그대로 잘못 안에 있어요. 잘못됨의 침묵 깊은 곳. 내가 위치하고 있는 특별한 지점에서는 한 가지만 볼 수 있는데, 그것은 한 겹 한 겹 떨어져 나간다는 것이에요. 나는 그것이 잘못됨의 층들이라고 결론짓고 싶지만, 실제로는 모르겠어요. 사라진 층 이후의 층. 그리고 그 층들이 사라질 때, 행복이 자라나요. 나는 이 회기를 웃으면서 끝낼 것 같아요. 너무 많은 골치 아픈 영역들이 주목받기를 기다리지만, 내가 할 수 있는 거라곤 웃는 것뿐이죠."

* * *

그레이스: "나는 지난밤에 멋진 레스토랑에 갔어요. 첫 번째 코스는 아주 좋았어요. 그런데 여종업원이 사라졌어요. 서비스가 끝났죠. 우리는 계속 기다렸어요. 나는 좋은 시간을 보냈기 때문에 메인코스가 너무 오래 걸린다는 것을 깨닫지 못했죠. 내가 요란하게 불평을 해야 했을까요, 아니면 더 기다려야 했을까요? 나는 소동을 일으켜서 멋진 저녁시간을 망쳐놓고 싶지 않았어요."

"그러다가 음식이 어떻게 됐는지 물어보는 것은 문제를 일으키지 않을 거라는 생각이 들었죠. 그것은 그저 하나의 질문, 또는 생각나게 하기 위한 조언이니까요. 나는 점점 더 신경이 거슬렸지만, 물어보기가 두려웠죠. 나는 아무 말도 하지 않는 것에 의해서, 또는 너무 말을 많이 하는 것에 의해서 멋진 저녁을 망쳐버릴 위기에 처해 있었죠. 나는 그냥 '음식이 어떻게 됐나요' 라고 물어볼 수 없었을까요?"

"설령 내가 그들을 재촉해서 좀 냉소적으로, '우리가 주문한 거 잊으셨어요?' 또는 '음식은 어떻게 된 거죠?' 아니면 '뭐가 잘못됐어요?' 라고 묻는다고 해도 그것이 세상의 종말은 아니었겠죠."

"속으로 나는 그것이 세상의 종말일 거라고 느꼈어요. 그리고 어떻게 전반적으로 좋은 감정을 유지하면서 불평을 표현할 수 있을지가 주된 문제가 되었죠."

"말할 건지 말하지 않을 건지, 또는 어떻게 말할 건지의 문제를 풀지 못하는 것은, 내가 퇴원하던 어느 날 밤에 길모퉁이에 있는 가로등 옆에 서서 갑자기 인류에 대한, 온 인류에 대한 슬픔에 사로잡혔던 일을 상기시켰어요. 나는 소리 내어 울었고 사람들은 두려운 눈빛으로 나를 바라보았고, 걱정했어요. 아무도 나를 도우려고 다가오지 않았기 때문에, 나는 스스로 그런 기분으로부터 벗어나야 했어요."

"나는 인류와 시대들이 내 눈 앞을 스쳐지나가는 것을 보았어요. 인류가 시작할 때부터 겪었던 슬픔, 삶의 모든 고통, 모든 시간이 고통의 한 순간으로 압축되었어요. 나는 울고 또 울었지만, 기분이 아주 좋았고, 내 자신과 깊이 접촉하는 것을 느꼈어요. 나는 깊은 진실, 깊은 삶과의 접촉을 느꼈어요."

"기분이 가라앉았을 때, 나는 내면으로 느껴지는 것과 외부 세계로 느껴지는 것 사이에는 커다란 차이가, 계속해서 커질 수 있는 틈새가 존재한다는 것을 깨달았어요. 나는 만약 내가 내면의 여정에서 종착점까지 간다면, 다시 병원으로 돌아갈 거라는 것을 어렴풋이 알았어요. 세상 안에서의 자신과의 모든 접촉이 반드시 세상 바깥의 것과 접촉하게 하지는 않는다는 생각이 문득 떠올랐어요. 당신은 큰 어려움 없이 더 멀리 떠나갈 수 있고, 그러는 동안 사람들과 사물들은 점점 더 진짜 같이 보이지 않을 거예요. 나는 그렇게 멀리 가본 적이 없어요. 나는 삶이 진짜 같지 않다고 느껴질 때조차도 그것이 진짜라고 느껴요. 나는 내가 아무것도 진짜 같지 않은 지점에 다다를 수 있다고 생각하지 않지만, 그거야 모르죠."

"나는 나의 내면의 접촉을 유지하고, 그것을 더 진전시키면서도, 그것을 나의 외부의 삶과 연결시키는 방법을 찾아야 해요. 그것을 위해서는 또는 그것을 잘 하기 위해서는, 만약 잘 하는 것이 가능하다면, 나의 생애 전체가 걸릴 거예요."

"나는 새로움이라는 느낌에 속았어요. 나는 새로운 느낌이 새로운 존재를 의미한다고 생각하곤 했어요. 지금은 새로운 사람이라고 생각하는 것이 함정이란 걸 알아요. 당신은 당신이 변화되었다고 생각하지만, 그건 당신이 아니에요. 당신은 '이게 그것(IT)이야' 라고 생각하죠. 그러나 그것은 사라지고 당신은 당신이죠. 당신은 어쩌면 좀 더 많은 그것(IT)을 가진 당신일 뿐이죠."

"나는 내 새로운 출발을 상실해야 한다는 걸 알고는 울고 또 울었어요. 그러다가 생각했어요. 정확히 말해서 나는 그것을 상실하는 것이 아니라고 말이에요. 그것에 완전 속지 않은 것이었죠. 그것은 혼합의 일부로 거기에 있을 수 있지만, 전체 혼합의 대체물인 척 할 수는 없어요."

"대신에 당신은 '자, 내가 여기 있어, 내가 여기 있어' 라고 말하죠. 그리고 그것은 나를 어디에 남겨두나요? 지금 나는 당신을 바라보고 있는 나에요. 그리 나쁘지 않죠?"

* * *

Z박사: "나는 강의하는 꿈을 자주 꾸곤 해요. 한 꿈에서는, 두려움과 외상에 대해 뉴욕 정신분석연구소에서 강의를 했어요. 나는 중요한 사람들에게 환영을 받아 기분이 좋았고, 충만했고, 옴/샬롬 효과에 대해 이야기했어요. 우리는 우리의 감정과 서로 접촉하고, 외상과 평화와 공명했어요. 인간의 접촉은 마음을 달래주는데, 특히 사람들 사이의 연결과 돌봄의 느낌이 있을 때 그러하죠. 우리는 정서적 장들을 갖고 있고, 우리의 장들은 상호작용을 합니다."

"나는 계속해서 말하면서 너무 듣기 좋은 말만 한다는 인상을 주지 않으려고 서로 갈라서야 할 필요와, 서로의 차이에서 오는 기쁨과 고통에 대해 약간 말했죠. 균형에 대해 의사소통하려고 계속 시도했지만, 거기에 도달하지는 못했다고 느꼈어요. 나는 더 요란해져서 혼돈과 무책임성의 좋은 점, 자유로운 느낌 안에 기회의 중요성에 대해 거의 소리를 지르듯이 말했어요."

"잠에서 깨어났을 때 거의 눈물이 날 것 같은 나 홀로 지점, 눈물을 초월하는 지점에 도달했어요. 그때 나의 결혼생활에서 내가 얼마나 홀로 있었는지에 대해 지난 세월 내내 아내를 비난했던 것이 기억났어요. 지금 나는 세상에서 가장 홀로 있는 사람이 나였다는 것을 알아요. 아무리 많은 비난도 홀로 있음을 사라지게 할 수 없습니다. 이 세상에서 가장 홀로 있는 사람은 나만이 아니에요. 나는 정말로 홀로 있는 사람들을 많이 만났고, 더 많은 그런 사람들의 이야기를 들었어요. 나는 내면의 깊은 우물 안으로 떨어졌고, 그 안에서 불행에는 끝이 없다고 느꼈습니다. 그때 나는 또 다른 우물 안에 있었는데, 그것은 끝없는 행복이 있는 우물이었습니다. 한 우물에서 다른 우물로 옮겨갔습니다."

"나는 홀로 있음을 덜 느끼기 위해서 강의를 하는 걸까요? 그게 일리가 있다고 생각하시겠죠. 그러나 강의가 끝난 후에 나는 전보다 더 완전히 홀로 있다고 느낍니다. 운이 좋으면, 한 순간 만족감이 떠올라왔다가 다시 공허해지죠. 그리고 운이 나쁘면, 공허함뿐입니다."

"진실은, 내가 나의 홀로 있음을 좋아한다는 것이죠. 홀로(alone)라는 단어 안에는 하나(one)라는 단어가 들어있습니다. 홀로 있는 사람은 홀로 있는 분(the One)을 지향합니다. 약간 신비스럽게 들리죠. 내가 이렇게 말하면, 가짜처럼 들릴 수 있겠지만, 내 아내에 대한 나의 사랑은 더 커지고 있습니다. 나는 우리가 그토록 오랫동안 함께 한 것이 내가 감히 예상하지 못한 방식으로 나를 개방시켜주었다고 느낍니다."

"또 다른 꿈에서, 나는 방 뒤편에 있는 침대에서 강의를 하고 있었습니다. 그 침대 위에서는 내 동료인 누군가가 죽어가고 있었습니다. 나는 그가 죽어가고 있는 침대에서, 그의 죽음의 침상에서 강의를 하고 있습니다. 그는 사라지고 그 침상은 텅 비겠지요. 나는 그가 돌아올 때, 그것을 다시 돌려줄 것입니다."

"나의 강의는 매끄럽게 진행되지 않았습니다. 어색하고 떨렸지만 내가 위대한 아이디어를 준비하고 있다고 느꼈습니다."

"그때 이런 생각이 문득 들더군요: 나는 당신이 정확하게 내가 원하는 대로 되고, 정확하게 내가 원하는 대로 행동하길 바란다는 생각 말입니다. 여기서 벗어나는 어떤 것도 견딜 수 없는 것이지요."

"꿈에서 깼을 때, 나는 삶의 기본적 원리를 발견했다고 느꼈고, 서서히 프로이트가 생각났는데, 내 꿈이 그가 쓴 아기 폐하(His Majesty the Baby), 소망-충족과 욕망에 관한 글의 일부를 희화화하고 있다고 느꼈습니다. 독재자가 유전자 안에, 정신 안에 있는 겁니다."

"아기 폐하는 이 나라 정부의 자기애, 제일인자(Numero Uno), 가장 위대한 나라, 지상에서 가장 위대한 쇼에 대한 과대망상을 보여줍니다. 온 세계는 제일인자의 소망에 순응해야만 합니다. 그것은 서커스 환상 안에서는 괜찮은 것일 수 있지만, 실제 삶에서는 끔찍한 것입니다."

"나는 신디 쉬핸(Cindy Sheehan)이 이라크에서 죽은 미군들의 숫자가 쓰여진 티셔츠를 입었다는 이유로 대통령 연설장에서 추방당하는 것을 보았습니다. 어떻게 하는 것이 위대했을까요? 다음 날 소위 민주당 소속 상원의원들 모두가 상승하는 숫자가 쓰여진 그 티셔츠를 입었어야 마땅했습니다."

"우리는 리더십 아래에서 정의를 위해 소리를 지르지만, 그 리더십을 돌파할 수는 없습니다. 새로운 것은 아무것도 없습니다.

"정직한 사람을 찾기 위해 대낮에 횃불을 들고 아테네를 돌아다녔다던 사람이 디오게네스였던가요?"

"정의는 나약한 사람들을 위한 것입니다. 진짜 남자들은 그들만의 규율을 만들죠. 권력의 이름은 게임입니다."

"피츠제럴드(Fitzgerald)가 리비(Libby)를 고발하는데, 왜 우리가 그렇게 기분이 좋을까요? 딜레이(DeLay)가 물러났을 때는요? 방음된 체계에 약간의 금이 간 것은 모든 것이 징발되거나 권력자의 마음대로 되지는 않는다는 것을 암시합니다. 정의는 권력의 틈새에서 살고 있습니다. 우리는 그 틈새가 가져다주는 커다란 안도감에서 정의에 대한 힌트를 발견합니다. 그것은 부패한 긍정이지만, 완전히 죽지는 않은 것이요, 어쨌든 숨 쉬고 있는 것입니다. 페어플레이가 살아있다고 느끼는 것은 사소한 일이 아닙니다."

"정치에서 반칙행위에 반대하는 것은 단순히 순진함의 표시가 아닙니다. 그것은 뭔가 더 나은 것에 대한 기대입니다. 그것은 우리가 권력을 사용하는 방식이 진화해야 한다는 기대입니다. 내가 강의하는 외상의 내용은 이것입니다: 나는 당신을 보호해야 할 사람, 그리고 당신을 도와주어야 할 사람에 의해서 배신당한 것. 공정함의 윤리 대 권력이 지닌 자기중심주의 말입니다. 검표는요? 그것은 패배자를 위한 것이죠. 승자들은 표를 셀 필요가 없습니다. 그들은 기계, 투표소, 기록, 법원을 조작하니까요. 그들은 이기는 법을 알고 있고, 그림에 덧칠을 합니다."

"이것은 건강한 바람이 아니라 방사능이 포함된 분위기입니다. 죽이고, 훔치고, 거짓말하는 것은 우리를 연합시키는 방법이 아닙니다. 가난한 자에게서 빼앗아서 부자에게 주다니요? 나쁜 놈들 꽁무니에 폭탄을 투하한다고요? 우리의 이웃이 우리의 적인가요? 먼저 죽이고 나중에 사랑하라고 해요. 예수의 메시지는 승자가, 전부가 아니라면, 가능한 한 많이 가지라는 것이었나요? 이기는 것의 자기중심주의, 그것이 성서가 말하는 것인가요?"

"나는 그렇게 믿지 않습니다."

* * *

그레이스: 나의 명상 스승은 나에게 '안전한 곳으로 돌아가세요' 라고 말합니다. 그러나 안전한 곳이 없습니다. 나의 집에는 안전한 곳, 감정을 위한 안전한 장소가 없어요. 나의 명상 스승는, '당신을 위로해줄 누군가를 찾으세요' 라고 말합니다. 그녀는 내면에서 위로해주는 현존, 어린 시절로부터의 잔재를 뜻했어요. '당신을 위로해주었던 누군가를 마음에 그려보세요. 그리고 그 위로를 느끼세요.'"

"농담하세요?! 나는 위로받을 수 없는 분노와 슬픔에 의해 붕괴되었습니다. 그녀가 이렇게 말했는지 내가 그렇게 상상했는지는 알 수 없지만, '다시 울지 마세요' 라는 소리가 들립니다. 그녀는 걱정했습니다. 아니면 내가 너무 오래 그 문제에 걸려 있어서 싫증이 났거나 좌절되거나 참을 수 없었겠죠. 나의 모든 삶 속에는 얼음에 난 구멍이 있는데, 거기에 빠지면—종종 빠지기도 하는데—거기에는 결코 사라지지 않는 오한의 위험이 있습니다. 얼음은 밖에 있고, 오한은 안에 있습니다. 열—당신은 뭐라고 부르죠? 열—나쁜 어떤 것."

"나는 내 외부의 오한, 뻣뻣한 피부, 긴장된 얼굴이 싫습니다. 나는 내 외모를 많은 사람들이 좋아할 거라고 생각하지 않아요. 나는 내가 많은 사람들을 편하게 해준다고 생각하지 않습니다. 어떤 사람들은 나에게서 특정한 긴장감을 감지할 거예요. 그들은 내가 뭔가와 접촉하고 있고, 아마 광적인 것이겠지만, 내가 뭔가를 제공할 게 있다는 것을 느끼죠. 시인이 그러는 것처럼 뭔가 제공할 만한 것. 그것은 다른 어딘가에서 가져온 어떤 생각이나 말 같은 거겠죠."

"나는 나 자신을, 나 자신을 통과해서, 얼음을 관통해서, 아주 깊이 파고드는 것을 사람들이 보고 있다는 것을 알아요. 내가 물에 빠져 죽을 수 있다고 말하는 것은 요점을 놓친 거예요. 나는 물에 빠져 죽었어요. 나는 물에 빠져 죽은 사람이에요. 나는 얼음 아래에서, 변온층(thermocline) 안에서 말하고 있어요."

"변온층이 뭔지 아세요? 그것은 깊은 오한이라는 말이에요. 한때 감정이었던 오한이죠. 공포일 수도 있고, 슬픔, 절망, 포기, 절대 포기하지 않기, 빙결 안에서, 빙결을 통해, 빙결과 함께 싸우기, 그런 것이죠. 이것이 야곱이 씨름했던 천사인가요?―아니면 그 천사는 따뜻한 천사였나요? 나의 천사는 변온층입니다. 나는 나의 변온층과 씨름했습니다."

"만일 내가 돌아간다면, 나의 명상 스승이 촉구했듯이, 그것은 닫는 것이에요. 나는 그녀에게 돌아갈 만한 곳이 없다고 말해요. 그녀는 '그러면 전처럼 당신 스스로 위안을 얻어 보세요'라고 말해요. 그녀는 당신이 위로를 받은 적이 없는데도 위로를 상상할 수 있을 거라고 상상해요. 그녀는 위로를 당연한 거라고 여겨요."

"그녀더러 지옥에나 가라고 하죠. 충격을 받고 짜증이 나라고요. 친절은 친절하게 느껴지지 않아요. 공허한 냄새가 나요. 그녀는 그녀가 나를 위로해 줄 수 없다는 것, 그녀가 위로해 줄 수 없는 사람이 있다는 것으로 인해 상처받아요. 그녀가 갖고 있다고 생각하는, 갖기를 원하는 인간적인 또는 영적인 힘이 실패해요. 그녀는 많은 사람들에게는 그 힘을 갖고 있지만, 나에게는 아니에요. 나와 관련해서는 그녀는 여전히 영적으로 되고 싶은 사람이에요. 나는 예외적인 인물이 됨으로써 그녀를 괴롭혀요. 그녀는 나에게서 풍기는 고통의 냄새를 견딜 수 없어요. 그 고통은 나 자신인데, 그녀가 알 수 있는 어떤 것이 아닐 거예요. 그녀는 너무 좋은 생각만 하는 사람이에요."

"나는 그녀 인격의 끝에 도달하고 그녀는 나의 인격의 끝에 도달한 다음, 거기에서 무너지고, 흐느껴 울어요."

"너무해요!"

***

그레이스: "작은 아기 꿈을 꾸었어요. 아주 작은 아기에요. 내가 안고 있죠. 내 아기에요. 그 아기는 나를 더 안전하고, 관계 맺고 있고, 편안하고, 충일하고, 완전하게 만들어요. 나는 모든 것이 혼돈으로 구성되었고, 아기도 그 혼돈에서 왔다고 생각해요. 내가 다룰 수 있는 것은 아주 작은 거예요. 하지만 나는 이 꿈속에서의 순간에 그것을 가지고 있어요. 전에는 그런 순간을 갖지 못했어요."

"아기는 변온층에서 살아남아요."

"나는 탄생은 죽음보다 더 위대하다고 말해요."

***

Z박사: "내 동료 한 명은 그녀가 낯선 사람과 최고로 멋진 섹스를 하는 꿈을 꾸었다고 나에게 말했어요. 그 이야기는 끝날 줄을 몰랐죠. 이 멋진 주말이 끝난 후, 그녀는 일상생활로 돌아가고 싶었지만, 그녀의 파트너가 그녀를 보내주지 않고 묶어놓았어요. 놀라운 성적 자유에서 속박으로 이동한 겁니다."

"그녀는 재치를 발휘해서 그가 보지 않을 때 도망갈 길을 발견했어요. 간결하게 말하면, 이런 말이죠: 모든 것이 완벽하고 그 이상일 때조차도, 뭔가 잘못된 것이 일어난다. 충격적인 은혜로부터 붙잡힘, 구속이 발생해요. 에덴동산 이야기는 반복되죠. 우리가 여전히 그 이야기를 해석하는 데는 이유가 있어요. 삶은 보통 이 꿈처럼 명백하지 않아요. 더 혼잡하고 난해하죠. 꿈속에서조차도 내 친구는 충분히 에덴동산을 맛보았고, 평범한 삶으로 돌아가기를 원했어요."

"내 친구가 자신의 꿈을 말했던 날 아침에, 나는 교회에서 의심과 자유에 관한 설교를 듣는 꿈을 꿨어요. 불확실한 분위기가 느껴졌고, 마치 가도 가도 목적지에 도달하지 못하는 꿈의 느낌처럼 뭔가가 모호하고, 해결되지 않은 상태였어요. 교회의 분위기는 마치 이야기에 의해 자극되어서 어디에도 안착하지 못하는 동요하는 생각들로 채워져 있었어요. 그래도 나는 어느 정도 괜찮은 느낌으로 그곳을 떠났어요. 나의 뇌는 작은 신호음을 내고, 익살스럽고, 궁금한 상태가 되었고, '그건 너무 교리적이지 않았어'라고 생각했어요. 바깥에는 시냇물이 있었습니다. 플로렌스나 베니스가 생각나더군요."

"침 한 덩어리가 내 목과 머리카락 뒤로 떨어졌어요. 처음 든 생각은 누군가가 종탑에서 내게 침을 뱉었다는 거였어요. 위를 올려다봤을 때, 탑이 너무 높다는 걸 알아차렸지만, 나는 누군가가 고의로 겨냥하고 침을 뱉었다는 생각을 떨쳐버릴 수 없었어요. 알 파치노가 연기한 샤일록이 「베니스의 상인」에서 침을 뱉은 것처럼 말이에요. 영화에서, 그것은 얼굴로 직접 향하는 침뱉음이었고, 유대인의 위치를 확인해주는 것이었어요. "얼마나 부당하고, 얼마나 생생한 것인가"라고 나는 생각했습니다. 내 마음은 공정함과 부당함 사이에 있는 삶의 엄청난 긴장감에 의해 사로잡혔죠. 꿈에서 그것은 내 뒤쪽에 떨어졌는데, 그것은 적어도 약간의 신중함과 두려움을 보여주고 있어요."

"거기에는 질병에 대한 두려움이 있었어요. 어떻게 그것을 깨끗이 씻어낼까? 그것은 어떤 종류의 세균을 갖고 있을까? 꿈에서 나는 결핵을 두려워했던 것 같아요. 지금 나는 그 질병이 파괴, 증오, 수치심이라고 생각해요."

"나에게 침을 뱉은 그 사람은 유대인의 질병, 교회 안의 유대인, 유대인 희생양으로부터 자신을 보호하고 있다고 상상했을까요? 나로 하여금 내 분수를 알게 하려고 그렇게 했을까요? 그가 깨끗해지고, 높아지고, 우월해지기 위해 자신의 나쁜 것들을 내 안에 넣었을까요?"

"하지만 내 꿈이고, 나에요. 침 뱉은 사람, 침, 침 뱉음을 당한 사람, 모두가요. 침(spit)과 악의(spite)는 수치심을 나타내죠. 내가 교회에 있을 수 없도록 무가치한 존재인가요? 나의 비밀 때문에, 아무도 보지 못하는 내 마음의 일부가 모든 것에 대해 침을 뱉는 종족보다 우월하다고 느끼는 것 때문에, 내가 무가치한가요? 나의 성인 자기를 향해 침을 뱉는 아기처럼 말이에요. 인간 존재인 척하는 나에게 뱉는 침 말이에요."

"모든 것 위와 모든 것 아래가 있어요. 당신이 그 중 하나일 때, 다른 하나를 잊어버리죠. 교회에서 나는 나를 돌아보았고, 감동을 받았습니다. 침 뱉음을 당한다는 생각은 하지 않았습니다. 나는 내가 유대인이라고 생각하지 않았습니다. 내 동료가 성적 천국에 있었을 때, 그녀는 속박에 대해 생각하지 않았습니다."

"혹시 그녀가 그랬을까요? 나는 묶이고, 처박히고, 다시 움직이는 것을 잊은 환자들을 만나죠. 자유의 맛을 볼 때, 그들은 사슬이 다시 돌아오는 것에 대해 놀랍니다. 그 둘 사이의 동요는 빠른 것일 수도, 느린 것일 수도 있습니다. 삶이 고요히 머무를 때,

당신은 지구가 무너져내릴까봐 두려워합니다. 설령 무너져 내린다고 해도 그것이 다시 형성될 것임을 잊어버립니다. 이것을 어떻게 설명해야할지 모르지만, 무언가가 일어나는 곳에서 산다는 것은 신명나는 안도감을 느끼게 합니다. 나는 이제 조용히 있으려고 합니다. 무너져 내린다는 생각을 망치고 싶지 않습니다."

* * *

그레이스: "약물이 부작용을 일으킨다는 것이 염려되어요. 항정신병약은 심장마비를 야기할 수 있어요. 항우울제는 뇌 손상을 야기할 수 있어요. 하지만 다른 연구들은 항우울제가 뇌 세포의 성장에 좋은 효과를 끼친다고 합니다."

"손상은 회복의 시도를 촉발시켜요. 뇌 세포 조직은 뇌졸중이나 간질 후에 손상된 부분의 복구를 시도합니다. 어쩌면 약물 복용 후에 발생한 손상을 복구하려는 것이겠죠. 그러나 만약 약물이 결코 멈추지 않는다면요? 치유와 손상의 차이에 대해 장담할 수 없습니다."

"내가 병원에 있었을 때, 나는 내 뇌가 해체되는 것이 두려웠어요. 그것이 약물 때문이었을까요, 아니면 질병 때문이었을까요? 질병 때문이었다고, 나는 생각해요. 해체에 대한 두려움이 나의 붕괴의 일부였어요. 나는 해체되고 있었어요. 때로 그 해체는 내 머리와 뇌에 집중되었어요. 그것은 몸 전체로 퍼졌죠. 해체되고 있던 것은 나 자신이었어요. 나는 의사에게 '당신이 내 뇌가 실제로는 해체되고 있지 않다고 말할 수 있을 때에만, 내가 이것을 견뎌낼 수 있어요'라고 말했어요."

"어느 한 순간, 의사들이 전기충격 요법을 시도했고, 나는 정신을 잃었어요. 정신을 차렸을 때, 나는 해체되어 있었죠. 나는 문자 그대로 조각난 세상을, 어색한 꼴라쥬를, 잘 맞지 않는 타일로서의 나(I)를 보았어요. 그들은 두세 번 시도한 끝에 멈췄죠. 다행이도, 그들은 전기충격이 나를 더 악화시켰다는 것을 깨달았어요."

"내가 해체되는 것이 나의 뇌가 아니라 나 자신이라는 것을 알고 있는 한 내가 겪어야만 했던 일들을 전부 다 말해줄 수 있어요. 해체되는 것이 나라면, 나는 계속해서 말할 수 있어요."

"어쩌면 그것이 내가 나쁜 일들로부터 살아남은 감정의 일부일 거예요. 나쁜 일이 내게 일어나는 것은 괜찮아요. 받아들일 수 있어요. 그러나 그건 환상이죠. 그것을 받아들일 수 있는지조차도 잘 모르겠어요. 나는 잘 살아남지 못해요. 나는 많은 것을 필요로 하지 않는 것에 익숙해요. 내가 필요로 하는 모든 것은 작은 부분, 내 손상된 삶의 작은 일부예요."

"약물이 나를 다시 조합하는 것을 도와주었어요. 해체가 줄었죠. 어쩌면 기회를 놓쳤을 수도 있어요. 나는 내가 다시 돌아온 걸 좋아하는지 잘 모르겠어요. 만약 내가 끝까지 해체될 수 있었더라면, 더 좋은 모습으로 돌아왔을 것인데, 나는 여전히 가시이고, 조각난 나예요. 배경에는 해체가 있고, 붕괴의 위협이 있어요. 다시 온전해지는 더 나은 방법이 있을 거예요. 나는 마치 제대로 치료되지 않은 부러진 뼈를 다시 부러뜨리는 것처럼, 그것을 다시 할 수 있을까요? 부서진 나 자신을요?"

"나는 더 잘할 수 있을 거라는 생각으로 약을 끊었어요. 모두들 말렸는데도요. 나의 한 친구는 내가 약 없이는 큰일 날거라고 하더라고요. 나는 조금씩 약을 끊기 시작했는데, 위대한 발견을 했어요. 약을 먹든 안 먹든, 어쨌든 나는 나더라고요. 거기에 있는 것은 나 자신이었어요."

"내가 나 자신을 영원히 손상시켰을까요? 손상이 회복을 자극할까요? 영원한 손상, 영원한 회복일까요? 나는 약물 없이 철저히 해체되기를 바랐어요. 그러나 일단 다시 모아지자, 붕괴되는 것이 그다지 쉽지 않았어요. 꽉 조이게 하는 뭔가가 있었죠. 조이게 한 사람이 나일까요? 아니면 내 안에 있는 조이게 하는 어떤 것이 그렇게 했을까요? 우리들 중 누구도 오랫동안 떠나있지 않았어요."

"종종 다시는 찾아오지 않을 기회를 놓친다는 생각이 들어요. 나는 내 삶의 일부에요. 만약 내가 거기에 있다면, 뭔가가 남죠. 나는 무슨 일이 있어도 버틸 계획이에요."

"나는 약물 없이 더 잘 지내요. 내 친구들 중에는 약물 없이는 가라앉아서 일을 할 수 없게 되는 친구들도 있어요. 그들에게 그건 너무 벅찬 거예요. 약물이 그들을 다시 데려오죠. 어쨌든, 나는 깊이 내려가는 기술을 발달시켰어요. 나는 공포 안에 있는 비밀스런 상승, 집으로서의 공포, 집에서 멀리 떨어진 집을 발견했어요."

"약물은 나를 너무 일찍 돌아오게 했어요. 그래서 조산아(preemie)의 정신을 갖게 되었죠. 그것은 뻣뻣하고 아파요. 벽들이 움직이고 부스러기가 움직여요. 뭔가 소중한 것이 거기에 있어요. 나는 소중한 어떤 것에 대한 느낌을 선택해요."

***

Z박사: 코레타 스캇 킹(Coretta Scott King)의 장례식에서 로워리(Lowery) 목사님의 추도사를 듣고 감동의 눈물을 흘렸습니다. 그는 있는 그대로 말했어요. 하나의 충일한 인간의 현존을 보는 사건이었죠. 현 정부의 전쟁이나 경제 정책을 지지하지 않는다는 말보다 킹의 가족을 축하하기에 더 좋은 방법은 없었죠. 가난한 자에게서 빼앗아서 부자들에게 주는 것은 킹의 가족들이 생각하는 것이 아니었으니까요. 논란의 여지를 갖고 선출된 대통령과

배경에 있는 그의 아내는 우월하고 강한 표정으로 엉뚱한 곳을 바라보고 있었어요. 그들이 행사하는 권력이 없다면, 그들은 작은 존재이죠. 로워리의 완전함에 비하면 수축된 것이죠. 그는 선함이 노래하게 했으니까요."

"아버지 부시(부시 1세)는 로워리의 '시적' 언어에 대해 농담을 함으로써 그의 힘으로부터 거리를 두려고 했습니다. 깊은 감정은 정신으로 하여금 시로 향하도록 압력을 가합니다. 단순한 경제적 힘과 고유한 개인의 힘 사이의 차이가 참으로 큽니다. 하나는 보다 완전한 인간성에게서 오는 힘이고, 다른 하나는 그것을 억압하는 것에서 오는 힘입니다. 당신은 그것을 음정에서 듣고, 몸짓에서 느낄 수 있습니다. 하나는 존재의 중심에서 종을 울리고, 다른 하나는 당신을 조이고 움츠리게 합니다. 하나는 당신을 '예'라고 소리지르게 하고, 다른 하나는 '아니요'라고 비명 지르게 합니다."

"나는 오늘 타임즈(Times)를 거의 갈가리 찢고 말았습니다. 헤드라인들이 뭐였죠? 어떻게 민주당이 스스로를 패배시켰는가! 공화당이 하는 끔찍스런 일 때문도 아니고, 고위 공직자의 범죄도 아니다! 이 헤드라인들은 민주당은 약하고, 공화당은 강해보이게 만들었습니다. 주의를 분산시켜서 관심을 차단하는 역겨운 미디어의 전시물이죠."

"생략된 헤드라인들, 실제 헤드라인들은 어땠을까요? 정부가 불법적 스파이 행위에 대해 조사하다. 부정부패 혐의로 공화당원들을 조사하다. 거짓된 구실을 내세워 정부가 전쟁을 시작하다. 매우 감동적인 킹의 장례식—연설자들이 정부 정책들을 비판하다. 타임즈가 뭘 하고 있는 걸까요? 정부의 잘못된 행동에 초점을 맞추는 대신, 민주당의 약함에 관해 글을 씁니다. 전자는 우리나라가 출혈하게 만들고, 사람들을 죽입니다. 미디어의 외침은 어디에 있나요? 진실과 상식의 수호자, 파수꾼은 어디에 있나요? 모두 어디에 숨어있나요? 정상에 있는 돈더미 속인가요?"

"이 나라가 도대체 어떻게 된 것인가! 타임즈는 정말 민주당의 전략들이 우리를 오염시키는 죄라고 생각하는 걸까요? 그러고도 타임즈가 우리나라에서 제일가는 신문들 중의 하나라니요! 미디어에 무슨 일이 일어났나요! 로워리는 있는 그대로 말하기를 두려워하지 않았습니다. 그러나 너무 범위가 넓어지는 바람에 그 말의 충격이 줄었네요. 끔찍한 어떤 일이 이 나라에서 일어나고 있는데, 그것에 대해 비명을 지르는 사람들은 비난을 받고 있습니다."

"만일 이사야가 오늘날 이곳에 온다면, 그는 비웃음을 당하겠죠. 권력 있는 자들은, '다른 사람에 대해 말하는 거군요. 우리는 선한 사람들이니까요.' 라고 말할 겁니다. 거짓말하는 것을 문제로 삼는 것은 이미 약함의 신호이다. 정의를 원하는 것은 시대에 뒤떨어진 것이다. 권력이 정의를 규정한다. 그들은 그렇게 말할 겁니다. 그러나 우리에게는 더 좋은 순간들, 돌파구들이 있습니다. 마틴 루터 킹(Martin Luther King Jr)이 바로 그러한 돌파구였습니다. 그가 누구였고, 어떤 의미였는지, 코레타 스캇 킹이 누구였는지는 사실에 재갈을 물리는 권력과 미디어가 거짓임을 입증해줍니다."

"이라크, 카트리나 지역—이것은 단지 무능력의 문제만이 아닙니다. 무능력 또한 체계적인 무차별 폭력에 대한 너무 완곡한 표현입니다. 무능력은 정치적 예술의 형태로서의 파괴에 대한 표현으로는 적합하지 않습니다. 투표를 위한 토대를 복구하는 일은 쉽지 않을 겁니다. 언제 다시 대통령이 합법적으로 선출될지 나는 알지 못합니다. 부자들을 위한 세금 삭감 정책은 다른 모든 것에 압력을 가합니다. 경제적 약탈입니다. 상위층은 배불리 먹고, 나머지 사람들은 약탈을 당합니다. 조만간 상위층은 아래를 내려다볼 것이지만, 거기에는 길고 긴 추락만이 있을 것입니다."

"그들은 그들의 솜씨가 자랑스러울까요? 완전한 인간의 목소리를 우스운 것으로 만드는 그들의 위대한 능력이 말입니다. 조만간 그것은 부메랑처럼 되돌아올 것입니다. 조만간 사람들은 진정한 마음의 소리를 듣고 싶어 하고 조롱하는 말에 역겨워질 겁니다. 물질적 권력의 목소리는 가슴을 조롱하고, 이익과 지위를 위해 흉내 낼뿐 진정한 양분을 공급해주지 않습니다. 조만간 가슴은 굶어 죽어가고 있다는 사실을 깨달을 것입니다."

***

Z박사: "내 완전한 인간적인 목소리는요? 나는 그것과는 멀리 있나요? 그것을 흉내 내나요? 두려워하나요? 내면에 더 완전한 목소리가 있나요? 어떤 사람들은 그것을 살아요. 모든 사람들이 그것을 듣나요? 나는 그렇다고 생각하곤 했는데, 지금은 잘 모르겠어요."

"평등은 약한 사람들을 위한 거예요. 승리하는 게 전부죠. 이게 우리가 듣는 목소리인가요? 어떤 사람들은 욕심 때문이 아니라 무력함 때문에 그것을 듣죠. 우리는 우리가 더 잘할 수 있다고 생각하지도 않고, 어떻게 시도하는지도 모릅니다. 사람들은 유아기, 즉 그들이 행한 것과는 아무런 상관이 없는 순간들로 거슬러 올라가는 상실감 앞에서 포기합니다. 아기가 느꼈던 고통은 사라지지 않았어요. 아무도 오지 않았습니다. 설령 누군가 왔다고 해도 도움이 되지 않았겠죠. 우리 존재의 배경에는 우리가 어떻게 해야 할지 모르는, 영원히 멈추지 않는 고통이 있습니다."

"지도자들은 그들이 해결할 수 없는 일들에 대한 해결책을 약속합니다. 바라기는, 그들이 삶을 조금이나마 좋게 하는 데 도움이 되었으면 해요. 그러나 그들은 종종 상황을 더 악화시킵니다. 유아기에 죽음으로 내몰렸던, 그래서 다시는 무기력하게 되기를 거부하는, 강자인 척하는 사람들이 승리하게 내버려둘 수는 없어요. 그들은 다른 사람들을 구덩이 속에 몰아넣고 그들 위에 군림하려는 자들입니다."

"개인이 자신의 고통을 지고 완전히 홀로 있는 순간들, 고통이 무(nothingness)로 변하는 순간들이 있습니다. 평생 멍하게 느껴지는 어떤 것이 고통을 대체하려고 시도합니다."

"물론 마틴 루터 킹의 모델이—물론 완벽하지는 않지만—깡패의 모델보다는 더 좋은 모델입니다. 적어도 킹은 많은 사람들을 해치지 않았습니다. 그는 수천 또는 수백만의 사람들을 죽이지 않았습니다. 그는 국가의 정신에 독을 집어넣지 않았습니다. 그는 무기력함을 인정하면서, 그것의 구멍을 헤쳐 나갔습니다. 깊은 데서 나오는 힘이 그를 떠받쳐주었고, 그래서 더 깊은 자기가 세상에 출현했습니다. 나는 그 힘에 대해서 아주 잘 알지 못하지만, 그것을 느끼고, 인식하고, 지지합니다. 만약 한 사람이 작은 뭔가를 할 수 있다면, 그가 할 수 없는 일에 대해 그를 비난하는 것은 옳지 않은 일입니다."

"나는, 사람들이 삶에 대한 느낌에 차이를 만들어내는 작은 어떤 것을, 사람들이 그들의 삶에 접촉하는 공간을 창조하기 위해, 나의 환자들, 나의 독자들, 나의 동료들과 함께 그러한 힘을 중재하고 싶습니다. 한 순간에 나는 무기력하게 느끼지만, 다음 순간에는 숨 쉬고 움직일 수 있는 공간을 발견합니다. 나는 유아기와 성인기, 또는 가족과 국가 간에 사람들이 생각하는 것보다 그다지 차이가 없다는 것을 점점 더 명료하게 보고 있습니다."

"너무 빈번이 세상은 멈추고, 다시 출발합니다. 너무 자주 사람들은 정지와 출발 사이에서 숨을 멈춥니다. 다른 사람들을 못살게 굴려고 기다리는 사람은 할 수 없는 것입니다."

* * *

그레이스: "내 몸은 전쟁터에요. 강렬한 전투가 진행되죠. 내 피부에 발진을 발생시키면서, 미사일이 나의 장기들을 가로질러 날아가요. 내 핏속에 있는 구더기들은 정맥을 따라 파먹을 기회를 노려요. 내 몸은 종양들로 가득 찼어요. 나는 오늘 얼굴 주름 제거 수술을 세 번 받았는데, 이미 처져 있어요. 나는 지방흡입수술을 할 거예요. 아니면 다른 종류의 흡입을 원할 수도 있죠. 나의 정신을 흡입해낸 다음 그것을 더 좋게 만들든지, 아니면 사라지게 하려고요."

"모든 것이 빛을 발해요. 빛, 빛, 빛을요. 그러나 그것이 구더기를 사라지게 하지는 않아요."

"오늘 나는 끝까지 가보겠다고 결심하면서 깨어났어요. 아무것도 나를 멈추게 할 수 없어요. 공격이 발생했고, 나는 소용돌이치며 그 안으로 떨어졌어요. 오늘은 내가 끝까지 가기로 한 날이에요. 나는 끝장을 보지 않고는 고통을 끝내지 않을 거예요. 이번에는 무슨 일이 일어나는지 지켜볼 거예요. 무언가가 일어날 때까지 영원히 남아있을 거예요. 만약 아무 일도 일어나지 않는다면, 나는 멈추지 않을 거예요. 나는 찾아내야만 해요. 그게 무엇으로 만들어졌고 내가 무엇으로 만들어졌는지 알아내야 해요. 이것이 바로 그거예요."

"아무리 열심히 시도했어도, 그것은 줄어들기 시작했고, 나는 그것 위로 올라갔어요. 그것을 바라보면서 그리고 어떻게 그 일이 일어났는지 궁금해 하면서요. 위에 있는 것은 친숙했어요. 내가 당연시 했던 것이죠. 나는 아마도 그 일이 거의 항상 일어나고 있다는 것을 인식하지 못하는 것 같아요. 그러나 이번에는 뭔가 다르다는 것을, 즉 대조되는 것을, 다시 말해서, 그 안에 그리고 그 위에 존재하는 것을 느꼈어요. 그것은 두 가지 방식의 나이고, 이중의 나예요. 이중의(double) 나로서의 단일한 나, 단일한 나 안에 있는 이중의 나 말이에요. 셋이 하나, 하나가 셋이라는 삼위일체 개념이 여기에서 온 걸까요? 나는 나를 인식하고 있는 나를 인식하고 있는 건가요?"

"나는 몹시 피곤해졌고, 평생 피곤했던 것처럼 느꼈으며, 심리적 빈혈, 영혼의 산소의 결핍, 충분하지 않거나 너무 많은 O를 느꼈어요. 나의 한 부분은 잠들었고, 다른 부분은 깨어있죠. 나는 활발한 동시에 지쳐있어요."

"당신은 그 안으로 뛰어들지만, 끝없이 떨어져요. 거기에는 공기가 없고, 당신은 죽어가고 겁에 질려 있다는 것을 얼핏 바라보죠. 그것은 마치 수정 구슬에서 전쟁을 보는 것과도 같아요. 당신은 내가 행복할 거라고 생각하겠지만, 나는 창피해요. 나는 거의 항상 굴욕을 느껴요. 나는 나가 될 준비가 되지 않았어요. 나는 나 자신을 위해 계획한 일들, 완전한 탄생, 끝까지 가기, 버티기를 해낼 준비가 되지 않았어요. 나는 나 자신에 대해 잠이 들고 그것이 끝이에요. 그것이 오늘 다시 일어날 기회는 없어요. 어쩌면 내일은 …"

*　*　*

Z박사: "굴욕감, 무능. 사람들은 그것을 먹여주죠. 나는 운이 좋은 사람 중의 하나이겠지만, 그 사실이 굴욕감과 결합된 나의 격노를 멈추게 하지는 않습니다. 가장 커다란 구경거리는 굴욕을

당하는 것입니다. 나 자신의 구경거리는 굴욕스러움입니다. 나는 나 자신에게 굴욕입니다. 권력의 오만함, 화나게 하는 자기-중요성 앞에서 말입니다. 굴욕 당하고 굴욕을 주는 세상 안에서 말입니다."

"아무도 영혼의 상처가 어떻게 시작되었는지 알지 못합니다. 왜 사람들은 그 상처를 보여주는 사람들을 비웃죠? 왜 그런 상처 입은 자들을 도우려는 사람들을 조롱하나요? 왜 정치에서 자유롭다는 단어가 나쁜 단어가 되었나요? 다른 사람들을 돕는 것이 두려운가요? 아마도 사람들은 마음 속 깊은 곳에서 사회적 문제들을 해결하는 것이 가장 중대한 영혼의 상처를 해결해주지는 않는다는 사실을 알고 있을 겁니다. 영혼의 상처는 더 깊은 것입니다. 그것에서 흘러나온 사회적 문제들은 우리의 주의를 딴 데로 돌립니다. 우리는 상처의 원천을 아는 척하지만, 말로 표현할 수 없는 삶의 상처는 우리를 두렵게 합니다. 그리고 어린 아이 또는 어떤 종류의 아이처럼, 우리는 우리를 두렵게 하는 것을 조롱합니다."

"우리가 행하는 가장 두려운 것들 중의 하나는 이것이 그것이라고 지적하고 말하는 것이 상처를 야기한다는 것입니다. 내가 상처를 야기했어요. 당신이 상처를 야기했어요. 우리는 그것이 어디에서 오는지를 압니다. 그러면 우리는 팔을 걷어붙이고 문제를 공격할 수 있습니다. 우리는 그것에 대해 뭔가를 합니다."

"우리는 상처가 계속되는 것에 대해 놀라는 걸까요? 상처는 우리에게 상처를 주고 우리는 그것을 고칠 다른 이유를 발견합니다. 고치는 것은 삶을 더 낫게 할 수 있죠. 우리는 그것을 시도할 의무가 있습니다. 그러나 상처는 그것을 고치려는 우리의 시도들을 피합니다. 그것이 바로 우리가 가장 두려워하는 것, 즉 뒤에서 우리를 사로잡는 것, 출몰하는 유령입니다. 상처는 우리를 따라다닙니다."

"우리는 개가 물을 털어내는 것처럼 우리 자신을 털어낼 수 없습니다. 누군가가 우리가 털어낸 모든 물방울에 대한 대가를 치릅니다. 우리가 바나나 껍질에 미끄러지지 않는다는 것을 믿기 위해서, 우리는 마음이 우리가 가진 일종의 바나나 껍질이라는 것을 알아야 합니다."

"만약 우스꽝스런 일이 아니라면, 나는 사냥 파트너의 얼굴을 향해 총을 쏘는 체니(Cheney)를 비웃어야 할 것입니다. 여기에 우리가 작업하는 방식을 얼핏 보여주는 한 조각이 있습니다. 상처는 어떤 방식으로든 사라질 것입니다. 국가와 실제 국민들이 연관되어 있지 않다면, 이것은 거의 코믹 수준입니다. 우리의 정신은 우리의 코를 닦는 방법을 발견합니다. 또는 다른 사람들의 코를요. 날지 못하는 새를 죽이기, 그것에 대해 농담하기, 마치 죽음은 웃음을 견딜 수 없어하는 것과도 같습니다."

"우리는 숲속을 달리는 아이들처럼 세계의 거대한 상처 안으로 떨어집니다. 우리는 그것이 어디서에서 왔는지, 어떻게 고치는지 알지 못합니다. 사람들은 그것이 거기 있어서는 안 된다고, 그것은 실수라고 생각합니다. 사람들은 그것이 아름다움으로 덮여 있기 때문에 그것이 사라질 거라고 생각합니다. 나 자신에 대해 말하자면, 나는 내가 영원히 나 자신에 대한 덜 자란 판일 것임을 깨닫지 못한 채, 원인 없는 상처로 인해 영구적으로 굴욕당한 상태로 남을 것입니다. 정확한 실수를 만들어내는 그 상처 말입니다."

***

그레이스: "많은 사람들은 음악이 신의 존재에 대한 증거요, 신께로 가는 직통 연결선이며, 영혼의 기름이라고 말해 왔습니다. 신은 위협, 사랑, 한 순간에는 음악, 다음 순간에는 재앙 등, 많은

것들과 연결되어 있는 것 같습니다. 음악이 우리를 신께로 데려 간다면, 예술은 무엇을 하나요? 음악이 신의 존재에 대한 증거라 면, 예술은 우리의 존재에 대한 증거입니다. 예술은 우리가 무엇을 할 수 있는지를 보여줍니다. 음악은 신에 대한 경외감의 표현이요, 예술은 우리 자신에 대한 경외감의 표현입니다."

"공허(void)는 내 인격의 핵심(core)에 있고, 어쩌면 그것 자체가 핵심일 겁니다. 모든 활동, 흐름, 사업 아래 공허가 있습니다. 나는 그것을 히스테리, 사고, 행동으로 덮어 놓았습니다. 나는 평생 그것과 싸워왔습니다. 공허가 나를 두렵게 만들었습니다. 지금은 그것을 조금 덜 두려워합니다. 그것의 매력과, 그것의 즐거움에 굴복하는 것은 안도감을 줍니다. 나는 굴복한다는 것이 패배를 인정하는 것이라고 생각했습니다. 질책하지 않고 그것을 느끼는 것, 무언가를 수용하는 것, 이것이 항상 빠져 있는 것, 잃어버린 나의 일부입니다. 공허가 얼마나 딸랑대는 소리를 내는지 전에는 미처 알지 못했었습니다."

"그것은 단순히 비어있음이 아닙니다. 내가 거기에 없다는 것과 같은 것이에요. 거기에 없다는 것은 안도감이고 기쁨일 수 있습니다. 불안은 또 하나의 핵심입니다. 영혼의 알파벳, 정신의 알파벳, 핵심의 알파벳이 있습니다. 공허는 하나의 핵심이고, 불안은 또 다른 핵심입니다. 불안이 공허를 채우는 것이 아닙니다. 그것은 시도할 수는 있지만, 성공하지 못합니다. 공허는 그것 아래에서, 그것 위에서 계속됩니다. 불안은 그 자체의 공허요, 그 자체의 세계이며, 압도할 준비를 갖춘 채 거의 항상 거기에 있는 배경입니다. 공허는 불안을 삼키고, 그것을 누그러뜨리려 하고, 닫아버립니다. 때로는 공허와 불안이 각기 일인자가 되려고 싸우기도 합니다. 같은 공간을 차지하려고 싸우는 동시에, 각각 자체의 공간을 창조합니다. 그것들은 서로 적대자이면서도 서로를 방해하지 않고, 각자의 길을 갑니다."
 "나는 그것들 각각의 원인을 나의 부모님에게서, 그들의 불안과 그들의 공허에서 찾곤 했습니다. 그것은 나를 불안이 범람한 상태로, 공허한 상태로 남겨두었죠. 나는 싸우고, 굴복하고, 상실하고, 분노하곤 했지요. 불안이 두려웠어요. 당밀에서 빠져 나가려고 용을 쓰는 벌레처럼, 마치 그것이 거기에 있으면 안 되기라도 하듯이, 나는 그것과 싸우고 격퇴하려고 했어요. 불안에 마음을 연다는 것. 그게 가능할까요? 싸우는 대신 마음을 여는 것, 싸우면서 마음을 여는 것 말이에요. 그것은 부모님보다 그리고 나보다 더 큰 것이에요. 공허와 불안, 그것은 우리 정신의 알파벳이에요."
 "내 마음은 냉해를 입고 얼어버렸어요. 학창시절에는 더 편했지요. 읽어야 하는 것을 읽었고 필요한 것을 찾았죠. 나의 마음은 결혼에 의해 나가 떨어졌어요. 성적 광기가 뒤따랐죠. 관계는 인간으로서의 나를 깨뜨렸죠. 나는 무슨 좋은 일이 일어나고 있다고 생각했는데, 그때 얼어붙는 일이 발생했어요. 그것은 거절이나 실패보다 더한 것이었어요. 뭔가가 나를 깨뜨렸어요. 세상의 좋은 것들이 깨진 것이 되었고, 나는 나의 깨진 내면을 흩어지지 않게 하려고 시도했어요. 세상이 깨어진 내면처럼 보였어요. 어디로 움직이든지, 어디를 보든지, 나는 깨어진 내면세계에서 살고 있었어요."
 "나의 독서 방식이 달라진 순간을 기억해요. 나는 저자의 존재를 가까이, 내 안에서 느꼈어요. 그의 내면이 나의 내면에 있어요. 처음에 그런 일이 일어났을 때는 겁이 나서 책을 내려놨어요. 그러나 나는 어떤 중요한 일이 일어났다는 것을, 치유가 일어났다는 것을 알았어요. 책들이 사람들의 내면으로 채워져 있고, 그들의 내면이 나를 먹여준다는 것을 깨달았던 순간들은 멋진 것이었어요. 보이지 않는 현존을 필요로 하는 것, 거기에 있지 않은 누군가를, 오래전에 죽었을 수 있는 누군가를 원하는 것, 그의 말이 내게 접촉하는 것은 일종의 기적이죠."

"인격의 단층선들(faultlines)이 열리고 보이지 않는 현존이 그 안으로 쏟아질까봐 두렵습니다. 나의 인격은 단층선들을 가질 만큼 충분히 결합되어 있지 않아요."

"글쓰기 안에 음악이 있어요. 음악은 단순히 말에만 있는 게 아니에요. 그것은 다른 사람 안에 가득 차 있는 것에서 오죠. 다른 사람의 공허로부터 와요. 그것을 느낄 때, 내 공허는 평화롭죠."

"나는 부모님에게서 벗어나 내가 가야할 비밀스런 장소에 접촉하고 있어요. 그곳은 당시에 안전한 장소였지만, 항상 그렇지는 않죠. 마치 무너진 댐이 오래되고 마른 강 바닥 위로 범람하듯이, 공황이 범람하곤 했어요. 핵심들이 용해되었어요. 지금 이 비밀의 장소가 나의 가장 깊은 진실처럼 느껴져요."

"외부의 껍질과 내부의 껍질이 있어요. 내 인격은 하나의 외부 껍질이죠."

"그것은 이런 관심, 저런 희망을 떠돌고 있고, 그 안에는 평화가 없어요. 평화는 공허 안에 있어요. 공허는 커다란 진실이고, 히스테리적인 나는 작은 진실이죠. 동요하는 진실들은 많은 진실들을 탄생시켜요."

***

Z박사: "자살 폭파범들이 자폭할 때, 그것은 그들의 영혼을 순결하게 만들죠. 영혼이 순수하고, 깨끗하고, 의로워집니다. 먼지와 오물이 제거되고, 더럽혀진 것에서 벗어납니다. 어쩌면 그것이 그들이 말하는 다른 세상에서 많은 처녀들을 얻는다고 하는 것, 순결해 진다고 느끼는 것일 수 있습니다."

"모든 살인이 그런가요? 죽이는 것을 사업으로 만드는 것도요?

당신이 돈을 잃거나 딴다면, 당신은 '내가 깨끗해졌어, 그가 깨끗해 졌어'라고 말합니다. 당신은 잃음으로써 당신 자신을 세탁합니다."

"돈과 관련된 연상들을 살펴보면 오물, 부정한 이익, 더럽거나 깨끗한 거래 등이 있음을 알 수 있습니다. 돈은 곧 똥이죠. 프로이트는 돈을 리비도, 항문성, 성적 능력과 성도착, 풍부한 쾌락, 비하, 더러움과 연관시켰습니다. 더러운 부자가 생겨난 거죠."

"정부는 정치적 친구들을 더러운 부자로 만들기 위해 자신의 나라를 깨끗이 청소합니다. 더러운 영혼과 깨끗한 영혼은 그것들 사이의 구분을 상실합니다."

"정부는 쓰레기를 다른 나라에 버립니다. 쓰레기는 항문화의 과정을 나타냅니다. 망치고, 더럽히고, 못쓰게 합니다. 죽거나 불구가 된 병사들은 배설물입니다. 그들은 깨끗하게 하는 걸까요? 아니면 더럽히는 걸까요? 민간인 '사상자들'(casualties)이라는 말은 참으로 무섭고 강력한 말입니다. 그 말은 '죽음에 대해 무심하다(casual)는 것'을 나타내는 말이기 때문입니다."

"애착은 죽입니다(kill). 어떤 대의(大義) 또는 국가에 충분히 애착을 형성한 사람은 죽음의 길 또는 군복무에 자신을 내어줄 수 있습니다. 복무(service)라는 단어는 죽이는 단어입니다. 평화, 영광, 위엄, 또는 요즘 유명한 용어인 자기-이익(self-interest)을 위해 전쟁터에 갑니다. 자기-이익을 얻기 위해서, 자신을 속이려고, 속이고 속기 위해서 말입니다."

"애국심은 나를 전율시키곤 했습니다. 구기 경기를 할 때 국기에 경례하고, 손을 가슴에 얹고, 북을 울리고, 애국가를 노래하는 것요. 공중에서 폭탄이 터집니다. 눈물 나는 전율입니다. 지금 그 말은 나를 역겹게 합니다. 그것은 공중에서 투하되는 폭탄의 폭발이 아닙니다."

"애착된 종들(attached servants)은 다른 누군가의 자기-이익이라는 깔때기를 통해 흘러듭니다."

"그것은 아기의 요람에서 시작되는, 자기-이익과 애착이 융합을 형성하는 게임입니다. 자기-이익은 애착을 통해서, 애착 안에서, 애착의 일부로서 작용합니다. 생존에 대한 유아의 관심, 그것은 맹목적이고, 추진력을 갖고 있습니다. 유아가 살아남기를 바라는 부모의 욕구로 인해, 부모는 아기의 건강한 성장에 몰두합니다. 부모는 젖을 주듯 아기에게 자신의 인격을 부어줍니다."

"부모의 인격이 독을 포함하고 있는 한, 아기에게 공급되는 정서적 젖도 독이 포함되어 있습니다. 전쟁은 성인의 독이 든 음식이고, 그 음식은 대규모로 공급됩니다."

"우리는 살기 위해 싸우는 아기에 대해 말합니다. 아기 요람 안, 자궁 속, 가정에서의 전쟁을 말입니다. 그 전쟁은 멈추지 않습니다. 그러나 우리는 또한 양분을 공급하는 세력으로도 아기에게 스며듭니다. 우리가 지금 여기에 있다면, 그것은 우리가 한때 자궁 안에서 양분을 공급하는 힘의 중심에 있었다는 것을 뜻합니다. 우리는 양분을 공급받는 것이 어떤 것인지 알고 있고, 외부 세계 안에서 양분을 공급하는 힘을 창조하는 능력을 우리 안에 가지고 있습니다. 신체의 양분을 보충하기 위한 정서적 양분을 말입니다. 서로를 정신적 자궁으로 대하는 것은 탄생에 봉사하는 새로운 상호성을 의미합니다. 그리고 그것은 자유롭고 상호적인 교환 안에서 서로를 위한 자궁이 되는 것이기도 합니다. 상호적인 것을 배제하는 것, 일방성을 유지하는 것, 자기-파괴 과정, 이 세 가지는 하나로 연결되어 있습니다."

"위대한 생명의 자궁은 공유될 필요가 있습니다. 공유에 대한 저항은 엄청납니다. 세상의 자궁을 소유물이라고 주장하는 것은 일종의 창조적 친밀함이지만, 이 주장에서 타자들을 배제하는 것은 탈선한 것이요, 우리가 앓는 광증입니다. 일방적인 자기-주장은 친밀함을 강간으로 변화시킵니다."

"외부의 자궁으로서의 세상. 우리는 그것을 거듭해서 폭발시키는데, 우리가 창조하려고 하는 것을 방사시키고, 탄생을 파괴로 대체시킵니다. 우리의 지도자들은 마치 세상이 자신의 것 인양, 마치 세상이 그들을 위해 존재해야 하는 것처럼, 세상을 대합니다. 그것은 과대주의의 역병이요, 권력자의 과대망상입니다. 그들에게 상호성이란 질병이거나, 아니면 권력, 보상, 폐기물과의 관련에서 다른 사람들을 사료로 변형시키는 전문기술입니다. 생명을 파먹고 사는 집단적 거짓말은 신화와 꿈속의 괴물들을 대체합니다."

"심리치료는요? 그것은 무엇을 할 수 있죠? 아무것도 할 수 없는 것에 대한 보상을 제공하나요? 그것은 자기 자신과 접촉하고, 다르게 맛보고, 자신의 길을 가는 몇몇 타자들과 접촉하게 해주고, 자궁과, 다른 문들을 열어주나요? 한 가지 좋은 점은 심리치료가 제국의 꿈에 기초한 전쟁을 지지하지 않는다는 것입니다. 그것은 그러한 소망을 탐구하는 것을 지지합니다. 그것은 우리를 파괴로 나아가게 하는 상처와 과대주의를 탐구하는 것을 지지합니다."

"자궁 안이나 밖에서 사는 것은 모두 삶의 질에 달려있습니다."

"전쟁이 어디에서 오나요? 자만심이 유일한 답이 아닙니다. 그러나 그것을 배제하지도 않습니다."

* * *

그레이스: "당신은 공허한 사람이 아니에요. 나는 당신의 번득임을 느껴요. 당신이 움츠려 있다는 것을 나는 알아요. 당신의 얼굴은 힘이 다 빠졌고, 야위었고, 수축되었어요. 응축된 수축이죠.

내 얼굴처럼 펴져있지 않아요. 나는 산산조각 나지 않게 하려고 조여요. 더 이상 하고 싶은 일이 아니죠. 나는 산산조각 나도록 내버려 두고 싶어요. 나는 파편화되고 있는 사람이에요. 당신은 수축하고 있는 사람, 응축된 사람이고, 나는 흩어진 사람이에요."

"당신에게 빛이 난다는 것을 알아요. 젊었을 때 당신은 분명히 눈부신 사람이었을 거예요. 당신은 당신의 공허, 또는 무(nothingness)를 가지고 있지만, 그건 당신의 가치도 아니고, 당신이 살고 있는 곳도 아니에요."

"어쩌면 나는 내 공허를 풀어내려고 당신을 찾아왔을 거예요. 당신은 내가 그렇게 되도록, 그리고 그것을 갖도록 할 수 있어요. 당신은 나의 공허를 훔치지 못해요. 당신은 그것을 원하지 않죠. 당신은 당신의 몫을 충분히 갖고 있는 걸요. 당신은 내가 내 것을 갖도록 허용할 수 있어요."

"세상에는 공허한 사람들도 있고 충일한 사람들도 있어요. 서로 다른 영혼들이 함께 일하고 또 그래야만 한다는 것, 그것을 우리가 함께 증명해요. 나는 당신을 당신의 충만함으로 풀어주고, 당신은 나를 나의 공허 안으로 풀어줘요."

"당신은 공허에 대해 아는 척하죠. 당신이 아는 척한다는 건 정확하지 않아요. 당신은 어렴풋이 아니까요. 하지만 그게 당신의 강점은 아니에요. 당신은 나와 함께 느끼기에 충분히 알고 있어요. 나는 낯선 영역이죠. 나는 당신에게 자연스럽게 다가오지 않죠. 공허는 당신이 자신 있어 하는 게 아니에요. 당신은 빠져 있는 것에 대해 잘 모르고 있어요. 당신은 거기에 있는 것에 대해서만 잘 알고 있어요."

"당신은 내가 당신을 알아냈다는 것에 대해 걱정하는군요. 나는 당신의 비밀을 알아요. 나는 그것을 떠벌리고 다닐 거고, 모두들 알게 되겠죠. 당신은 당황할 거고, 수치스러울 거예요. 당신은 공허한 사람이 아니고, 나는 그런 사람이에요!"
 "나는 어렸을 때, 무(無)가 어디서 오는지 궁금했고, 그것에 대해 두려워했어요. 나보다 오래전에 나 없음(no-me)이 있었어요. 무가 우리를 둘러싸고, 모든 것을 포위하고 있었어요. 무는 일차적 사실이요, 중간의 어떤 것이 그 안에서 살고 있어요. 무의 바다 안에 유(有)가 있죠. 모든 것의 대모가 그런 것처럼, 무가 유를 돌보죠."
 "당신은 당신의 빛나는 잔이 넘쳐흐르는 것으로 인해 행복한가요? 나의 공허와 당신의 충만이 행복한 결합을 이루나요? 내면과 내면이 접촉해서 무엇이 태어날까요? 나는 당신이 무를 위한 공간을 만들기 위해 오랫동안 열심히 노력했다는 걸 알아요. 충만함이 그것을 숨기죠. 내가 충만함의 결핍으로 고통을 받는 것처럼, 당신은 공허의 결핍으로 고통을 받는다고 나는 상상할 수 있어요."
 "당신은 공포의 충만함 속에 숨어있습니다. 당신의 책을 통해서는 당신이 어떤 사람일지 아무도 추측하지 못할 거예요. 당신은 영혼의 공포에 이름을 붙여주지만, 나를 위해서는 공간을 마련해줍니다. 당신은 내가 그 안에 들어가기를 원하고 있습니다."
 "나는 당신이 나를 느낀다는 것과 내 자신을 더 많이 느낀다는 것을 알아요. 내 자신을 느끼는 것, 그것은 우리 사이의 차이를 분명히 하는 것이죠. 그것은 순식간에 일어나고, 스프링처럼 존재 안으로 튀어 올라요. 거기에는 둘 사이를 나누는 먹음직스런 틈새가 있죠. 새로운 것, 낡은 것, 가장 위대한 비밀이 있어요, 분리는 고통스럽지 않아요. 황홀한 것이죠. 다만 나에게 그것은 무이고, 당신에게는 많은 것을 의미하죠."

***

　　Z박사: "나는 국가들이 미쳤다는 것을 항상 알고 있었던 것 같아요. 나는 미친 대의를 위해 죽고 싶지 않아요—아무도 그러지 않았으면 좋겠어요. 광기는 우리의 일부에요. 자신에게 그리고 자신이 속한 그룹에게 '아니오'라고 말하는 것이 중요해요."

　　"아이는 부모에게 '아니오'라고 말하죠. 사탄은 신께 '아니오'라고 말해요. '아니오'라는 말은 부추기고, 지금에 대해 '아니오'라고 말해요."

　　"나는 나 자신의 조숙한 판입니다. 자기 자신이 되기 위해서, '예'라고 편하게 말할 수 있게 되려면 평생이 걸리죠. 예—전적인 예, 영원한 예. 그것은 항상 너무 일찍 일어나나요? '아니오'는 너무 빨리 또는 잘못된 이유로 포기하지 않도록 당신을 부추기죠."

　　"'아니오'라고 말하는 것은 고통에 대해 '아니오'라고 말하는 것 이상이에요. 그것은 자기-전복(self-overturning)을 요구해요. 당신이 지금 누구인지에 대해 '아니오'라고 말하죠. 당신 자신의 더 나은 판이 되기 위해서는 더 많은 '아니오'를 거쳐야 하죠."

　　"국가 학대, 아동 학대. 동일한 충동이 작용하죠. 자기이건 타자이건, 크건 작건, 학대는 학대에요. 외상은 외상과 겨루죠. 우리는 증오자들의 웅덩이가 커져서 타자들을 쓸어버릴까봐 걱정하죠. 옳은 것이 잘못된 것의 밥이 되는 것을 말이에요. 국가가 스스로 먹고사는 진드기를 게걸스럽게 잡아먹고 있는 거지요."

　　"이것이 유일한 진실일 수는 없겠죠. 거기에는 창조성이 아주 많으니까요. 그러나 거기에는 상처가 있고, 부풀어 오른 세포 조직에는 출혈이 있어요. 우리의 내부 기관은 익사하고 있어요. 우리는 떨어지지 않으려고 몸부림치고 있고, 괜찮은 척하고 있으며,

알았다는 몸짓을 기대하면서 서로에게 고통받고 있다는 신호를 보내고 있습니다."

"우리는 인정해주는 것으로서는 충분치 않은 지점에 도달합니다. 우리는 이미 그 지점에 도달했습니다."

* * *

그레이스: "그것이 내게 많은 대가를 요구하지만, 나는 나 자신이 되어야 합니다. 나는 누구와도 함께 살 수 없어요. 냉담한 절망, 밤에 대한 두려움은 누군가가 안아줄 때 누그러져요. 아침이 오면, 다시 괜찮아지죠. 그러나 당신은 두려움이 사라지지 않았다는 것을 알고 있죠. 당신은 얼마의 시간을 번겁니다."

"두려움이 어느 신체 기관에 있다고 지적하거나 말할 수는 없습니다. 그렇게 할 수 있다고 생각하는 것은 과학의 신화죠. 두려움을 통제하고 싶어 하지만 할 수 없죠. 그들이 쫓아내려는 두려움이 그들 자신들로 하여금 그렇게 하도록 만들죠. 그들은 그것을 밀치고, 더하고, 빼지만, 두려운 기운은 지속되죠. 그것은 매번 다른 방식으로 찾아오죠."

"그것은 그들이 TV에서 보여주기를 두려워하는 전쟁터에서의 살육 장면에서, 현실을 흉내 낸 허황된 묘사로 채워진 그들이 그럴듯하게 만든 영화 장면에서 나타나요. 영화는 전쟁 공포를 몰아내기 위해 그 공포를 당신에게 직면시키죠. 그 공포는 화면 위에 있어요. 당신 안도 아니고 길거리도 아니에요. 현실을 보여줌으로써 현실을 사라지게 하는 영화, 이것의 실체는 과연 무엇일까요?"

"내가 꾸는 꿈들은 모습을 드러내지 않은 채 두렵게 하는, 보이지 않는 현존들로 가득 차 있어요. 꿈속에 사막이 등장하는데,

거기에는 절단된 동물들이 나오곤 하죠. 세상의 모든 사람들이 도살되었다는 만연된 느낌이 거기에 있어요. 잘려나간 살, 표현할 수 없는 아픔. 나는 소리 없이 울고 있고, 아무도 왜 우는지 모르죠. 나는 모든 인류를 위해, 모든 생명을 위해 울곤 해요. 그들은 내가 울음을 멈추길 바랐어요. 그러나 나는 절단하는 행동과 살덩이를 바라봤죠. 가냘픈 것의 피를요."

"거기에 형집행정지는 없지만 침묵은 있어요. 내가 처음 여기에 왔을 때 창밖에서 나는 소리가 나의 내면을 불태웠어요. 많은 것들이 나를 통해 교환되었죠. 야생 동물들이 창문을 통해 들어왔고, 피와 불의 뿔들이, 즉 화염을 내뿜는 것들이 내 안으로 들어왔죠. 내 안에는 불에 타고 있는 아이들이 있었어요. 불은 피부가 숨 쉬는 공기처럼, 피부에서 피부로 고동치고, 악몽의 불은 우리 내면에 있는 것들을 불붙여요."

"세상의 모든 불이 우리 안에서 시작되나요? 안인지 밖인지, 그게 중요한가요? 우리는 이것이 밖이고 이것이 안 인양 말해요. 그것은 같은 잔인함, 같은 광증이에요. 우리는 그것과 더불어 살기 위해 그것을 나눕니다. 조만간 그것은 구분을 깨고, 조롱하는 하나 됨을 보여주죠."

"옛날에, 나는 사랑하는 남자와 함께 있었지만, 그는 나와 많은 시간을 보내고 싶어 하지 않았어요. 어쩌면 그가 원했지만, 그렇게 할 수 없었는지도 모르죠. 그는 말하다말고 갑자기 '가야 해요'라고 자리에서 일어섭니다. 나는 어쨌든 그를 이해했어요. 그와 함께 느꼈죠. 그가 가야 한다고 느꼈어요."

"나는 그곳에서 벗어나야 한다는 느낌이, 단순히 벗어나는 느낌이 어떤 것인지 알아요. 나는 숨이 막히고, 익사하는 것 같고, 내 밑에 항상 열려있는 함정 속으로 떨어지죠. 나의 아니오를 통해서 피부 없는 상태로 사라져요. 당신은 수없이 많은 말을 할 수 있습니다. 그러나 사실은 이것입니다: 당신은 가야만 한다."

"나는 그가 그 자신인 것을, 솔직한 존재가 되는 것을 사랑했습니다. 나는, 나와 함께 있지 않으려는 그의 욕구와 하나가 되는 것을 느꼈어요. 그는 마치 그가 또 다른 나인 것처럼, 우리 사이를 칼처럼 자르지 않았죠. 그가 필요로 할 때 떠난 것이 그를 더 신뢰하도록 만들었어요."

"그가 다른 여자들을 만난다는 것을 알았지만 그를 만나는 것을 멈추지 않았어요. 나는 그런 그가 그 자신이며 솔직한 모습이라고 생각했어요. 그러나 그에 대한 나의 느낌은 결코 똑같지 않았죠. 나의 신뢰는 충분히 크지 못했어요. 나는 상처를 덮었지만, 손상은 이미 발생했어요. 나는 그것이 관계를 망치도록 내버려두는 것을 거부했지만, 그것은 부글부글 끓어올랐고, 내가 할 수 있는 것이 아무것도 없었죠. 그럼에도 불구하고, 그에 대한 나의 사랑은 멈추지 않았어요. 그것은 상처 입은 사랑이었죠."

"결별은 갑작스러웠고, 생각 없이 일어났어요. 나는 나와 함께 하고, 함께 살기를 원하는 한 남자를 만났어요. 나는 그를 사랑했지만, 그가 나를 사랑한 만큼은 아니었죠. 시간의 순환이 바뀌어 이제 나는 시간의 다른 쪽에 있었어요. 나는 공간이 필요했지만 다시 사랑을 저버리고 싶지 않았어요. 나는 두 남자 모두를 사랑했고, 그 둘 모두는 나를 사랑했지만, 사랑은 스스로를 다르게 분배했어요."

"끓어오르는 상처 없이 이런 일이 일어났을까요? 새 상처가 발생하더라도, 나는 다시 사랑을 할까요? 나는 상처 입은 사랑에 화가 났지만, 어떤 다른 종류가 있나요? 홀로 있고 싶은 욕구 때문에 새로운 사랑을 쫓아버릴까요?"

"나는 사랑을 제대로 해본 적이 없어요. 하지만 내가 도살당한 살코기와 팔다리가 잘린 몸 꿈을 꾼 것은 오래전 일이에요. 그러한 신체의 절단 없이 얼굴 없는 두려움이 거기에 있어요."

* * *

Z박사: "유명인사, 특히 연예인을 꿈꾸는 꾼 환자들을 치료해 본 적이 있나요? 대부분의 환자들은 주기적으로 그렇게 하지 않지만, 그런 사람들도 있죠. 나는 그것이 거짓 자기, 가면, 일종의 과대주의, 더 깊은 데 있는 박탈의 느낌을 감추기 위한 명성에 대한 소망이라고 생각하곤 했어요. 지금 나는 그것이 일종의 언어라고 생각하기 시작했습니다."

"어떤 사람들은 그들의 인격을 유명한 사람들을 통해 걸러냅니다. 그것은 자기의 더 깊은 층들 위쪽에 반쯤 투명한 층을 만들기 위한 방식, 그 층들을 바라보고, 심지어 그 층들과 접촉하기 위한 하나의 방식입니다."

"나는 꿈속에서 유명한 사람들이 얼어붙어 있는 것을 보는 경향이 있습니다. 인격의 어떤 것이 죽었고, 유명한 것이 되어 다시 돌아옵니다. 유명한 사람들은 활기차 보입니다. 연예인으로서 그들은 삶을 흉내 내고, 활기찬 모습을 보여주는 대가로 돈을 받습니다. 그들은 어쩌면 삶보다 더 커 보일 수 있습니다. 가끔 실제 인물을 만나기도 하는데, 그때 그들은 화면에서 봤던 것보다 더 축소된 사람으로 보입니다. 그들이 크게 느껴지는 것은 경험에서 벗어나 있기 때문입니다."

"연극성(theatricality)은 단순히 하나의 방어가 아닙니다. 그것은 하나의 개방입니다. 당신은 무엇이 거기에 있는지를 보고, 무엇이 거기에 있는지를 느낍니다. 당신은 가면의 이쪽 편에 머물러 있으면서, 가면을 통해 접촉합니다. 꿈에서 유명 인사들은 비록 때로는 그들이 정신적 실재를 봉인하기도 하지만, 그 실재에 대한 쿠션 역할을 합니다. 설령 공포가 그것을 뚫고 나온다고 해도, 그것은 당신이 신문에서 읽거나 무대에서 보는 사람들에 관한 성공, 또는 명예라는 장벽을 통해서 배열되고, 극화되고, 히스테리화되고, 중재됩니다."

"그것은 당신에게 어떤 것이 존재한다는 것을 알 기회를 주고, 여러 번 제거됩니다. 여기에서 일별할 수 있는 것은 이것입니다: 당신이 지금 연기자들을 통해서 보고 있는 것은, 당신이 나중에 직접 느껴야 할 것이다. 그 때가 결코 오지 않을 수도 있고, 한 번에 조금씩 올 수도 있지만 말입니다. 당신은 결코 당신 자신의 전부를 삼킬 수는 없을 겁니다. 연극이 갖는 투명한 성질이 당신 안에서 굳어질 수 있을 겁니다."

"그건 단순히 '나는 그렇게 되고 싶어'가 아닙니다. 그것은 또한 '나는 그래. 내 안에서 나는 배우야. 꿈속의 배우이지' 입니다. 내 꿈 안에는 하나의 장벽, 즉 꿈 장벽(dream barrier)이 있습니다. 감정의 연극화는 꿈 장벽입니다. 가장 친숙한 것은 내가 부드러운 화면을 그냥 지나칠 수 없다는, 하나의 계획입니다. 나는 감정들이 있는 다른 쪽 편에 도달할 수 없습니다. 다른 쪽 편이 없을 수도 있습니다. 거기에는 감정들의 광채가, 다시 말해서 광택 있는 감정들, 묘사된 감정들이 있습니다. 하나의 그림입니다. 다른 한 사람의 꿈 그림이 그의 내면에서 내 감정을 얼어붙게 함으로써 나를 막아줍니다. 이것은 내가 살아날 수 있는 미래가 도래할 때까지 안전하게 보존하기 위해 나의 생명력이 얼어붙어 있는 나-아닌 나(not-me)의 그림입니다."

"그것은 정서의 연극화이죠. 정치는 연극의 치명적인 형태에요. 우리는 무대로서의 세상을, 전쟁 극장으로서의 세상을 말하고, 실제(realness)를 깔보고, 그것을 조롱하고, 몸이 화면 밖으로 떨어질 때 다른 쪽 편을 바라보죠. 자기들(selves)의 연극화, 피 묻은 연극화에요. 비즈니스는 극장에 적합하고 또 전쟁에 적합해요. 우리는 공포를 연극화하고, 살인을 감상적인 것으로 만듭니다 (sentimentalize). 마치 그렇게 하는 것이 우리가 하는 일을 정당화할 수 있는 것처럼 말이에요. 이데올로기의, 윤리의 연극화인 거죠. 우리는 북극의 얼음이 녹는다고 걱정하지만, 실제로는 빙하기가 오고 있습니다. 우리의 꿈들은 얼어붙고 있습니다."

* * *

그레이스: "정말 아름다운 날이에요! 공원을 가로질러 여기로 걸어왔어요. 봄처럼 따뜻하네요. 바위에 눈의 흔적들이 보이네요. 몇몇 사람들이 셰익스피어 극장 옆에 앉아서 커피를 마시고 있어요. 거의 이탈리아 마을 같아요. 눈물이 쏟아질 것 같아요. 가득 찼어요."

"커튼을 걷으면 거기에는 아름다움, 햇빛, 얼굴에 펼쳐지는 선함이 있어요. 형집행정지예요. 선함의 물결이죠."

"감사해요, 감사해요. 달콤하고 부드러운 감사가 넘쳐흘러요. 이것에 대한 완벽한 말은 우물이라는 말이죠. 우물을 느낀다. 우물이 된다. 끝 모르는 우물, 영원히 계속되는 아름다운 우물이 되는 것 말이에요. 이 우물에는 항상 물이 마르지 않을 거예요."

"나에게 더 이상의 붕괴를 겪을 수 없어요. 그 말은 내가 그것들을 빼앗겼다는 뜻인가요? 그보다는 내가 그것들로부터 해방되어 이제는 붕괴되지 않는 존재가 되었음을 뜻한다고 생각해요."

"나는 눈사태, 진흙 사태를 겪어요. 나는 나 자신 안에서 붕괴돼요. 나는 내면을 보고 늑대에게 잡아먹힌 생강과자 사람(gingerbread man)을 보죠. 그는 늑대로부터 달아나고, 늑대를 먹고, 세상으로부터 도망쳐요. 혹하고 순식간에 사라져요. 그들이 어디 있죠? 서로 잡아먹었나요? 폭력적인 분위기로 변했나요?"

"세상은 붕괴를 겪고 있어요. 분위기는 위협적이에요. 세상을 위한 심리치료는 없어요. 사람들은 가짜 정신건강이 광증이라는 것을 알아차리죠. 그러나 가짜 정신건강이 광증을 건강한 것으로 둔갑시키는 것은 여기까지 뿐이에요. 진짜 광증은 눈에 띄지 않죠. 진짜 광증은 가짜 정신건강의 무능한 해결책 밑에서 눈에 띄지 않게 계속되죠."

"세상으로부터 도망치기. 사라져버리기. 혹하는 순간, 나는 웃으면서 공원을 가로질러 걷고 있어요. 이 일이 어떻게 일어나죠?"

"나는 이 년에 한 번 꼴로, 어쩔 때는 일 년에 두 번씩 병원에 입원하곤 했어요. 붕괴가 내 삶이었고, 사는 방식이었으며, 내 기대였어요. 그리고 이제 그것은 사라졌어요. 나의 붕괴된 삶이 사라진 거죠. 이렇게 말하는 것이 좀 두렵기는 하지만, 나는 다시 붕괴될 수 없어요. 그것은 더 이상 가능하지 않아요. 뭔가가 연결되었거든요."

"공격이 결코 멈추지 않아요. 그러나 베일이 벗겨지고, 거기에는 공격 이상의 것이 있어요. 더 큰 어떤 것이죠. 아무도 보지 않는 조준경을 사용해서 나 자신에게 초점을 맞춰요. 그것은 반복해서 비행기를 세계무역센터에 충돌시키는 것과도 같아요. 그것이 멈출 때, 당신은 '왜 멈추지?'라고 생각하죠. 당신은 계속해서 충돌하죠. 나쁜 생각이 충돌해요. 폭력은 영원하죠. 당신의 생각 속에서 비행기들은 계속해서 충돌합니다. 그것들은 멈추어서는 안 되는 것입니다."

"그것은 섹스와도 같고 호흡과도 같아요. 멈추게 해야겠다는 생각은 폭력적인 소망이에요. 모든 소망들은 폭력적이죠. 비폭력은 폭력적인 소망이지만, 다른 대안들보다는 더 나은 것이죠."

"생각하기는 멋진 날을 만나게 될 때 한계를 갖죠. 생각하기는 거짓말의 날을 비난하려고 시도하지만, 실패해요. 설령 성공한다 하더라도, 아름다운 날이 거짓이라고 말하는 것은 모든 아름다운 날들이 거짓이라는 뜻이 아니에요."

"그렇다면 이렇게 생각할 수 있을까요? 내가 느끼는 선함이 진짜이든지, 아니면 폭파되었을 때만 유일하게 진짜로 드러나는 마네킹의 피부이든지 둘 중의 하나일 거라고요."

"나는 붕괴가 폭파되는 하나의 방식이라는 것을 알았을 때 붕괴를 멈췄어요."

***

Z박사: "누군가가 내면에서 '아무 문제도 없어. 다 괜찮아'라고 속삭여요. 나쁜 일들이 사라지게 해요. 악몽이 나타났다가 사라져요. 나쁜 꿈을 꾸지만, 그건 그저 꿈일 뿐이에요. 당신의 삶일 뿐이죠. 삶의 꿈 안에서 한 엄마가 아기를 달래고, 아기의 고통을 사라지게 하지요. 괜찮아, 다 괜찮아."

"어떻게 거즈(gauze)를 뚫고 나오는 걸까요? 보풀은 어디에서 오는 거죠? 그게 뇌가 작용하는 방식인가요? 그런데 뇌는 그저 보수적이지만은 않죠. 그것은 무언가를 보여줘요. 그것은 통찰이라는 피를 덮는 데 많은 양의 거즈를 사용하죠."

"자궁 이후에 자궁이 있어요. 우리는 자세히 조사하고 스스로 할 수 있어요. 그 다음에는 할 수 있는 것들을 분류하고, 다시 태어나죠. 분만 이후의 분만 말이에요. 많은 방식을 사용해서 나는 내 자신이 태어나는 것을 허락하지 않아요. 그것은 '허락'의 문제가 아니에요. 나는 태어나지 않았다, 부분적으로만 태어났다, 어떤 면에서는 어떻게든 태어났지만, 다른 면에서는 덜 태어났다고 말하는 게 더 나을 겁니다. 나는 태어나는 과정 안에 있어요. 최상의 탄생은 아직 일어나지 않았습니다."

"내가 어렸을 때, 나는 아버지가 자신의 능력을 좀 더 발휘하지 않는다고 비난했습니다. 그는 그림 그리는 일에 빠진 중독자였죠. 나의 어머니는 사업을 해서 돈을 벌었습니다. 나는 그것을 그녀가 자신의 능력을 발휘하는 것이라고 받아들였습니다. 그녀는 자기주장이 분명했습니다. 나의 아버지는 이 세상에서 불구자였습니다. 그는 자신의 삶을 그림 그리는 것으로 허비했습니다."

"나는 내 자신을 최고의 자리에 두지 않았다고 생각하곤 했는데, 그 이유는 내가 나의 아버지처럼 불구자였기 때문입니다. 어머니는 나를 부추겼지만, 아버지는 나의 발목을 잡았습니다. 나는 아버지가 좀 더 성공하지 못한 것을 비난했습니다. 내가 얼마나 잘했는가와 상관없이, 나는 내가 더 잘하지 못하는 것에 대해 아버지를 비난했습니다."

"거기에는 복구될 수 없는 어떤 손상이 있습니다. 성공이 그것을 해제하지 못합니다. 성공은 불구가 된 나의 자기를 없애주지 않았습니다. 세상의 모든 유능함이라 해도 내면의 결함을 사라지게 할 수는 없습니다."

"나는 운 좋게도 가지고 놀 수 있는 도구가 있고, 도달할 만한 가치가 있는 목적지를 갖고 있습니다. 나는 두 척의 보트를 생각합니다. 나는 출발할 준비가 되어있는 보트 하나를 골라서 먼저 목적지에 도달합니다. 그때 나는 두 번째 보트가 아직도 항구에 있는 것을 봅니다. 더 자세히 바라보니 아이들이 그 위에서 놀고 있는 것이 보입니다. 그 보트는 나의 아버지가 타고 있는 보트입니다. 이제 나는 생각합니다. 항구에 정박된 보트 위에서 놀이하는 삶을 사는 것도 별로 나쁘지 않은 거구나. 어쩌면 아버지는 어머니보다 어떤 면에서 인생을 더 즐기셨을 수도 있겠구나. 어쩌면 그의 삶은 그 자체의 풍요로움을 가졌을 수도 있겠구나.”
"그의 그림들은 훌륭했습니다. 그것들은 여러 해에 걸쳐 발전했습니다. 그것들은 마치 현상용 접시 안에 있는 필름처럼 여러 해에 걸쳐 조금씩 발전했습니다. 그는 그런 만족감을 즐겼습니다. 나는 지금 그의 일부요, 그가 믿고 있는 과정인 그의 그림이 성장하는 것을 봅니다. 나는 이제 그것을 감사할 수 있습니다. 나의 평생 동안 그는 무책임한 사람이었습니다. 나의 어머니와 외가 쪽 친척들이 그를 그렇게 불렀습니다. 지금 나는 느낍니다. '세상에, 그것이 당신의 능력이었군요. 당신은 신이 주신 광맥을 캐고 계셨군요.'"

"아버지에 대한 나의 변화된 평가는 왜 내가 지금의 나인지, 왜 나는 제일 높은 종을 울리지 않았는지에 대한 또 다른 관점을 제공해 주었습니다. 그것은 단순히 내가 약하거나 자기-패배적인 사람이어서가 아닙니다. 나는 사회병질적인 사람이 아닙니다. 나는 다음 수준에서 요구되는 것을 할 만큼 내 감정을 충분히 제쳐놓을 수 없었습니다. 그것이 내가 아버지에게서 받은 유산입니다: 네가 느끼는 것에 주의를 기울이고 기본적인 자기를 무시하지 말라. 지금까지 나는 내 자신을 비틀 줄만 알았고, 그 다음에는 핵심적인 저항을 만나곤 했습니다."

"나는 이 비틀기를 꽤 많이 했습니다. 계속해서 떠 있고 어디엔가 도달하는 것으로 충분했습니다. 가라앉을 만한 충분한 오물을 뒤집어쓰지도 않았어요. 우리는 우리 자신의 궤도를 따라 움직입니다. 그것은 충분히 잘 살아남기 위한, 그리고 생존을 의미 있는 것으로 만들어주는 충분한 현실감을 위한 충분한 타협입니다."

"나는 어렸을 때, 항상 밖으로 돌았습니다. 나는 어머니와 함께 있고 싶어 하지 않았습니다. 그녀는 화가 났습니다. 우리는 함께 화가 났습니다. 나는 밖으로 숨었고, 아버지가 나를 찾곤 했습니다. 떠나고 발견되는 것은 나의 깊은 특징으로 남았습니다. 나는 이제 아버지가 나를 찾는 것이 아니라 내가 아버지를 찾고 있다고 느낍니다. 나의 아버지의 가치를 인정하는 것은 하나의 역전입니다. 그것은 내게 은밀히 다가왔습니다. 그것이 나를 변화시키고 있습니다."

"내가 항구에 있는지 아니면 바다에 있는지 알지 못한다는 게 기분이 좋습니다."

* * *

그레이스: "나는 두 손으로 그 악마를 껴안고, 그에게 뜨겁게 키스하는 꿈에서 깨어났습니다. 왜 내가 한 악마라고 말하지 않고, 그 악마라고 말하는 걸까요? 왜 그녀라고 말하지 않고, 또는 그것이라고 말하지 않고, 그라고 말하나요? 당신은 언어의 통로 속으로 미끄러지고, 혹하고 사라지는군요. 그들, 그녀들, 그것들, 하나들의 세상으로 말입니다."

"언어가 그것을 이런 방식으로 또는 저런 방식으로 편향시켜요. 이야기는 사건이 있었던 곳이나 있는 곳을 붙들어요. 여기에 영원한 사건이 있습니다: 뜨거운 것. 뜨겁게 키스하기 말이에요. 격렬한 성적 흥분이 사로잡을 때, 다른 모든 것들은 이차적인 것이 되죠. 뜨거운 것. 더 이상 무슨 말이 필요할까요?"

"두 손으로 악마를 껴안고 뜨겁게 키스합니다. 사람들은 그것을 해봤든 해보지 않았든, 그것이 무슨 의미인지 압니다. 당신은 그것이 무슨 의미인지 몰라도 됩니다. 그것은 일어납니다. 그리고 계속되죠."

"나에게요? 그것은 편집증의 끝이요, 공포의 끝입니다."

"나는 정체성의 고리들을 생각합니다. 다른 사람 안에 있는 자기의 고리들 말입니다. 나는 지난밤에 선불교 명상을 하러 갔습니다. 지도자가 종을 울렸어요. 그 종은 앉아있는 당신을 관통해서 파장을 일으키고, 당신의 세포조직을 관통해서 물결을 일으켜요. 섬세하게요. 나는 등골이 오싹해지는 것을 느끼죠. 존재의 떨림을 말이에요."

"당신은 당신의 자기가, 당신의 자기들이 당신을 관통하는 것을 봅니다. 어떤 것들은 거의 멈추고 당신에게 말을 하죠. 자기의 물결들이 말이에요. 정체성의 물결들이, 낙엽이 떨어질 만큼 떨리는 것은 아니지만, 덜 단단해져요."

"외부 세계에서 정체성을 찾겠다는 충동은 이 과정을 멈추게 할 수도 있습니다. 이런 사람이 나예요. 나를 확인하고 알아보세요, 여기 내 명함이 있습니다. 이 증거 없이는 당신은 나를 액체화하고 기체화할 겁니다."

"명상은 나를 뜨겁게 해줘요. 나는 앉아 있으면서 흥분을 느끼죠. 나는 그것이 나를 통과하도록 허락해요. 나는 내가 정신을 잃고 기절할 것만 같아요. 그때 나는 몸이 근질근질하고, 살아나죠. 나는 더 이상 기다릴 수 없어요. 그것은 나-허기(me-hunger), 자기-허기(self-hunger)에요. 그런데 이 자기는 무엇이죠? 마치 이 특별한 전율이 자기를 대체하거나, 그것이 자기인 것 같아요."

"그것은 명상이 내게 주는 허기에요. 이야기를 여기서 멈추세요, 자기를 멈추라고요. 세상 안에서 열린 채로 있으세요. 그런데 그 누가 완전히 열린 채로 있을 수 있을까요?"

"아침에 나는 악마에 대해서 이를 갈아요. 뜨거운 것들 중에 뜨거운 것이죠. 뜨거움 그 자체에요. 나는 지금 개방, 알려져 있지 않은 개방에 대해 말하고 있어요. 대단한 하루였네요."

***

Z박사: "나는 코끼리들을 생각하고 있는데, 우리의 손이 같은 코끼리를 만지고 있다는 말이 있습니다. 어쩌면 그 이상으로, 우리 모두는 같거나 다른 코끼리를 타고 있습니다. 아니 어쩌면 우리는 우리가 타고 있는 코끼리입니다. 그것은 같은 것에 대한 것이 아닐 수도 있습니다. 그것은 내가, 내 코끼리와 내가 여기에 있고, 당신의 코끼리 위에 있는 당신을 본다는 것이 더 맞을 겁니다. 만약 당신이 당신의 코끼리로 나를 따라잡으려고 하지 않는다면, 아마도 나는 당신을 바라보면서 '멋진 코끼리네'라고 말할 겁니다."

"나는 과학자에요. 적어도, 나는 고집불통이 되기 시작했어요. 탄력성에 대한 연구는 세상에는 내가 상상했던 것보다 더 많은 흔들리는 방(wiggle room)이 있다는 것을 가르쳐 주었어요. 당신이 사물들에 관해 더 많이 알수록, 그것들은 더 흔들리게 됩니다."

"우리는 한때 기계로서의 우주, 경직된 기술자를 상상했습니다. 이제 기계는 유연하고, 모양과 색깔이 변하는 플라스틱으로 이루어져 있습니다. 튀어 오르는, 고무로 된 세계입니다."

"생각하는 것이 폭발을 일으킨다는 점에서, 이제는 생각하는 것을 에너지의 형태라 보는 것이 자연스러워 보입니다. 우리가 너무 폭력적이 되어서는 안 된다는 생각은 어디에서 왔을까요? 우리가 그런 생각을 갖는 것은 사실입니다."

"나는 내 아이의 얼굴을 봅니다. 그리고 그녀에게 상처 주고 싶지 않습니다. 그녀를 통해서 나는 우주에 생겨나는 소중함을, 그것 자체가 우주임을 그 어느 때보다도 실감나게 느낍니다. 그리고 나는 세상이 더 나아져야 한다고 생각합니다. 그러나 나는 내 딸이 그녀 자신의, 나의, 또는 다른 사람들의 폭력을 경험하지 않게 할 방법이 없습니다."

"나는 다른 사람들에게 상처 입히는 것에 찬성할 수 없습니다. 하지만, 나는 상처를 주고, 인식하지 못한 채, 내 본성에 의해 강요받습니다. 그 사실에 대한 깨달음이 나를 아프게 한다고 해도, 상처 입히는 행위는 멈추지 않습니다."

"젊은 의사 시절에, 나는 새로운 약물의 발견에 대해 열심히 찾아보곤 했습니다. 혹시 인간의 고약함, 냉담함을 변화시킬 수 있는 새로운 약물이 발견되지는 않았을까 하는 생각에서였습니다."

"기분의 변동에 대해 많은 것을 할 수가 있습니다. 그러나 어떤 약물도 우리가 서로에게 행하는 것을 멈추게 하지는 않을 것입니다. 우리는 악함을 멈추지 않을 것입니다."

"체계 안에 악이 세워져 있습니다. 그것은 심지어 의지의 문제도 아닙니다. 그것은 세상이 돌아가는 방식의 일부입니다. 설령 우리가 악한 유전자를 찾아내서 수정한다고 해도, 그 체계는 이익을 위해 감정을 덮어버리는 방법을 찾아낼 것입니다."

"나는 나 자신을 더 나은 사람으로 만들고, 악의 있는 자기를 도려내고 상처 주는 것을 멈추기 위해 내가 할 수 있는 모든 것을 하는 단계들을 거쳤습니다. 나 자신을 진압하고, 굴복시키고, 고약함을 찢어내고, 잔인함을 산산조각 냈어요. 나는 자기-무화에 대한 신비가들의 책을 읽었고, 그 안에 가려져 있는 지혜에 무척 놀랐습니다. 그들은 문제가 존재한다는 것을 알고 있었어요. 그들은 파괴성을 파괴하려고 시도했어요. 사막에서 자기와 씨름하는 위대한 이야기들이었어요. 과거로부터 온 이야기들은 미래로부터 우리를 압박하죠. 우리는 여전히 어찌할 바를 모르고 있습니다. 그러나 우리는 좀 더 나은 거짓말쟁이들입니다. 우리는 우리 자신들이 아닌 다른 곳을 가리키기 위해 사회, 정부, 논문 출간, 뉴스 리포트를 형성하는 것을 더 좋아합니다."

"내가 이 순간에 하고 있는 것은 사람들에게 상처 주는 것에 대한 날카로운 고통을 느끼는 일입니다. 그 누구보다도 내가 사랑하는 사람들이 이것을 하도록 자극합니다. 그러나 그것은 더 먼 데까지 나갑니다. 나는 아무에게도 상처주고 싶지 않습니다."

"나는 그러고 싶지 않지만, 그렇게 하고 있고, 그럴 수밖에 없습니다. 이것이 종교의 지혜와 채찍인, 회개를 불러옵니다. 이것은 우리로 하여금 '죄송해요'라고 말하게 합니다. 그것은 아동기에 배운 예절이 아니라, 성인으로서 그렇게 말하게 하는 것입니다. 누군가가 상처를 받을 때 내면에서 아픔을 느끼는 것이 그것입니다. 그것은 당신이 덧붙이는 아픔의 상처입니다."

"당신은 가난한 사람을 죽이는 가난한 사람을, 그리고 모든 사람들을 죽이는 부자를 생각합니다. 당신은 당신 자신으로부터 시선을 돌렸다가 당신 자신에게로 되돌립니다. 당신의 삶은 삶의 고통을 더합니다. 당신이 할 수 있는 것이 무엇이겠습니까?"

"나는 때로 삶의 기쁨에 기여할 때도 있습니다. 지금은 내가 고통에 초점을 맞추고 있어서 아픔이 커지는 것을 주로 느낍니다. 내가 그것을 더 많이 느낄수록 아픔은 더 악화됩니다. 나는 기절하고, 지워지고, 의식을 잃을 것 같아요. 고통의 바다에요. 거기에는 끝이 없어요. 유일한 선택은 계속 그 안으로 들어가는 것이에요."

"나는 결코 되돌아오지 않을 거예요. 거기에는 고통에 대한 의식 밖에 없어요. 나는 술 마시기, 자위하기, 영화 보러 가기 등 고통을 멈추기 위한 어떤 것, 고통을 가라앉히는 방법을 생각해요. 마음에 떠오르는 말이 있어요: 모든 존재는 고동치는 상처이다.

고통은 계속 다가오고, 뭔가가 내게 돌아서지 말라고 말해요. 일단 삶을 시작한 이상 움츠러들지 마라. 그것이 가는 대로 따라가라. 이것들은 명령이에요. 설령 그 아픔이 내 정신에 구멍을 낸다고 해도, 고통을 따라가라. 내 창자, 뇌, 가슴에 구멍을 낸다고 해도 말이다. 그것은 내 안에 구멍을 만들어요."

"영적 웜홀은 내가 시작한 곳으로부터 멀리 떨어진 곳으로, 또 다른 나의 세상으로 데려가요. 고통은 천국으로 변하죠. 고통이 실패한 곳에서 천국이 무언가를 할 수 있을까요? 무엇으로든 나를 더 나아지게 만들 수 있을까요? 내 예감으로는, 천국이 사라지고, 변하고, 모든 경험이 그런 것처럼 흡수되고 말 거에요. 폭력적인 내가 기다리고 있어요. 나는 여전히 여기에 있어요."

"나는 이 모든 것에도 불구하고 여전히 여기에 있어요."

"우리는 우리 자신을 해결할 수는 없지만, 우리가 시도할 때 어떤 일들이 일어나요. 많은 일들이 일어나요. 누군가가 우리가 이렇고, 저렇지 않다고 말할 때, 나는 의심이 가요. 만약 누군가가, '당신은 이렇기 때문에 그것을 이렇게 해야 합니다'라고 말한다면, 나는 '혹시 웜홀을 통과하셨나요? 거기에 뭐가 있는지 아세요?'라고 생각할 겁니다."

"뭔가 잘못되었다는 느낌이 현실을 열어줍니다. 나는 이 말을 하면서 조심스럽습니다. 사람들이 이 말을 오용할 수 있으니까요. 하지만 그것은 사실이고, 고통은 영혼에 구멍을 내고 당신을 다른 곳으로 몰아붙입니다. 웜홀은 정신적 사실입니다."

* * *

그레이스: "평범한 소녀가 나오는 꿈을 꿨어요. 당신이 그녀를 좋아했죠. 당신은 그녀를 어루만졌고, 그녀도 당신을 어루만졌어

요. 어느 순간에 나는 생각했어요. '그는 그 소녀와 거기까지만 할 거야. 그가 물러날 거야.'
 "나는 가끔 아름답다고 느끼는데, 그것은 당신이 물러서지 않을 그런 아름다움이에요. 남자들은 반발 장벽에 도달하고는 그것을 분열시키죠."
 "나는 당신이 어느 지점까지만 나와 함께 있을 수 있다고 느끼는 것 같아요."
 "나는 당신이 기꺼이 나와 함께 있어 주어서 기뻐요."
 "내가 이런 말을 하는 건 비참한 느낌 그 이상 때문이에요. 나는 정말 기뻐요."
 "평범한 나. 아름다운 나. 우리는 각각 우리의 문제들을 갖고 있죠"
 "나는 당신이 내가 어떻게 보이든 상관없이 물러서려 한다는 것을 알아요. 누구나 자기 자신이 되는 시간이 필요하죠. 나 역시 그래요. 나는 당신이 내내 나에게 사로잡혀 있는 것을 원하지 않아요."
 "내가 아주 평범했을 때 나는 창피했어요. 나는 남자들이 나를 함부로 대하고, 마음대로 취급할까봐 두려웠어요. 그들은 때로 그랬어요. 그러나 아름다운 것은 당신이 생각하는 것만큼 대단한 것이 아니에요. 사람들은 당신을 우러러보지만, 그 다음에는 당신을 꺾으려 하죠. 영광도 있지만 당신에게서 당신 자신을 훔쳐가죠."
 "내가 무슨 말을 하는 거죠? 내가 가진 선택 가능성은 어떤 것인가요? 교환 비율과 관련해서 내게 할 말이 있을까요?"
 "평범한 나, 일상의 나가 있어요. 그게 지금 여기 있는 나예요. 그러면 아름다운 나는요? 그것은 내면의 감정이에요. 때로 나는 당신을 보면서 그것을 느껴요."

***

그레이스: "아마 나는 오고 가는 것, 들어오고 나가는 것을 느슨하게 만들기 위해 우리 사이를 끊는 것 같아요. 남자들은 삶의 어느 정도가 안에 있고 밖에 있는지 알까요? 가득 차는 것과 텅 비는 것을요? 나는 아기처럼 느껴져요. 젖꼭지를 빨고 배가 부른 다음, 다시 비어있음을 느끼고, 젖꼭지를 간절하게 바라죠. 남자들은 그게 무엇과 같은 것인지 아나요?"

***

그레이스: "남자들은 어느 한 곳으로 들어갔다가 다른 곳으로 나오는 것이 어떤 것인지 아나요? 내 질(vagina) 속의 페니스가 내 입이나 항문으로 나오는 것을요? 어느 길이 위이고 어느 길이 아래인지 알지 못한 채 안쪽을 맴돌며 미끄러지는가요? 울리는 종소리를 따라 가다가 안에서 길을 잃어버리죠. 정말 숨바꼭질 같아요. 열심히 찾고 발견하기!"

***

그레이스: "나는 아픔이 결코 끝날 거라고 생각하지 않았어요. 병원에 들어가고 거기에서 나오죠. 강렬함이 영원히 계속되는 듯 하다가 썰물처럼 빠져요. 악마가 도처에 있어요. 모든 고통 받는 존재들을 위해, 모든 고통 받는 악마들을 위해 울어요. 악마라는 게 있다고 울어요."

"내가 무엇을 알고 있었냐고요? 나는 삶이 이러면 안 된다는 걸 알고 있었어요. 세상의 모든 종교들이 삶이 더 친절하다는 것을 말해준다는 것을 알고 있었어요."

"나는 내가 위험에 빠졌고, 결코 다시 돌아올 수 없을지도 모른다는 것을 알고 있었어요. 삶은 너무 날카로워요. 맹수의 발톱, 식물의 가시와도 같아요. 피 흘리는 악마들이죠. 악마들은 날카로운 것으로 묘사되는데, 그것은 당신이 아플 때 상처 입는 것을 견딜 수 없기 때문이에요."

"아플 때 당신은 삶의 현실이 어떤지를 보죠."

"당신은 삶의 현실 때문에 울어요. 당신에게는 그럴 시간이 있어요. 더 이상 다른 어떤 것도 하지 않아도 돼요. 다른 어떤 것도 할 수가 없어요. 당신이 모든 것을 위해 우는 동안 사람들은 당신을 보살펴요."

***

그레이스: "종교들은 삶의 현실이 얼마나 잔인한 것인지 그리고 얼마나 더 잔인해졌는지 알고 있었어요. 그리고 그 잔인함 안에는 눈물이 있어요. 살인 안에는 누군가가 울고 있어요. 종교들은 사람들을 고문하죠. 종교인들은 그 고문이 자신들을 자유롭게 해준다고 생각해요."

"그들은 신의 사랑으로 당신을 고문해요."

"왜 그토록 많은 협박으로 고문을 할까요?"

"당신이 아플 때, 당신은 사람들의 내면이 얼마나 비틀렸는지 알게 되죠. 어떻게 그들이 다른 사람들을 고문하는 얼굴에 깨끗한 얼굴을 덮어씌우는지 말이에요. 내면에 있는 고문대는 죄어 있는 상태에요."

* * *

Z박사: "지혜를 사랑한다는 것은 해결할 수 없는 고통에 대한 변명이에요."

* * *

Z박사: "T. S. 엘리엇(Eliot)은 그가 영국 국교도(Anglican)가 되었을 때 하나의 소란을 일으켰어요. 그렇게 그는 무(nothingness)를 드러낼 수 있었죠. 하지만 우리는 그것에서 네 개의 4중주(The Four Quartets)를 얻었어요. 그는 삶의 마지막 순간에 그루초 막스(Groucho Marx)를 만나게 해달라고 부탁했고, 그루초는 LA에서 그를 보려고 비행기를 타고 왔죠. 당신은 그들 중 어느 누구에게서 무엇을 더 원하세요?"

* * *

Z박사: "시인들은 자살 폭파범들인가요? 코미디언들은요?"

* * *

Z박사: "당신은 아동 학대를 신고할 수 있는 전화번호를 갖고 있습니다. 국가의 학대는 어디에 전화해야 하죠?"

* * *

Z박사: "나(I)가 아픈 엄지손가락처럼 삐져나와요. 상처가 욱신

거려요. 누구나 다 그것을 볼 수 있어요. 그게 눈에 띄는 나예요. 나는 다른 사람들을 볼 때, 그들의 나(I)를 봐요. 나(I)는 다양한 형태를 취하죠. 그것이 단단할 때에는, 같은 나예요. 그것이 액체일 때에는, 다른 나(I)의 조각들이 되죠. 우리의 나들은 서로를 휘감고, 개들이 서로의 항문을 핥는 것처럼 서로를 핥아요."

* * *

Z박사: "개들이 항문을 핥는다는 것은 비하하는 발언이에요. 정신들은 서로를 핥죠. 꿀을 만드는 벌들이라고 말하면, 좀 나은 표현이겠죠. 하지만 둘 중에 하나를 선택할 필요는 없어요."

* * *

Z박사: "나는 내가 이중 죽음에 대해 말하고 있다고 생각해요. 단지 신체적 멸절뿐만이 아니죠. 동물의 의식은 그들의 신체와 더 밀접하게 결합되어 있어요. 우리의 나(I)는 하나의 상징적 확대경이죠. 그것은 스스로 삐져나오고 스스로를 확대해요. 그것은 상태들을 확대하는 것을 통해서, 그것이 통과하는 것을 폭파시켜요."

"망원경과 현미경으로서의 나(I)는 그것이 통과하는 것을 확대시키는 거대한 확대경이에요. 이것은 그것 자체를 주목하도록 돕고, 삶의 중요성을 부여하죠. 하지만 그것은 죽음을 과도하게 확대하고, 하루 종일 죽음을 위해 일하게 돼요. 나의 확대된 죽음 불안, 그것은 신체의 죽음보다 훨씬 더 나쁜 것입니다."

***

Z박사: "나는 내가 오래 전에 사랑했던 로라(Laura)를 생각합니다. 그녀는 결혼했고, 가정이 있었고, 삶이 있었어요. 우리는 사십 년 동안 아무 연락도 없이 지냈죠. 그런데도 나는 그녀가 내 감정 밖에서, 내 환상 밖에서 그녀의 실제 삶이 있다는 것을 믿을 수가 없어요. 나는 믿으면서도 믿지 못하죠. 그녀는 어떻게 그녀의 삶을 살고, 나와 함께 살지 않을 수 있죠?"

"우리가 함께 있지 않다는 것이 놀라워요. 마치 우리가 결혼해서, 가정이 있고, 함께 늙어가는 것을 경험하고 있는 것처럼 말이에요."

"그러나 나는 결혼했고, 내 삶을 살고 있으며, 일과 가정에 깊이 열중해 있어요. 나의 실제 아내와 함께 나의 실제 삶을 살고 있죠. 나는 로라를 위해 나의 실제 삶을 끝내지 않을 거예요. 내 삶은 나에게 충분히 좋습니다. 충분히 잘 되어가고 있어요."

"그러나 여기에 로라가 있어요. 그녀는 꿈에 나타나 그녀가 나와 함께 있지 않다는 것을 일깨워 줘요. 그녀는 내 삶 밖에서, 또 다른 삶을 사는 또 다른 사람이죠. 그러나 그녀는 내 안에, 내 마음속에 있어요."

"그것이 내가 액체가 된다고 한 말의 부분적인 의미에요. 액체로서의 나(I) 말이에요. 그 나(I)는 로라와 결혼했고, 전에도 없었고 앞으로도 있을 수 없는 또 다른 삶을 살고 있지만, 그 중 어떤 것은 계속돼요. 그것은 내 안에서, 나를 넘어서 계속돼요. 마치 로라가 지난밤에 내 생각이 나서 내 꿈에 나타난 것처럼, 그리고 우리가 살 수는 없지만 어쨌든 계속되는 삶을 살고 있다는 것을 알게 해주는 것처럼 말이에요."

* * *

그레이스: "당신은 우리나라의 지도자들이 조류독감을 과장하는 것을 통해서 주식시장을 살해했다고 생각하는 나를 정신증 환자라고 보시나요? 그들이 비싼 기름 값과 전쟁을 통해 살인을 했다고 생각하는 것 말이에요. 재앙은 이득을 얻는 데 좋은 기회죠. 이것이 내 정신증의 한 부분인가요, 아니면 내가 일어나고 있는 일들을 정확하게 보고 있는 건가요? 아마도 현재 일어나고 있는 것을 보는 데는 어느 정도의 광증이 필요할 거예요."

"제 정신인 사람들은 알아차리지 못하고, 믿을 수 없죠."

"나는 모든 나쁜 것이 내 안에 있다고 생각하는 것에 너무나 익숙해요. 또는 내 가족 안에 있어요. 나는 세상이 아프기 때문에 내가 아프다고 생각하는 것에는 익숙하지 않아요."

"그러나 그것은 그렇게 미친 생각은 아니에요."

"그것은 오래된 생각이죠. 악마는 거짓말의 아버지, 이 세상의 왕자라고 불렸죠. 칼빈과 루터는 인간을 나쁜, 죄가 있는 존재라고 말했어요. 프로이트는 이드(id) 탓으로 돌렸죠. 나는 우리가 해결책을 찾았는지, 해결책이 존재하는 건지 잘 모르겠어요. 셰익스피어는 우리 자신이 문제라는 것을 알았지만, 그렇다고 해서 우리가 그것을 어떻게 하겠어요? 그것에 '합리적'이 되는 것으로는 충분하지 않아요. '합리성'은 효과가 없어요. 우리는 우리가 원하는 것이 합리적이라고 말하고, 다른 사람들이 원하는 것은 합리적이 아니라고 말합니다. 이라크를 침략하고, 이란에 폭탄을 투하하는 것은 합리적인 것이고, 그렇게 하지 않는 것은 약한 것이고, 무책임하게 비관적인 것이며 합리적이 아닌 것이라고 말하죠. 이것은 합리성이 망상적이라는 것을 증명합니다. 아니면 합리성을 향한 교활한 호소는 파괴적 힘을 숨기기 위한 가면입니다."

"문제의 핵심은 파괴입니다. 나의 마음은 광증에 의해 파괴되었습니다. 그 파괴성이 화학적인 것일 수도 있습니다. 나는 내 가족의 혈통 안에 있는 파괴성을 봅니다. 나의 가족은 독이 든 감정에 의해 단결되어 있는 가족입니다."

"어렸을 때 나는 우리가 유일하게 아픈 사람들이라고 생각했습니다. 다른 사람들은 더 나은 사람들이었죠. 지금 내 눈은 어둠에 더 익숙합니다. 나는 좋은 사람들에게서도 독소를 봅니다. 나는 건강한 것과 병든 것을 동일하게 구분할 수 없습니다."

"내가 내 가족에게서 살아남았다는 사실은 거기에 얼마의 선함이 있었다는 것을 의미합니다. 아마도 내가 틀린 것 같군요. 아마도 나는 멸절된 삶을 살고 있는 멸절된 사람일 겁니다. 지금 나는 운이 좋은 사람들의 삶도 엉망이 되는 것을 봅니다. 그들이 더 잘 기능한다는 사실은 그들이 더 많은 해를 끼칠 수 있다는 것을 의미합니다."

"나는 내가 보기를 원치 않는 진실에 도달하려고 시도하고 있습니다. 우리가 나쁨에 적응한다는 사실 말입니다. 우리는 우리 자신을 형태 짓기 위해 나쁜 것을 추구합니다. 영양분으로서의 나쁜 것 말입니다. 그것은 마치 파괴를 먹고 사는 것과도 같습니다. 그것이 우리에게 주어진 모든 것은 아니지만, 그것은 많은 부분을 차지합니다. 우리는 그것이 사실이 아니라고 믿는데, 그 이유는 아마도 우리가 그것을 어떻게 해야 할지 모르기 때문일 겁니다. 우리가 지금까지 생각해왔던 것들에는 충분히 잘 된 것이 없고, 우리가 원하는 만큼 잘 되지 않았습니다."

"아마도 우리가 좋아하는 것은 그것과 별 상관이 없는 것일 겁니다."

"하지만 아기로서 우리는 좋은 것, 좋은 맛, 좋은 감정들을 좋아합니다."

*　*　*

그레이스: "우리는 다른 누군가로부터 좋은 감정을 받아야 한다는 생각을 넘어서지 못하고 있는 것 같습니다. 그리고 만약 다른 사람이 그것을 주지 않는다면, 우리는 그것을 빼앗을 겁니다. 이것이 기본적인 범죄 행위일까요? 결국 나쁜 감정이 되어버리는, 좋은 감정을 빼앗는 것 말입니다. 다른 사람이 당신에 대해 좋은 감정을 갖도록 강요할 수는 없지만, 그가 나쁜 감정을 갖도록 강요하는 것은 가능합니다."

*　*　*

그레이스: "지옥에는 기본적 선함이 있을까요?"

*　*　*

Z박사: "항상 뒤쳐졌다고 느끼죠. 뒤를 추격하지만 끝내 따라잡지 못하죠. 나는 작은 차를 타고 있으면서 내 앞에 있는 모든 큰 차들을 따라 잡으려고 시도하는 꿈을 꾸었어요. 마치 자신의 동료들을 맨 끝에서 따라가는 오리처럼 말이에요. 컨베이어벨트의 속도가 너무 빨라 당신이 후진하는 것 같이 느껴지죠. 거기에는 뒤로 그리고 아래로 당기는 느낌이 있어요."

"당기는 것이 중력이라고 누군가가 말한 것을 들었습니다. 당신은 언제나 아래쪽으로 당기는 힘의 반대 방향으로 갑니다. 프로이트의 죽음 욕동, 또는 기분, 우울한 저류(undertow) 등의 개념처럼, 그것은 사상으로 정교화됩니다. 당신은 그것과 싸움을 걸고, 버티고, 일어서려고 애씁니다. 당신은 살기 위해 당신의 내면에 있는 당기는 힘에 저항합니다. 당신은 삶을 살기 위해 삶에 저항합니다."

"중력이라는 단어는 너무 많은 것을 말해주는, 무서운 단어요, 심각한 단어입니다. 하나의 심각한 끌어당김이죠."

"나는 언제부터 나 자신이 부분적으로 무덤에 묻혀 있다고 느끼기 시작했을까요? 병적인 매혹(morbid fascination)은 매우 실감나는 것이죠. 창백한 매력이에요. 그것은 우리가 아주 어렸을 때에 겪었던 죽음에서 시작된, 그리고 계속 살아있기 위해 우리 자신을 비트는 방식이죠. 그것은 고통과 함께 시작되죠. 우리는 아주 일찍 죽기 시작하는데, 우리가 그것을 안다는 것을 깨닫는 데는 시간이 걸리지만, 그것을 알죠. 나는 뭔가가 잘못되었다는 것을 아주 일찍 알았지만, 내가 무덤 속에 안장되었다는 것을 아는 데는 오래 걸렸어요."

"초월은 삶의 일부이고, 삶 그 이상이며, 삶이 그 자체에 저항하는 것이죠. 삶의 전원을 켜고, 끄는 것입니다."

"한 환자가 와서 그의 혼돈의 욕구 때문에 자신을 끌어내리고 있었습니다. 그는 꿈에서 조각된 동물들이 건물을 받쳐주고 있는 모습을 보았습니다. 동물들이 살아나고 생명이 그들을 채우자 건물이 무너지기 시작했습니다. 그는 자신이 무언가 잘못해서 끔찍스런 일이 일어난 것 같아서 두려워했습니다. 삶은 어떤 것을 무너뜨리기도 합니다. 그 환자의 삶은 충돌을 야기합니다."

"아이는 충돌을 발생시키면서, 계속해서 따라잡으려고 시도합니다. 삶이 과도해지고 돌로 변합니다."

"돌로 변하는 것은 그저 신화가 아닙니다."

"나의 환자는 성장하고 있습니다. 그 돌들은 살아있습니다. 동물들은 살아있습니다. 심한 혼란 속에서 살아있습니다."

* * *

Z박사: "빠른 것들이 경주하듯 지나갑니다. 바람처럼 말이에요. 작은 것들이 속도를 내는군요. 나는 다시 다음과 같은 기분과 함께 잠에서 깼습니다. 나는 너무 느려—나는 이 세상을 살아가기에는 이라고 말하려던 참이었습니다. 그러나 너무 느리거나 빠른 것은 삶입니다. 이것이 옳은 말일까요?"

"'옳다'는 것은 무엇을 의미하나요? 분명히 논쟁에서 옳은 것을 말하려는 것이 아닙니다. 하나의 진실이 또 다른 진실의 거짓을 가격하는 것을 말하려는 것이 아닙니다. 옳다는 것은 뭔가 좋은 것이 여기에 있다는 것을 의미합니다. 삶이 느끼는 방식 말입니다. 지금 삶의 사실들이 그저 옳다고 느끼는 것입니다. 지금 나는 사실들이 느껴지고 존재하는 방식을 진심으로 즐거워합니다. 여기에서 옳은 것은 맛의 문제, 맛의 한 종류의 문제, 삶이 어떤 맛을, 어떤 좋은 맛을 갖고 있는지의 문제입니다. 여기에서, 옳은 것은 무기가 아닙니다. 내가 옳고 당신은 틀렸다는 것이 아닙니다."

"…을 쫓아가려고 경주하는 …하려고 시도하는 것."

"그것은 지치게 합니다."

"아니에요, 처음에는 그렇지 않아요. 그것은 흥분되고 짜릿해요. 나는 짜릿함이 모든 것의 배경에 있다고 생각해요. 가끔 그것은 우리를 그것으로 향하게 해요. 그리고 '이것 봐, 나는 여기 있어, 여전히 여기 있어, 언제나 여기 있어, 그리고 지금 너는 나를 발견했어'라고 말합니다."

"내 생각은 이래요: 삶은 우리가 그것에 더 겁을 집어먹고, 우리의 두려움을 어떻게 해야 할지 모를수록 돌로 변해요. 우리는, 마치 우리를 겨누고 있는 총처럼, 돌로 변한 우리의 두려움과 삶을 무기로 삼아 우리를 겨냥할 때까지 점점 더 편집증적이 됩니다. 우리의 모든 내면의 삶은 바깥으로부터 우리를 쏘겠다고 위협합니다. 마비와 함께 격노가 출현하고, 우리는 삶에 대해 영원히 화난 상태에 머물고, 그것에 의해 마비됩니다. 우리는 건물의 죽은 돌들이 되지만, 얼마의 삶과 비슷한 것을 보유합니다. 우리는 공예가가 정성들여 만든 동물들을 닮았습니다."

"우리는 죽은 지점, 사랑으로 만든 죽은 지점을 둘러싸고 성장합니다. 돌의 한가운데 있는 증오로 채워진 사랑 말입니다."

"누군가 방아쇠를 당길까요? 사랑과 죽음으로 만들어진, 너무 많이 상처 줌으로써 삶이 만들어낸, 총이 항상 우리를 겨냥하고 있습니다."

* * *

그레이스: "밤새도록 나는 영의 현존을 느꼈어요. 영들이 나의 현실 안으로 들어오고 나가는 꿈을 꿨어요. 한 영이 이렇게 말했어요. '네가 증거를 원한다면, 다락방 문이 열려있어.' 나는 다락방에 올라갔는데, 문이 열려있었어요. 모서리가 부러졌거나, 바람 때문일 수도 있어요. 다른 이유일 수도…"

"나의 현실이에요. '이게 나의 현실인가'라고 말하는 내 마음이 싫어요. 내가 그걸 갖고 있나요? 내가 그걸 만들었나요? 그게 나의 마음인가요? '나의'를 반복해서 말하게 되는 것은 대체 무슨 일일까요?"

"나는 영에서 벗어나기 위해서 마음속으로 들어가요."

"요점은, 뭔가 망가졌다는 거죠."

"삶의 샘이 망가졌어요."

"다락방 문은 내 마음의 문들 중의 하나예요."

"그리고 골짜기 아래, 몸 안에…"

"영들은 나와 섹스를 하고 있고, 나는 계속해서 오르가즘을 느껴요. 무언가가 나를 흥분시키고, 나는 그것에서 벗어날 수 없어요. 이 모든 것이 우리가 옷을 입은 상태에서 일어나요. 아니, 영들은 옷이 없어요. 그들은 볼 수 없어요. 하지만 우리의 옷들이 입혀져 있어요. 절정감을 느끼는 것은 우리의 내면이에요.

"그래서 망가졌든, 망가지지 않았든 생명의 샘이 있어요."

* * *

그레이스: "나는 이미지가 평범하고 일상적일 때 그것을 좋아하지만, 좀 더 말하자면, 따로 떨어져 있는 것을 좋아하죠. 따로 떨어져 있는 것, 즉 떼어놓는 것 말이에요. '정상'인 사람들은 감정의 기복을 표현하기 위해 이러한 용어들을 사용하죠. 그러나 나는 가끔 그들이 더 많은 것을 말하고 있다는 암시를 받는다고 생각해요. 말들은 항상 더 많은 것을 말하죠. 이것은 정박, 추락, 부스러짐의 커다란 결핍을 암시해요."

"부스러짐 안에 샘이 있어요."

"영들이 어디에서 오죠? 샘 안에서인가요?"

"내 마음은 샘이라고 말하지만, 그게 무슨 의미인지 누가 알겠어요? 기반(foundation)? 설립하기(founding)? 버려진 아이(foundling), 고아의 마음?"

"고통은 사랑을 가르쳐요. 기쁨은 사랑을 가르치죠. 어떤 것이 더 좋은 교사일까요? 선택을 설정하는 것, 이것 때문에 나는 마음을 싫어하죠. 당신은 걸려 넘어지지 않고는 아무 말도 할 수 없습니다. 얼어붙지 않고요."

"당신은 물이 정말로 멈춘 적이 있다고 생각하시나요?"

* * *

그레이스: "누군가가 나를 쳐다보면서 공허한 얼굴로 이렇게 말해요: '물이 흐르기 시작한 적이 있다고 생각하세요?' 거기에는 이런 말들을 하는 나쁜 영들이 항상 있어요. 아마도 그들은 나쁜 영들이 아니고 단지 자신들에게 진짜인 것을 말할 뿐일 거예요. 흐르는 물이 없는 텅 빈 영들이죠. 그들은 색깔이 없고, 바람이나 산들바람으로 만들어지지 않았어요. 드라이 아이스도 아니고, 온도도 전혀 없어요. 심지어 비어있음도 아니에요."

* * *

그레이스: "당신은 실제로 그것 모두를 하나로 끼워 맞출 수는 없어요."

* * *

그레이스: "이미지의 자궁으로부터 이미지들이 쏟아져 나와요. 당신은 그것이 영원히 계속될 거라고 느끼죠. 당신은 항상 임신해 있고, 출산하고, 아이를 많이 낳는, 다산의 여신을 만들어내야 해요. '너무 많은'이라는 말조차도 결코 충분하지 않아요. 여신들은 그냥 이것을 해요. 당신은 매순간 성장하는 어떤 것을 볼 수 없어요. 한 순간에 볼 수는 없죠. 당신은 기다려요. 계속 기다려요. 때가 되면 드러나게 될 무언가는 아주 조용히 자라요. 잠깐 동안의 휴지를 기다리면서 눈물이 모습을 드러내기 시작해요."

* * *

Z박사: "꿈들이 죽나요? 죽은 꿈들이 있나요? 죽음을 묘사하고 표현하는 꿈들이 있다는 것을 나는 알아요. 나는 우리가 허물처럼 벗어버리는 그런 오래된 꿈을 말하는 것이 아니에요. 우리 안에 있는 죽음을 표현하는 그런 꿈을 말하는 거예요."

"신체적 죽음이 아니에요. 비록 신체적 죽음도 그것의 일부이긴 하지만요, 내적 죽음의 한 측면인 정서적 죽음을 말하는 거예요, 나는 우리가 완전히 살아있거나 완전히 죽은 적이 있었는지 의문을 갖습니다. 화가들은 그들이 죽어있음과 살아있음을 단 하나의 관점에서 묘사할 수 있다는 점에서 더 편한 시간을 가져요. 말하는 것은 둘 중 하나를 잃는 것이지만, 내면에는 그 둘 모두가 있습니다."

"내가 묻고 있는 것은 내면의 죽음을 표현하는 꿈들이 그러기 위해서는 죽어야 하느냐는 것이에요. 실감나는 것이 되기 위해서 그것들은 죽음의 맛을 지녀야 하나요? 이것이 그것들이 시도하는 것이 아닌가요? 죽음이 우리에게 실감나는 것이 되게 만드는 것 말이에요."

"가장 이상한 것은, 우리가 나쁜 꿈을 꿀 때 우리는 우리 자신에게 '이건 꿈일 뿐이야'라고 말하는 것입니다. 우리는 아이들에게 그건 진짜가 아니고, 곧 사라질 거라고 말합니다. 우리가 사라진다는 뜻이겠죠. 우리 모두는 사라질 것입니다. 우리의 어린 아이들과 우리는 우리의 부모들과 그들의 부모들이 간 길을 갈 것입니다. 마치 유성처럼, 또는, 운이 좋다면, 불꽃놀이처럼 말입니다. 만약 아주 운이 좋다면, 우리는 잠깐 동안 밤하늘을 환하게 비출 것입니다. 우리는 서로의 하늘을 비출 것입니다."

"그래서 우리는 꿈보다 더 생생한 것은 아무 것도 없다는 사실을 확립하고 있습니다. 재앙에 대한 꿈들은 우리가 내면에서 느끼는 것을 묘사합니다. 우리가 삶에서 겪고 있는 것을 말입니다."

"우리는 삶을 재앙이라고 부르는 것을 두려워합니다. 마치 그것이 삶을 더 나쁜 것으로 만드는 것 인양 말입니다. 삶을 재앙이라고 부르는 것은 격정 또는 위기의 사실을 말해줄 뿐입니다. 이제 우리는 삶이 위기라는 것을 압니다. 우리는 위기를 정상화하거나 사라지게 할 수 없습니다. 우리는 열병의 위기에 대해 말합니다. 그러나 프로이트는 우리에게 말합니다: 우리가 그 열병이고, 그 위기의 결과들이다."

"사실 그것은 불을 끄려고 하면 할수록 더 커지는 불과 협상하려고 시도하는 것과 같습니다."

"단순하게 이렇게 말하는 것이 좋겠습니다: 우리의 꿈들은 진실이다. 우리는 진실에 대한 공포증을 갖고 있다."

"나는 우리가 진실을 두려워하는 한 가지 이유, 유일한 이유가 우리가 진실을 행동으로 옮겨야 한다고 생각하기 때문이라고 생각해요. 우리는 우리가 거짓을 살고 있음을 알고 있고, 폭력적인 행동을 하면서 옳은 일을 하도록 부름을 받았다고 느끼죠. 내가 일생 동안 배우고 있는 진실은, 진실이 우리에게 행동하도록 허용하는 것보다 우리가 진실에 따라 행동하는 것이 더 쉽다는 거예요. 여기에서 중요한 것은 이것입니다. 꿈을 갖고 무언가를 하지 말고, 꿈이 당신에게 행동하게 허용하라."

"나는 여러 해 전에 한 환자의 정신증적 붕괴에서 이것을 어렴풋이 깨닫기 시작했어요. 그는 진실에 대한 그의 느낌에 따라 행동해야 한다고 강요받았고, 주변에서 발견되는 악과 싸우도록 강요받았습니다. 동시에, 그는 이 부름에 응한다면 자신이 죽게 될 것임을 분명하게 알고 있었습니다. 도처에 있는 악과 싸우는 것은, 그가 알았듯이, 자살 행위였습니다. 그는 지하철 바퀴에 깔리든지, 머리에 경찰의 총알 세례를 받는 것으로 생을 마감했을 것입니다. 악과 싸우는 것은 악한 자들을 죽이는 것을 의미했고, 악은 그의 주변 어디에나 있었습니다. 그것은 실제로 인류를 죽이는 것, 아마 결국에는 생명 그 자체를 죽이는 것을 의미했습니다. 인류에게서가 아니라면, 악은 어디에서 온 걸까요? 그는 모든 것이 좋게 되기 위해서 모든 생명을 죽여야만 할 것입니다. 자신이 죽을 필요가 있다는 논리는 그를 피해가지 않았습니다."

"그의 해결책은 겁쟁이의 것이었지만, 그는 피부에 대한 걱정 때문에 그것을 견뎌냈습니다. 심리치료는 그에게 일종의 피부였거든요. 그는 그의 생명을 구하기 위해 그의 영혼을 잃는 것을 기꺼이 감수하려고 했습니다. 그에게 그것은 아주 긴 시간으로 느껴졌습니다."

"나에게 그것은 계시였습니다. 자신과 다른 사람들에게 끔찍스럽게 폭력적인 행동을 하지 않는 것이 영혼을 상실하는 것처럼 느껴진다는 깨달음 말입니다. 앉아서 삶의 여러 가닥들을 느끼는 것, 이것이 약함, 영혼의 상실처럼 느껴졌습니다. 자기 자신을 찾기 위해 영혼을 상실하는 것 말입니다."

"어떻게 이 곤경에서 벗어나죠? 그 안으로 더 들어가는 것으로요? 정지 신호가 있는 곳에서 멈추지 않는 것을 통해서요? 강철 속으로 뛰어드는 것을 통해서, 액체화를 통해서요?"

***

Z박사: "겁쟁이가 되는 것도 괜찮아요. 우리가 우리의 약함을 받아들이고, 그것과 함께 산다면, 우리는 훨씬 더 잘 살 거예요.

약한 자, 소외된 자, 궁핍한 자를 껴안으라는 것이 성서의 가르침이 아닌가요? 아이들이 그것을 주도할 거라고 하지 않던가요? 강한 척하고 무엇을 하고 있는지 아는 척하기를 멈추라고요. 성서에는 살인과 용서가 혼합되죠. 왜 용서하는 거죠? 내 생각에, 그 명령의 깊은 의미는 만약 우리가 용서가 살아있는 곳에 다다를 수 있다면, 우리는 살인하지 않아도 된다는 것이에요."

* * *

Z박사: "언제나 만약이라는 전제가 붙는 것, 그게 문제군요."

* * *

Z박사: "나는 내 환자의 석조 동물들이 살아나는 것을 생각하고 있어요. 동물들이 살아있을 때, 인위적 구조는 필요치 않죠. 당신은 마치 석조 건물처럼 자신을 한데 묶어둘 필요가 없어요. 당신은 굴레처럼 외적인 갑옷이 필요하지 않아요. 살아있음은 그 자체의 형태들을 취해요. 살아있음 안에서 자발성이 형성돼요. 살아있음은 형성하는 활동이고, 고통과 기쁨은 그것이 자체의 힘을 사용하는 방식의 일부에요."

"비난은 어디에서 오나요? 그것은 단순히 당신의 부모로부터 오는 것이 아닙니다. 그것은 삶이 하는 것의 일부요, 많은 형태를 취하는 살아있음이 갖고 있는 능력의 일부에요."

"왜 살아있다는 이유로 당신 자신을 비난하죠? 그것은 아프기 때문이죠. 그것이 다른 사람들을 아프게 만들기 때문이에요."

***

Z박사: "비난할 게 없다는 것 역시 충분하지 않습니다. 우리는 권력이 쾌락적이지만은 않다는 것을 알면서도 권력을 쫓아다닙니다. 그 과정에서 사람들을 잘못 인도합니다. 우리는 기다리는 것을 두려워합니다. 우리는 우리의 삶의 죽은 총이 우리가 함께 살 수 없는 모든 것과 함께 우리를 쏠 거라고 두려워합니다. 거기에는 사는 것에 대한 자포자기가 있습니다."

"자기-공격은 결코 멈추지 않습니다. 내부 또는 외부의 충격으로 모양은 바뀌지만요. 충격을 주는 것이 실제로 무엇인지, 또는 그것이 어디서 오는지 결코 알지 못합니다."

***

그레이스: "자궁 사고들. 꿈 사고들. 자궁 활동의 일부로서의 꿈들. 꿈 자궁들. 이 모든 것들은 살아있음에서 출발합니다. 모든 것이 살아있습니다. 블랙홀은 아래로 내려가는 아기입니다. 아기는 충격을 받고, 아래로 내려갑니다. 사라지는 데는 시간이 걸립니다. 아래로 내려가는 길은 물로 가득 차 있습니다. 아기가 다시 나타날 때, 구멍이 거기에 있습니다. 그것이 우리 대부분의 삶을 멈추게 하지 않습니다. 우리는 우리의 구멍들 주위에서 살고, 가끔은 그 안에 빠지기도 합니다."

"꿈들은 우리 내면의 중환자실에 있는 인공호흡기와도 같습니다. 그것들은 생명이 살아있게 해줍니다. 그것은 세계 영혼(the World Soul)으로 연결되는 배꼽입니다."

"나는 꿈을 낳습니다. 내가 그것을 행하나요? 내가 내 꿈을 만든다고 감히 말하나요? 아마 그 반대로, 꿈꾸기의 일부로서의 나

(I)요, 꿈꾸기가 탄생시키는 나라고 말해야 할 것입니다. 우리는 마치 우리가 꿈속에서 벌거벗었다고 느끼듯이, 꿈이 우리의 기본적 자기에 관한 진실과 접촉한다고 느끼듯이, 날것 그대로의 우리의 삶을 맛보기 위해 꿈에 잠시 몸을 담급니다."

"꿈은 정신적 삶이 살아있게 하는 데 도움을 주지만, 아기처럼, 충격을 받고, 아래로 내려가고, 손상을 입습니다. 절단된 꿈들, 그리고 절단에 대한 꿈들이 있습니다. 그것들은 우리의 손상 입은 자기를 엿보게 하는 꿈들입니다. 그러나 그것들은 계속해서 옵니다. 손상과 함께 그리고 모든 것들과 함께, 심층에서부터 온 괴물들과 은혜의 순간들과 함께 계속해서 옵니다."

"비가 오고 있습니다. 내가 자세히 보니 모든 빗방울이 손상 입은 아기입니다. 그리고 그 아기 내부에는 손상 입은 꿈이 있습니다. 꿈 내부에는 손상 입은 아기가 있고요."

"손상이 우리를 멈추게 하지는 않습니다. 꿈들은 부분적으로 장애 입은 정신적 몸입니다. 그것들은 말합니다. '목발을 집어던지고 하늘을 날아라.' 거기에서 나는 지붕 꼭대기 위에, 전체 위에, 높은 곳에 있습니다. 오래지 않아 땅이 나를 삼킬 것이고, 나는 그 안에서, 모든 표면 아래에서 질식당하고 있을 겁니다. 외상과 한계에 사로잡힌 채, 취약한 상태로 말입니다. 당신은 꿈이 어디서 오는지에 대한 질문을 정말로 멈출 수 없습니다. 당신은 당신이 얼마나 비틀렸는지에 대해 아는 것을 회피할 수 없습니다. 손상 입은 아기의 상태에서 자라나오지 못합니다. 겉으로만 성장합니다."

"나의 자궁, 내 출산은요? 정신적 자궁, 영적 자궁이 출산하지 않나요? 이런 종류의 자궁들은 결코 멈추지 않죠. 그것들은 멈출 수 없어요. 당신은 그것들을 충분히 때리고, 뒤틀죠. 그리고 그것들은 괴물들, 인간 괴물들을 만들어요. 나는 내 주변 어디에서나 그것들을 봅니다. 그것들이 우리나라를 이끌고 지옥을 만들어내죠. 꿈꾸기가 어디에나 있기에 지옥도 어디에나 있어요. 우리의 상처들에 대한 꿈꾸기가 있듯이, 우리의 상처 입은 꿈 자궁들이 있어요. 이라크는 상처 입은 꿈 자궁이에요. 우리나라는 꿈을 먹는 괴물이죠. 거대 기업은 먹을 것을 위해 꿈을 사용하고, 꿈의 삶 내부에서 갉아 먹고 있으며, 대량 소비의 꿈들과 마케팅 악몽들을 사용하여 꿈들을 이익을 위한 것으로 세련되게 치장합니다. 살아있는 꿈들은 그것들이 지닌 모든 손상들과 함께 금전적 힘에 의해 만들어진 꿈 기계들에 의해, 그리고 돈으로 화한 나(I)들에 의해 대체되죠. 꿈의 삶을 벗겨낸 꿈들에 의해서 말이에요."

"나의 자궁, 공허는요? 영원히 공허를 형성하는 한계 없음은요? 위대한 공허는 어떤 것으로도 채울 수 없는 건가요? 그것은 배태된 비어있음인가요? 대대적인 자궁오염, 공허오염이 발생하는가요? 독이 든 공허가 창조적 공허의 일부인가요? 아니면 창조적 공허가 독이 든 공허의 일부인가요? 그 중 어떤 것이 일차적인가요? 일차적이라는 것이 있긴 하나요? 그리고 일부라는 말의 의미는 무엇인가요? 우리는 전쟁을 벌이고 있는 신체의 부분들에 대해 알고 있습니다. 장기 판매(organs for sale)에 대해서도요."

"꿈들은 내면의 바다의 일부이며, 내면의 바다-만들기의 일부입니다. 오염된 바다, 창조적 바다가 있고, 오염된 꿈꾸기와 창조적 꿈꾸기가 있습니다. 머지않아 꿈 물고기는 산소부족을 겪을 것이고, 붉은 바다가 천천히 생명을 끝낼 것입니다."

"나의 피로 얼룩진 자궁. 질식당하고 있습니다. 자궁들도 숨을 쉽니다. 그것이 손상을 입을 때 숨쉬기는 더 힘들어집니다."

"프로이트는 꿈 배꼽에 대해 말합니다. 그것은 시야에서 사라지는 얽혀있는 뿌리 체계를 가진 배꼽입니다. 위대한 배꼽이죠.

그것이 우리를 어디로 인도하나요? 뿌리들은 마음속 빛이요, 아직 태어나지 않은 생각들입니다. 감정들은 살 수 있는 기회를 기다립니다. 당신은 아기 사고들(thought babies)을 그들을 기형으로 만드는 세상으로 데려올 수 있나요? 그들을 잡아먹고, 그들을 갈아서 거대한 전쟁 기계로 만들어버리는 세상으로 말입니다. 전쟁 기계로서의 꿈 기계로 말입니다."

* * *

그레이스: "길 위에서 한 남자가 멈춰 서서 말합니다. '아직은 꿈들을 팔지 않아요. 자매님, 꿈 하나를 남겨두시겠어요?' 시간이 흘러가고, 나는 궁금해집니다. 이 꿈속의 거지는 누구인가? 그는 무엇을 찾고 있는가?"

* * *

그레이스: "우리가 느끼는 모든 것은 공허를 변화시켜요."
"아기가 느끼는 모든 것이 공허를 변화시켜요."

* * *

그레이스: "신은 선을 악에서 분리하신 다음에 우리에게 그것을 바로잡으라고 요청하세요."
"누가 그것을 바로잡을 것인가?!"

* * *

그레이스: "형제자매들이여, 손을 맞잡고, 가슴과 가슴을 연결하세요."

"우리는 지배하기 위해 서로를 위협해요. 누가 그것을 바로잡을 수 있나요?"

* * *

그레이스: "내가 보는 것은 이거예요. 원시시대를 살고 있는 한 남자가 있어요. 영화에서는 동굴인간으로 나오죠. 실제로는, 누가 자세한 것을 알겠어요? 그는 한 여자를 때려요. 거기에는 사용할 수 있는 말이 없어요. 무언가가 일어났죠. 아마 그 둘 중의 누구도 그게 무엇인지, 왜 그런 일이 일어났는지 모를 거예요."

"구타는 현실이에요. 그것을 불러일으킨 것이 무엇이든지, 그것은 현실이에요."

"설령 환상이 관련되어 있다고 해도, 상상적인 어떤 것이라고 해도, 깔보거나 빗나간 시선이라고 해도, 그것은 진짜예요. 상상속의 경멸은 진짜예요. 빗나간 시선은 진짜예요."

"무엇이 그 여인에게 고통을 야기한 구타로 이끌었는지, 우리는 알 수 있을까요? 그것은 그녀가 그가 좋아하지 않았던 것을 했거나, 그가 원하는 것을 그녀가 하지 않았기 때문일 수 있을 거예요. 아니면 그녀와 전혀 상관없는 일일 수도 있죠."

"남자가 가진 어떤 종류의 아픔이 구타로 이끌었을까요? 그리고 이 모든 아픔, 생생한 아픔은 어디에서 왔을까요? 이것이 정신이 태어나는 방식인가요? 나는 그 대답에 만족할 수가 없어요."

* * *

그레이스: "신은 당신이 고통 속에서 출산할 거라고 말합니다. 나는 그것을, 정신적 탄생을 받아들여요. 기쁨은 고통스럽기도 하죠? 그래요, 기쁨은 고통스러워요. 그러나 기쁨은 기쁜 것이에요. 그래요, 기쁨은 기쁜 것이죠."

덧붙이는 말

많은 것들이 잘못되었다. 그것은 공주와 콩과 굴(oyster) 속에 모래에 관한 문제가 아니다. 그것의 자극은 우리를 관통해 흐른다. 어쩌면 그것은 삶 자체인지도 모른다. 삶의 고유한 부분을 구성한다는 말이다.

과거로 거슬러 올라가면 근원적 자극물에 대한 신화와 이야기가 있다. 어떤 것은 상실했거나 잃어버린 것을 둘러싸고 조직되어 있다. 몸이 반으로 쪼개지고, 영혼이 반으로 쪼개지는데, 그 반토막들이 서로를 찾는다. 상실한 부분으로서의 태반에 대해 서술한 정신분석적 글도 있다(Eigen, 2006a; Lacan, 1978; Rhode, 1994). 어떤 저자(Tustin, 1995)는 혀와 젖꼭지가 떨어져 나가는 것을 상상한다. 비록 그녀는 또한 우주적인 상실한 가슴에 대해서 말하지만 말이다. 초기 정신분석가들은 자궁이나 젖가슴의 상실에 관해 많은 글을 썼다. 영지주의자들은 영혼이 자궁, 탄생, 지상으로 내려옴으로써 영혼을 잃어버리는 하늘을 보았다. 많은 신비주의자들에게 있어서, 신에게서 영혼이 분리되는 것은 일차적 금(rift), 틈새, 또는 파열처럼 느껴졌다. 이 목록은 경제적 그리고 사회적인 소외를 포함하는 것으로 확장될 수 있고, 보다 개인적 수준에서 참 자기와 거짓 자기 사이의 파열을 포함시킬 수 있다.

분리와 상실이 한쪽 극이라면, 폭력적이고, 폭발적인, 또는 서로를 침범하는 것이 다른 쪽 극이다. 분리와 상실이 폭력적이지 않다는 말이 아니다. 그러나 거기에는 파열과 마찬가지로 분출이 있다. 외부로부터의 공격은 명백한 경우에 해당된다. 너무 많은 꿈들이 신체나 집이 침범 당하고 공격 받는 장면을 보여준다. 그것은 문자 그대로의 위험뿐 아니라, 침범 당한 정신의 표현이기도 하다. 폭력에 대한 느낌이 신체와 정신의 통합과정에 구멍을 뚫는다.

정신은 침범만 당하지 않는다. 그것은 깨지기도 한다. 부패하거나 병든 것, 장미에 있는 벌레나 옹이 등과 같은 영혼과 영의 타락에 관한 오래된 언급들이 있다. 성 어거스틴에게 있어서, 신은 무엇보다도 의사였다.

우리가 살고 있는 이 시대에, 자기, 영혼, 또는 인격에 관한 말들은 단지 결함(교만, 죄, 타락)만을 포함하지 않는다. 그것은 파편화의 언어에서 꽃을 피웠다. 소외, 엔트로피, 무의미성, 공허, 무 등의 언어 말이다. 또한 분쇄, 산산조각나기, 분열, 떨어져나가기 등이 포함된다. 신경증의 언어에서 정신증의 언어로 바뀐 것이다. 영속적인 위기에서 영속적인 붕괴로 옮겨졌다. 파국에 대한 신비적 수사어구는 개인화되고 사회화되었다. 영원히 문제가 되는 것은 정신적 멸절의 어떤 형태이다.

뭔가 빗나가거나 잘못되거나 멸절되는 것은 안으로부터도 밖으로부터도 올 수 있다. 여기에는 여러 변형들이 있다. 하나의 정신분석적 시나리오는 흥분 안에 내재된 이중성을 포함하고 있다. 예컨대, 성적 또는 공격적 분출은 쾌락적인 동시에 위협적일 수 있다. 어떤 경우, 그것은 산산조각 나는 지점까지 해체할 수 있다. 흥분과 통제 사이에 항상 존재하는 줄다리기는 붕괴와 분산(dispersal)에 굴복할 수 있다. 자신의 마음을 굳게 닫고 편협한 목표를 위해서 성과 공격성을 사용하는 것 역시 가능하다. 붕괴와 자기-경화는 서로 배타적이지 않다.

비온(1970)이 지적했듯이, 정신적 삶의 도래는 그 자체로서 파국적이거나 파국적 요소를 지닐 수 있다. 최상의 행복감을 주는 어떤 것이 그것을 관통한다는 것도 사실인 것처럼 보인다. 가장 잔인한 파괴성조차도 황홀감을 불러일으키는 요소, 예를 들면, 격노의 오르가즘적인 측면(Eigen, 2002)을 포함하는 경우도 있다는 말이다.

공격성의 이미지들은 종말론적인 비율로 빠르게 증가해왔다. 세상에는 여전히 종말론적인 이미지들을 자극하는 대재앙들이 존재한다. 그리고 무기에 대한 우리의 공포는 멸절 불안에 새로운 기름을 쏟아 부었다. 우리나라의 지도자가 다른 나라의 도시를 폭격하는 예상된 "충격과 경외감"에서 공적인 쾌락을, 그리고 심지어 자기-만족을 얻는다는 것을, 당신은 상상할 수 있는가? 대중 매체 덕택에, 자기 가슴을 두드리는 정신적 고릴라가 "야만스럽고" "동물적인 것"으로 불리는 행동을 통해 인간 종족의 일부를 살인하면서 오싹한 전율을 느끼는 모습을 우리는 목격하고 있다. 이것이 이백년 전이나 이천년 전이 아닌 지금 이 시대의 경향성이다. 이 순간 인간들은 이 세계의 몇몇 장소들만이 아닌 더 많은 곳에서 서로를 소름끼치는 방식으로 대하고 있다. 이러한 학대 이미지들은 거의 즉각적인 미디어 전송을 통해 우리 마음의 스크린 위에서 펼쳐진다. 그리고 그것은 지금도 여기저기에서 계속된다.

뭔가 잘못된 것의 또 다른 조각은 공적 지도자들이 승리를 위한 거짓말, 즉 기만에 과도하게 의존하는 것이다(Eigen, 1996). 정치적 성향의 배열이나 종교적 근본주의자들의 혼합물, 그리고 정부 지도자들에 의해 중재된 대기업의 이익은 엄청난 인간의 고통을 대가로 치르게 한다. 종교석 광신도들이나 금전적 광신도들은 삶의 경쟁력과 선함을 위협한다. 신체적 생명만이 아니라 정신적 삶의 질이 여기에 달려 있다. 종교적 광신도들과 금전적 광신도들은 그들에 길에 놓인 어떠한 것이든 일말의 주저도 없이 게걸스럽게 먹고 없애버리는 것처럼 보인다. 우리가 민주주의를 수출한다고 말할 때 무엇이 수출되는지는 명확하지 않지만, 그것이 무엇이든지 정말 추해 보인다.

이 모든 것은 우리가 우리 자신으로부터 벗어날 수 없다는 것을 말해준다. 우리가 어디에 있든지, 뭔가 잘못된 일이 일어난다. 그것이 우리가 만들어진 방식이고, 그것이 삶을 구성하는 방식이다. 그것은 우리가 우리의 욕구와 일치하지 않는 것의 충격을 나쁘다고 느끼기 때문이 아니라, 우리 자신과 다른 사람들을 힘들게 하는 욕구, 욕망, 상상들에 의해 괴롭힘을 당하기 때문이다. 우리를 구성하는 과정들은 우리를 우리 자신에게 문젯거리로 만든다.

우리는 폭력적인 세상에 살고 있지만, 비폭력적인 삶에 대한 소망을 간직하고 있다. 우리는 생명이 생명을 먹는 약탈자먹이의 영역에서 살고 있지만, 기본적 친절함에 대한 환상에 의해 접촉된다. 우리의 보편화하는 마음은 모든 사람을 향한 친절을 생각한다. 모든 사람이 소중하다는 것은 우리의 비전의 일부이지만, 그러면서도 우리는 공포감을 불러일으키는 데서 즐거움을 얻는다.

갈 길이 멀다. 우리는 서로를 돕는다는 비전이 실행 가능한 것인지, 또는 그것이 얼마나 멀리 도달할 수 있는지 알지 못한다. 우리 중 일부는 그 이하에 동의하지 않을 것이고, 동의할 수 없을 것이다. 어쩌면 그것은 불가능한 것 이하에는 동의할 수 없다는 것을 의미할 것이다. 너무 가능한 충격과 공포 대신에 불가능하게 선한 것 말이다.

그렇다면, 뭔가 잘못된 것은 군사적 열정으로 윤곽이 그려진, 우리의 정치적 경제적 체계 안에만 있지 않다. 우리의 체계들은 우리를 반영한다. 우리가 그것들을 만든다. 뭔가 잘못된 것은 우리 자신, 또는 우리의 일부이다. 우리가 잘못된 것이다. 우리는 우리의 가장 큰 도전이다.

오늘날, 이 뭔가 잘못된 것은 편재적이고, 불길한 파괴성의 형태를 취한다. 그러나 그것이 무엇이고, 어떻게 만들어졌고, 우리가 누구이며, 우리가 무엇이 되는지는 열려 있는 문제이다. 그리고 그것은 인류 진화의 매듭점(nodal point)이다.

제 8 장

에밀리와 마이클 아이건

살인보다 작은 모든 것은 동요하는 불확실성을 요한다. 동굴이 열리게 하라. 이름사태(nameslide)가 시작되었다.

에밀리: 상자 안에 있는 죽은 아기, 우리 속에서 포효하는 사자. 오늘 나의 꿈들. 대칭을 보세요. 레이지(rage) 안에서 포효하는 것일 수도 있었지만, 그것은 케이지(cage) 안에서였어요. 한 눈은 죽은 아기를 보고, 다른 한 눈은 포효하는 사자를 보죠. 그것은 양안적 시각(binocular vision)이에요. 죽음과 삶이 박스에 담기고, 우리에 갇히는 거죠. 죽은 나와, 살아있는 나가 있어요. 그리고 감금된 나도 있어요.

객체에서 주체로 번역해 볼게요: 나는 상자 안에 죽은 아기요, 우리 안에서 포효하는 사자에요. 꿈들은 1인칭에 해당하는 것을 3인칭이나 2인칭에 집어넣나요?

내가 나(I)를 말할 때, 그것은 포효하는 사자나 죽은 아기에 비해 보잘것없는 나(I)예요. 나는 내가 시작한 곳 끝까지 도달하는 나(I)를 필요로 해요. 그것은 나(I)보다 더 깊은 곳에 도달해야 해요. 왜냐하면 내가 죽을 때, 그것은 나만 죽는 것이 아니기 때문이죠. 죽음은 더 깊이 내려가요.

죽은 나, 포효하는 나, 감금된 나보다 더 깊어요. 우리, 상자, 죽음, 삶—오(O)는 더욱 깊어요.
　여기로 오는 길에 성전 모퉁이 돌 위에 새겨진 글을 보고 감동의 눈물을 흘렸어요. '정의를 행하라, 자비를 사랑하라, 당신의 신과 겸손히 동행하라' 라는 구절이었죠. 나는 그곳을 수천 번 지나쳤는데, 왜 오늘에서야 그 글을 보았죠? 그 글귀를 생각하면 눈물이 나요. 그것은 모든 것을, 모든 것의 진실을 그토록 단순하게 말해주고 있어요.
　내가 이 진실 앞에 흐느껴 울 때 아기가 살아나고 마음의 빗장들이 녹는 것을 느껴요. 누구나 살아있는 아기, 포효하는 살아있는 사자를 무서워하죠. 하지만 우리는 사자의 포효를 사랑해요. 그것이 우리로 하여금 생명의 고동을 느끼게 하죠. 그것이 우리를 두렵게 하는 것이 아닌가요?

* * *

　아이건: 아래로 내려가는 꿈이에요. 계단, 발코니, 난간이 있고, 극장같기도 한데, 내 아들 또래의 젊은 남자들과 아들의 친구들이 있어요. 그들과 함께 있는 게 기분이 좋아요. 나는 계속 뭔가를 잊어버렸기 때문에 여러 번 아래로 내려갔어야 했죠. 그 밑바닥에는 바닷가, 해변, 피크닉 장소가 있어요.
　극장의 어두움은 생명이 있는 빛이에요.
　나는 모래사장에서 놀고 있는 내 어린 아들을 남겨둔 채, 해변에서 우리가 빌린 오두막까지 달렸어요. 맨발로 자갈길을 달리다가 발가락을 부러뜨렸어요. 나는 무슨 나쁜 일이 일어나기 전에 아들에게 가기 위해 앞도 보지 않고 뛰었어요. 그가 나를 찾기 전에요. 나는 달리면서 초조했고, 불안했으며, 행복했고, 활기차게 살아있었어요. 우리는 생명으로 가득 차 있을 때 무언가를 부러 뜨리죠.

* * *

에밀리: 나는 당신의 수법을 알아요. 당신은 내가 참여하게 만들기 위해, 내가 내 삶에 투자하도록 만들기 위해 그러는 거예요. 말하기를 통해서, 말의 쥬이상스(jouissance)를 통해서 나를 삶에 대한 애착으로 이끌려고 하는 거예요. 당신은 내가 근원에 관심을 갖고 있고, 내가 온 곳으로 급히 되돌아간다는 것을 알고 있어요. 나의 출발점으로 다시 돌아가려는 거죠. 나는 평생 이럴 수 있고, 결코 삶 속으로 들어가지 못할 수 있어요.

나는 내 자신의 쌍둥이에요. 나는 나의 이중적, 삼중적, 다중적 존재입니다. 근본적인 소외, 자신과의 근본적인 차이가 있어요. 사람들은 이 간격을 좁히려고, 그리고 차이를 없애려고 하죠. 자신과 분리되는 것은 무서운 일이에요. 그것은 단지 신체에서만 벗어난 것이 아니라 마음에서도 벗어난 것입니다. 그것은 나(I)로부터 벗어난 것입니다. 나에서 벗어난 나, 나 이상의 나, 나 이외의 나. 오직 신만 아는 곳으로 날아가는 풍선처럼, 당신이 나를 떠나가게 내버려 두는 것은 너무 두렵습니다. 당신이 돌아올 건지를 묻는 것이 첫 번째 질문이지만, 당신은 돌아오지 않아도 된다는 것을 알고 있습니다. 당신은 계속해서 가고 있습니다. 그것은 멈추지 않습니다.

당신은 당신을 따라잡지 않아도 됩니다. 왜냐하면 그럴 수 없으니까요. 그것을 따라잡을 수 없습니다. 나는 그 나(I)가 삶을 체질하는 망이라고 생각했었습니다. 그것은 잡는 문제가 아닙니다. 삶은 그 자체를 잡을 수 없습니다. 삶은 나를 잡는 데 관심이 없습니다. 나는 자발적인 창조물입니다. 나는 그저 발생하는 것, 생명의 잔물결입니다. 그것은 앎의 문제가 아닙니다. 그것은 창조가 발생하도록 허용하는 문제입니다. 아는 것은 창조의 일부요, 하나의 놀라운 잔물결입니다.

놀랍다는 것이 내가 찾고 있는 단어요, 열쇠입니다. 놀라움. 할 말을 잃어버리는, 경외감에 사로잡히는, 완전한 놀라움 말입니다. 당신은 이것이 일어나고 있다는 것을 믿을 수 있나요? 그것은 믿음의 문제가 아니에요. 전혀 믿음의 문제가 아니죠.

* * *

아이건: 살인은 혼돈, 외상을 조직하는 하나의 방식입니다. 장애를 말살시키고, 지워버리는 방식입니다. 신의 거대한 반사작용은 인간들을 수장시키고, 전염병을 앓게 하고, 구멍으로 사라지게 합니다. 자신이 그들을 창조한 걸 후회하신 거죠.

그런데 누군가가 애원하고, 따지고, 위협하고, 그 행동이 옳지 않다는 것을 신께 보여줍니다. 그는 그 문제에 대해 충분히 생각하지 못했고, 자신이 수치스럽다고 느낍니다. 큰 아기가 똥을 쌉니다.

정부의 우두머리가 '나는 신의 일을 하고 있다'고 말할 때, 그 나와 신 사이의 거리는 사라지기 시작합니다. 신의 거대한 반응성은 정치적 계산이라는 깔때기를 통과합니다. 신이 집합적인 나들(corporate Is)과 결합할 때, 그것은 끔찍스런 충격과 경외감을 불러일으키는 장면을 연출합니다.

결과물들로서의 대홍수, 결과물로서의 전쟁.

내 꿈속의 내리막길은 죽음으로 향하는 길입니다. 그때 나는 올라가는 것을 생각하고, 스스로에게 상처 입힙니다. 마음의 동요, 필요하면서도 힘든 일입니다. M으로 시작하는 것들. 군대화된(militarized) 삶, 의학화된(medicalized) 삶. M들이 나에게 상처를 줍니다. M은 내 이름이기도 합니다. 내 이름은 나 자신에게서 도둑맞습니다.

장애의 해결책으로서의 살인. 몰록(역주: 셈 족의 신. 신자는 아기를 제물로 바쳤음.) 천사장인 미카엘.

모든 것은 섞이고 교대합니다. 아담이 지어준 이름들은 가라앉고, 길을 열어줍니다.

***

에밀리: 어머니의 얼굴을 응시하는 것, 나침반의 한 지점을 바라보는 것입니다. 그 어머니? 한 어머니? 나의 어머니? 그것은 나의 어머니라기보다는 내면의 어머니, 내 자신이 창조한 신비한 어머니입니다. 그것의 창조물, 나의 존재의 창조물이죠. 내 정신이 만들어낸 어머니는, 마치 새들이 잡동사니로 만든 둥지처럼, 어머니의 돌봄에서 낚아챈 많은 것들로 이루어져 있습니다. 공원에서, 영화에서 본 어머니들에게서 낚아챕니다. 또는 전혀 어머니들이 아닌, 내면에서 당신을 편안하게 해주는 시선들에서 낚아챈 것들입니다. 길을 내려가는데 누군가가 우연히 당신의 눈길을 끌고, 거기에서 가볍게 떨리는 행복을 만납니다.

***

아이건: 민주주의란 말은 내리막길에 있습니다. 그 말은 많은 사람에게 죽음을, 많은 사람에게 삶을 의미합니다. 당신은 지도자들이 그 말을 사용하는 방식에 움츠려듭니다. 당신은 그것이 벌

레들, 거짓말, 미친 짓으로 가득 차 있다고 느낍니다. 당신은 그 말을 듣고 몸을 피합니다. 위험한 무언가가 다가옵니다. 죽음 또는 삶이라는, 그 말이 지닌 의미 사이의 균형이 무너집니다. 그 말이 회복할 수 있을까요? 그렇지 않다면, 그 말이 한때 의미했던 것의 자리를 다른 것이 차지해야 할 겁니다.

* * *

에밀리: 나는 종교재판을 다룬 나쁜 영화 한 편을 보았어요. 나쁜 영화의 좋은 점은 그것이 진실을 말한다는 것이죠. 더욱 오싹하게 하는 것은 그 영화가 지금 진실을 말한다는 거예요. 영원한 상태로서의 종교재판을 말이에요. 내 자신 안에서, 당신 안에서 행해지는 종교재판이죠. 그것은 하나의 도구로서의 고문입니다. 그것은 법에 저촉되는 것일 수도 있지만 도처에 있어요. 사람들이 서로 말하는 방식 안에, 서로를 쓰러뜨리려는 시도 안에 있죠. 대화를 사용하는 고문이에요. 당신은 그것에서 벗어날 수 없어요. 심문하는 사람, 비난하는 사람, 매질하는 사람. 이런 식으로 일이 진행되죠.

권위자들은 그들에게 맞서는 사람들을 상처 입히려고 하죠. 세상의 나쁜 부모들이에요. 내가 시키는 대로 해. 아니면···. 만약··· 한다면, 신이 도울 것이다.

심문자는 항상 신과 연결되어 있죠. 내가 원하는 것이 신이 원하는 것이다. 나=신. 모든 사람들이 이 사실을 알고 있나요?

내가 원하는 대로 하라. 아니면 목숨을 보전하지 못할 것이다. 이런 식이죠. 이것은 지금도 가끔 그래요. 말은 돌보다 더 많은 상처를 줍니다. 누군가를 규정한다는 것은 폭력적이에요. 종교재판은 충분히 유대인들을 죽이는 데 실패했지만, 유대인들을 규정하는 데는 성공했죠. 그것은 그들의 살해에 대한 효율적인 촉진제였어요.

오늘날 자유주의(liberal)라는 단어는 나쁜 말이 되었죠. 그것은 좌파와 우파 모두에게서 경멸받는 말이에요. 내가 자랄 때 그것은 좋은 말이었어요. 우리는 약함에 대한 종교재판을 받고 있어요. 심문자가 되는 것은 당신이 강하다는 뜻이죠. 다른 사람들을 억누르고, 없애 버리죠. 아무도 약함을 좋아하지 않습니다.

박해자의 눈으로 당신을 보는데 얼마나 오래 걸릴까요? 아동기에는 전혀 오래 걸리지 않죠. 심문자들은 진실을 공유하지 않습니다.

***

아이건: 켄트라는 한 환자는 그의 아내와 장난스럽게 웃는 동안 그의 부정적인 핵을 눌러놓으려고 애썼습니다. 그들은 일종의 게임을 만들어냈는데, 그의 아내가, 켄트가 파인애플 한 조각을 먹여주길 원하면, 그녀는 "제발"이라고 말해야 했습니다. 외부 사람들이 그들을 본다면, 그들은 좋은 시간을 보내고 있다고 생각할 겁니다. 그리고 사실 그들은 어느 시점까지는 그랬습니다. 요점은 전쟁이 많은 즐거움을 받아들이지 않는다는 것입니다. 모든 작은 조각들의 투쟁입니다. 이 순진해 보이는 순간은 하나의 승리였습니다.

나는 그것이 투쟁할만한 가치가 있었다고 말합니다. 그는 그렇다고 말합니다. 나는 당신이 말하는 것이 내 삶을 정당화해준다고 말합니다. 그는 내가 접촉되는 경험을 하는 것으로 인해 접촉을 경험하고, 또 한 순간을 지탱합니다.

나는 정말로 내 삶이 이 순간에 의해 정당화되었다고 느꼈습니다. 당신이 이것의 의미를 충분히 알 수 있으려면, 여러 해 동안 즐거움과 기쁨을 살해하는 삶을 거쳐야만 합니다. 당신은 그에게 있어서 선함의 암시를 죽이지 않는 것이, 전체 순서들은 그만 두고라도, 얼마나 드물고, 불가능한 것은 아니라도, 얼마나 있을 법하지 않은 것인지 알아야 할 겁니다. 웃음은 항상 이 과정에 포함된 하나의 순서일 뿐입니다.

나는 영원하지 않음과 좋은 씨앗이, 마치 존재한 적이 없었다는 듯이, 다음 순간 사라질 수 있다는 것을 이해합니다. 새는 그것을 먹고, 그것은 사라집니다. 그러나 비록 잠시 동안 눈에 보이지는 않지만, 씨앗이 뿌리를 내리고 자랄 수 있다는 것 역시 가능합니다.

이것이 아버지의 법(the law of the father)보다 낫습니다. 범죄와 처벌, 또는 처벌이 범죄인 곳에서는 단순한 처벌, 그보다 낫습니다.

은혜의 접촉을 공유하는 것, 그것은 처벌의 사슬 안에 있는 열린 문이요, 공유할 만한 가치가 있는 정당화입니다. 나는 공유하기 전에 몇 초 동안 부드럽게 웃었다는 사실을 잊었습니다. 내가 그것에 대해 생각한다는 점에서, 하나의 조용한 웃음인, 그 작은 웃음은 내가 가졌던 예외적 감정에 대한 생각의 일부였습니다. 나는 내 삶에 대한 감정이 단 하나의 사건(시간을 두고 자라난)에 의해 정당화되었다는 갑작스런 깨달음에 의해 놀랐습니다. 한 환자는 그의 아내와 함께 웃고 있습니다. 그는 웃을 수 없었던 사람입니다. 나는 지금까지 그가 웃는 소리를 들은 적이 없었습니다. 그는 진실에 대해 너무 몰두해 있습니다. 그러나 웃음이 없는 것이라면, 그것은 어떤 종류의 진실일 수 있을까요? 그리고 그는 지금 운 좋게도, 반전에 의해 접촉되었고, 장난스런 웃음 자체가 진실임을 배우고 있다는 새로운 암시와 만나고 있습니다.

켄트는 내가 웃었을 때 영원한 두려움을 느꼈다고 말합니다.

"그때 당신은 투쟁이 가치 있는 것이라고 말했습니다. 나는 웃음이 조롱하는 것이라고 확실합니다. 고문하는 자의 웃음은 영혼 안에서 타오르는 구멍들입니다. 만약 당신이 나와 함께 하지 않았고, 지지해주지 않았다면, 나는 완전히 미쳐버렸을 겁니다. 나는 당신의 웃음이 내 웃음을 해석한다고 느끼는 것이 얼마나 놀라운 것인지 말할 수 없습니다."

***

에밀리: 나는 나의 지도자들이 느껴야 할 죄책감과 수치심을 느낍니다. 평생 동안, 죄책감과 수치심은 내 안에 구멍을 팠고, 그것은 끝이 없었습니다. 사람들이 죽어나가는 전쟁을 시작한 사람들에게서는 죄책감과 수치심의 흔적을 찾아볼 수 없습니다. 그것이 나와 같은 사람들의 기능일까요? 생략된 죄책감을 느끼는 것, 균형을 유지하는 것, 그것이 우리가 해야 할 일일까요?

나는 아픕니다. 병이 났고 쉽게 피곤합니다. 고통 받는 것은 도움이 되지 않습니다. 고통에서 달아나는 것 역시 도움이 되지 않습니다. 둘 다 나를 지치게 합니다.

내가 나에게 중요한 어떤 말을 당신에게 했을 때, 당신은 "당신의 경험을 믿는 게 더 나을 걸요"라고 말했던 게 기억납니다. 당신은 내가 못 알아들었을까봐 나더러 그 말을 여러 번 반복하게 했죠. 당신은 내가 그것을 받아들이지 않을 수 있다는 것을 알았던 겁니다. 나는 내 자신의 진실을 매끄럽게 스쳐갈 수 있었고, 그것은 상실이었을 겁니다. 심지어 놀라게 하는 진실조차도, 진실을 말하는 것은 나 자신을 제거하는 하나의 방식입니다.

나는 당신이 "당신의 경험을 믿는 게 더 나을 걸요"라고 말했을 때 흐느껴 울었고, 여러 번이나 다시 말해달라고 부탁했어요.

당신은 그렇게 했죠. 그리고 당신은 나더러 그 말을 반복하라고 했고, 나는 그렇게 했어요.

나의 경험을 믿는다는 것, 그것은 믿음이라는 단어를 이상하게 사용하는 것이었고, 나의 내면을 부드럽게 두드리는, 부드러운 순간이었습니다.

* * *

아이건: 한 환자는 나에게 그가 다른 사람들을 보고, 다른 사람들이 그를 보는 "이상한 지점"에 대해 말합니다. 그것은 맞지 않는 말일 뿐만 아니라 질식케 하는 것입니다. 왜냐하면 그때 당신은 다른 사람의 속내를 보게 되고, 당신의 속내 역시 왜곡의 물결 안에서 눈에 보이는 것이 되기 때문입니다. 모든 즐거움은 이 물결 안으로 흡수되고, 사산되고, 쓰라림이 됩니다. 증오가 즐거움의 자리를 차지하고, 나의 환자는 거의 모든 것 안에, 특히 증오 안에 즐거움이 있음이 분명하다는 믿음과는 반대로, 그 안에 즐거움이 없다고 맹세합니다.

그는 길을 잃고 상처 입고 벌레에 물리는 희망적인 하나의 꿈을 이야기했습니다. 그는 그를 무는 벌레를 보는 순간들을 가졌다는 점에서 그 꿈이 희망적이라고 느꼈습니다. 보통은 이것이 그를 두렵게 했겠지만, 그는 그것이 위로를 준다는 것을 발견했습니다. 우리 안에는 실제로 우리를 무는 벌레들이 있습니다.

나는 그 벌레들이 내가 준비되기 전에 내 속을 파먹을까봐 두렵습니다. 그러나 언제 준비가 될까요? 그것들은 마치 벌레 먹은 나무처럼 내 속을 파먹을 것이고, 나는 큰 바람이 나를 땅에 쓰러뜨리기 전에 아름다운 날들을 바라볼 것입니다. 사람들은 바람에 날리는 흙먼지를 보고 말하겠죠. "그는 폭풍 속에서 아름다움을 바라보았어."

***

에밀리: 나의 어머니는 내가 어렸을 때 돌아가셨어요. 나를 돌보았던 여자가 말했죠. "엄마에게 너무 애착을 갖지 마. 그녀는 죽어가고 있어. 너는 곧 엄마를 잃을 거야." 그녀는 나의 엄마에게도 같은 말을 했습니다. "곧 에밀리는 곧 당신을 잃게 될 거예요. 그녀가 떠나게 내버려둬요."
뭔가가 내 안에서 이것은 끔찍스런 것이라고 말했고, 나는 내면으로 나 자신을 웅크렸습니다. 여러 감정들이 한데 엉겼습니다. 어린 소녀에게, 죽어가는 엄마에게 그것은 참으로 끔찍스런 말이었습니다. 그리고 내면에서 나는 낙담하고, 낙담하고, 또 낙담해서 멍한 상태가 되었습니다. 그 후로는 말을 하지 않았어요. 소리를 내지 않았죠. 비록 말하는 것을 멈출 수 없었는데도 말입니다.
"당신 자신의 삶에 애착을 갖지 마. 당신은 영원히 여기에 있지 않을 테니까"라고 당신은 말했습니다. 나는 울고 또 울고, 내 울음소리를 들었습니다.
울음은 나를 분열시켜 열어놓았습니다. 과거의 어떤 슬픔에 의해 찢겨져 열리고, 격노에 의해 찢겨져 열린 겁니다.
나는 부시의 장난꾸러기 같은 얼굴을 볼 때면, 다른 사람들은 정직함을 느끼는 그 얼굴을 볼 때면, 격노의 조각들이 올라오는 것을 느낍니다. 그것은 폭행당한 기분이 들게 합니다. 어쩌면 그것은 단지 거대한 폭력에 대한 경종을 듣는 느낌일지도 모릅니다. 사람을 죽이고, 죽어가는 엄마에 대한 감정을 죽이는 것. 경험을 오만함으로 대체하는 것. 돌봄을 다른 곳으로 옮겨놓는 것. 어떤 말을 하고는 그 뜻을 다르게 해석하는 것. 아이들의 영혼 위에 자신을 두는 것, 삶의 핵심을 배신하는 것. 이런 일이 일어날 때, 어린 아이로서의 당신은 다른 사람들 앞에서 한 발을 내미는 순간, 첫걸음을 떼는 그 순간을 당신 자신을 배신하는 것으로 경험하게 됩니다. 그리고 그 순간은 평생 동안 계속됩니다.

그럼 진실은요? 진실은 어디에 있죠? 그것은 언제나 속이는 일에 봉사하나요? 아니면 그것이 폭력 자체인가요? 당신이 해제하려고 노력하지만 취소할 수 없는 폭력 말이에요. 당신이 더 많은 폭력으로 채우려고 하는 그 폭력 말입니다. 당신은 배신감과 함께 성장하면서 그것을 계속해서 바로잡으려고 시도하지요.

나는 십대 때 아가서를 읽고 또 읽었습니다. 거기에 나오는 육감적인 사랑이 나를 구했습니다. 아마도 신의 사랑이었겠죠. 어쨌든 사랑이었어요. 피부로 느끼는 사랑 말입니다. 그리고 나는 과실과 밀과 동물들, 향, 제단 위에 뿌려진 피의 제사를 생각했어요. 내 가슴은 연기가 되어 하늘로 올라가죠. 나는 그것에 관해 사랑하는 사람 안에서 용해된 것이라고 말할 수 있기를 바라죠. 그러나 나의 눈물은 내가 그렇게 하도록 허락하지 않을 거예요.

* * *

아이건: 내가 알지 못하는 것에 대해 말하는 것을 그만하는 게 좋겠네요. 섬뜩한 분위기가 느껴져요. 공기 중에 독이 있어요. 나는 내가 하는 일에 관해 알고 있어요. 내 삶과 일. 그 외에 나눌 것이 무엇이 있을까요?

제9장

신앙과 파괴성

2006년 9월 마이클 아이건 박사가 뉴욕 심리치료 연구소의 슈퍼바이저인 레지나 몬티(Regina Monti) 박사와 인터뷰한 내용임.

몬티: 박사님의 글들은 일관되게 신앙이라는 주제에 기초를 두고 있는 것을 볼 수 있습니다. 「민감한 자기」(The Sensitive Self)(2004)에서 박사님은 유아를 "무감각, 멍함, 망각"으로 인도하는, 어머니(타자)를 찾는 유아의 고통과 갈망에 대해 묘사하셨더군요. 어머니가 나타나면 유아는 "자비로운 개입을 통해 살아있음의 회복을 가능케 하는 … 관대한 타자 …"로 인해 충만해진다고 했습니다. 이어서 "이 패턴의 어떤 것이 조직화하는 … 그리고 정서적 삶을 안내하는 연쇄작용으로 남는다"라고 말했습니다. 해체-통합, 파편화-전체성 등의 패턴 말입니다. 이것이 신앙의 영역인가요? 신앙에 대한 하나의 정의일까요?

신앙이라는 주제와 나란히, 파괴성에 대해서도 자주 쓰셨는데요. 성서(신앙의 책)에는 파괴에 대한 이야기가 많이 나오죠. 환자와 함께 앉아 있으면서 그/그녀의 외상, 파괴, 산산조각나기를 목격하는 치료자의 신앙은 어디서 오는 걸까요?

아이건: 먼저 이 첫 두 질문을 함께 다루는 것으로 시작하겠습니다. 신앙과 파괴성의 문제는 인간의 기본적인 상황입니다. 내가 글에서 언급한 많은 회기들은 신앙의 위기와 관련된 것들이었습니다. 파괴성에 직면한 신앙. 신앙이 파괴를 살아남을 수 있을까요? 어떤 방식으로? 어떻게?

아시다시피, 사람은 상처를 입을 때 쓰라림을 경험합니다. 환멸은 냉소, 쓴맛 나는 인격, 비참한 영혼으로 인도할 수 있습니다. 마음이 굳어지죠. 우리는 파편화조차도 마음을 완고하게 만든다는 것을 배웠습니다. 분산된 마음은 스스로를 완고하게 만들 수 있습니다. 인격의 분산은 만성적인 방어, 자기-경화(self-hardening)를 불러올 수 있습니다. 그리고 만약 누군가가 그것에 접촉하면 그는 상처를 받습니다. 그때 아기의 신앙은 황폐화됩니다. 사람들은 종종 황폐로부터 완전히 회복될 수 없습니다.

우리는 히로시마와 나가사키처럼, 드레스덴을 쓸어버린 것처럼, 불필요한 폭력을 우리가 왜 사용하는지에 대한 이유를 제시할 수 있습니다. 불필요한 폭력 말입니다. 나치 수용소의 폭력처럼 말이죠. 오늘날 지구에서 일어나는 서로를 소탕하는 일처럼 말이에요. 우리는 그것이 정치, 경제, 국가의 "자기-이익" 때문이라고 합니다. 어째서 그토록 많은 전문가적 자기-이익이 파괴적인 걸까요? 왜 그것이 스스로 공언하는 이익조차도 파괴하는 거죠? 한 가지 이유는, 우리의 상처 입은 아기 신앙이, 즉 평생 지속되는 영혼의 상처가 표현되고 수정되기를 추구하고 있기 때문이라고 말할 수 있겠죠. 그러나 그렇게 말하는 것은 나에게 무의미한 일일 겁니다. 우리는 상처가 상처로 이끈다는 무서운 법에 갇혀 있습니다.

우리는 말살 행위 앞에서 전율을 느낍니다. 성서에 나오는 신은 이 점에서 우리 정신의 모델입니다. 인간 창조가 나쁜 결과를 가져온 것에 대한 신의 상처 입은 감정의 반응은 무엇이었습니까? 신의 자아에 강타를 날린 인간에 대한 그의 반응 말입니다. 그는 인류를 쓸어버리고 지워버리고 싶어 합니다. 홍수로 말이죠. 성경 전체에서 하나의 그리고 또 다른 정서적 홍수가 파괴성을 쓸어버리려고 시도합니다. 파괴를 쓸어버리는 파괴죠. 이 근원적 반응은 우리가 그것을 지워버리고 망각함으로써 어려움과 상처에 대해 얼마나 반응하기 쉬운지를 보여줍니다. 왜냐하면 우리는 그것에 의해 쓸어버림을 당했다고 느끼기 때문입니다. 우리는 전체적 상태가 되기를 원하는 부분적인 존재이기 때문입니다.

많은 치료들은 신앙을 차츰 회복하는 것에 관한 것이며, 적어도 더 나은, 좀 더 세련된 신앙, 더 지혜롭고, 완전하고, 융통성 있는 신앙을 회복하기 위한 시도입니다. 비록 우리는 결코 그렇게 준비된 존재가 될 수 없지만 말입니다. 존경 받을 만한 신앙, 그 안에서 돌봄은 인간의 파괴성에 대해 관심 갖는 진정한 장소를 갖게 됩니다. 그 파괴성과 싸우기에 충분한 돌봄의 장소를 말입니다.

「독이 든 양분」과 「손상된 유대」라는 나의 한 쌍의 책에서, 나는 어떻게 사람들이 그들에게 공급되는 양분에 의해 중독되는지(poison), 그들을 지탱해주고 생명을 주는 유대들(bonds)에 의해 손상을 입는지에 대해 서술했습니다. 당신은 내가 「민감한 자기」에서 묘사한 기본적 리듬에 대해 언급했는데요. 치료는 상처, 패배, 과대망상을 통과해 나오는 리듬, 우리가 반복해서 통과하는 리듬, 신앙의 리듬을 지원하거나 되살려내기 위해 시도하는 것입니다.

몬티: 박사님은 정신증적 과정에 대한 프로이트 이후 세대의 관심과 더 깊은 탐구가 정신분석을 "옷장에서 나오도록" 허락했다고 쓰셨더군요. 그것에 대해 설명해 주시겠어요. 옷장이란 무엇이죠? 누가 그리고/또는 무엇이 거기에 있나요?

아이건: 프로이트가 표면적으로는 신경증에 대한 이론과 임상적 접근법을 발달시켰지만, 나는 「정신증의 핵」에서 그의 개념들이 정신증의 현상학 안에 깊숙이 발을 담그고 있다고 지적했습니다. 원본능은 모순과 상식의 법칙이 통하지 않고, 시공간이 몰수되고, 압축되고, 무효화되는(어떤 점에서는 확장되는) 정서적 실재의 끓는 가마솥입니다. 초자아는 자기-증오, 자기-해체 안으로 곤두박질치면서, 미쳐 날뛰는 박해자요, 자기-질책과 자기-말살의 혼합물입니다. 자아는 환각적 기관이었던 적이 있는, 반-환각적 특성을 갖고서 적응이라는 과제를 수행하는 대리자입니다. 프로이트는 자아의 초기 인지적 작용은 환각이라고 말했습니다. 예를 들면, 소망-성취 기관으로서의 자아는 장애가 사라지기를 바라는 소망에 근거해서, 그것이 어떤 식으로든 거기에 없다고 믿는 것을 통해 그것을 제거하려고 한다고 서술했습니다. 장애가 사라지기를 바라는 소망의 문제는 그것이 자기 자신도 마찬가지로 사라지기를 소망하는 경향을 갖는다는 것입니다. 사라지는 경향성이 시작되고, 그것은 대상 없음이나 모든 것을 포함하는(all-inclusive) 것과 같은 것이 됩니다. 극단적일 경우, 사라지는 경향성은 그것이 지나가는 길에 있는 모든 것들과 함께 스스로를 사라지게 합니다.

프로이트는 근원적 외상으로서의 범람에 대해 말했습니다. 그리고 정서적 폭풍을 다루는 한 가지 방식은 소망과 환각을 사용해서 그것의 존재를 없애는 것입니다. 한 가지 문제는 이 과정에서 자기 자신 역시 환각을 통해 없앤다는 것입니다.

그런 점에서, 내가 제시한 한 가지는 어떻게 정신증적 상태가 프로이트의 구조적 개념들을 위한 배경과 구성에 대해 말해주고 있는지, 그리고 어떻게 정신증이 처음부터 그의 이론과 실제에서 핵심적인 부분을 담당했는지에 관한 것입니다.

정신분석은 역사가 전개되면서, 관심의 축이 정신증적 상태로 옮겨졌습니다. 멜라니 클라인, 해리 스택 설리번, 써얼즈, 위니캇, 페어베언, 비온 등의 이론가들이 이를 증명합니다. 1975년에 앙드레 그린은 정신분석 안에서의 이 큰 변화를 설명하면서, 한때 신경증이었던 것이 성도착 경향에 대한 방어로 인식되는 시기를 거쳤고, 지금은 그 둘 모두가 정신증적 불안을 몰아내고 조직화하는 방식들로 간주된다는 말로 공식화했습니다. 융과 영국 학파에 몸담은 헨리 엘킨은 "모든 신경증의 배후에는 숨은 정신증이 있다"라고 말하곤 했습니다.

두 번에 걸친 세계대전 이후에 정신분석의 초점이 광증으로 옮겨간 것은 불가피했던 것으로 보입니다. 물론, 인류에게 광증은 낯선 적이 없었지만 말입니다. 우리는 지금 광증에 더해 사이코패스가 널리 퍼지는 문제에 봉착해 있습니다. 우리가 처해 있는 역사의 이 순간이 정신증적 불안에 대한 계산된, 사이코패스적인 조작에 의해 이끌림을 받고 있기 때문입니다. 우리는 방금 우리나라 역사상 가장 거대한 권력의 횡포를 보았습니다. 기본적인 무기가 파국적인 두려움에 의해 조작되는 그러한 모습은 분명히 칠십 남짓한 나의 삶에서 가장 놀라운 것이었습니다. 신체들이 그것의 대가를 치루고 있고, 내가 믿기로는, 국가의 정신적 건강이 그 대가를 치루고 있습니다.

몬티: 박사님은 글에서 "의식의 상태"를 언급하셨더군요. 예를

들면, "우리는 우주적이고 실용적인 나-감정(I-feelings)을 가지고 작업하도록 도전받고 있다"고 했습니다. 나는 이 말을 좋아합니다. 좀 더 설명해 주시겠어요?

아이건: 나의 책 여러 곳에서 나는 동시에 다중적 세계 안에 존재하는 것에 담긴 도전에 대해 썼습니다. 경험의 다원적 차원들 말입니다. 경향성들, 능력들, 태도들이기도 하구요. 다른 접근 양태들과 함께 열리는 다른 세계들이 있습니다. 예를 들어, 맛, 촉감, 시각, 청각에 몰입해 있을 때, 그것 각각은 다른 것들이 제공할 수 없는 세상을 엽니다.

이것을 염두에 둘 때, 우리는 "공동의 감각"이라는 비온의 언급에 담긴 함축적인 유머를 이해하게 됩니다. 감각들이 서로 협응하는 방식은 결코 작은 놀라움이 아닙니다. 예컨대, 자폐증의 경우, 주의는 먼저 두드러진 하나의 감각에, 그 다음에는 또 다른 감각에 끌립니다. 그래서 공동의 감각, 즉 협동하는 감각들은 상당한 도전이요, 진정한 성취가 됩니다.

그러나 각각의 감각은 우리에게 다함이 없는(inexhaustible) 세계들을, 즉 우리 자신들을 다르게 줍니다. 자기-감정의 뉘앙스들, 우리의 감각들이 조절하는 자기-감각들, 말로 표현할 수 없는 경로들은 끝이 없습니다. 그렇습니다. 감각은 말로 표현할 수 없는 것입니다.

우주적-개인적 차원을 따라 다른 세계들을 알고, 맛보고, 냄새 맡기 위한 초청은 그것보다 더한 도전이죠.「정신증의 핵」에서, 나는 익명적 존재인 동시에 개인적 존재가 되는 것에 포함된 복잡성을 보여주었습니다. 우리는 스스로 작동하는 많은 익명의 능력으로 구성되어 있고, 우리는 이 익명성이 우리의 존재에 속속들이 스며들어 있는 것을 느낍니다. 그러나 우리는 개인적 감정을, 즉 나, 나를, 너, 우리라는 개인적인 자기-감정들을 가지고 있습니다. 내 개인적 존재에 대한 감정 말입니다. 위니캇은, 예컨대, 어떻게 개인의 자기-감정이 그것을 구성하는 익명적 과정들을 포용하고 씨름하기 위해 확장되는지를 탐구하기 위해 씨름했습니다.

이 문제를 처음으로 체계적으로 서술한 사람은 페데른 (Federn)일 것입니다. 그는, 프로이트를 따라, 처음에 나(I)는 우주적인 나, 표면이나 깊이에 끝이 없는 무한한 나라고 느꼈습니다. 만약 이러한 공간적인 용어들이 적용된다면 말입니다. 그가 함께 작업한 정신증적 개인들은 그들의 신체라는 주머니 안으로 나를 옮겨놓는 데 실패했습니다. 그들은 일반적인 물질과 사회적 현실이라는 제한된 장 안으로 나를 끼워 넣는 것을 거부하거나 그렇게 할 수 있는 능력을 갖지 못했습니다. 우주적인 나-느낌이 상식적 세계에 적합하도록 수축시키는 능력이 충분한 발달을 거치지 못했습니다. 나는 이 영역을 이 글에서 다시 다루지는 않겠습니다. 나는 다만 존재의 다른 영역들 안에서 살고 조화를 이루어야 한다는 요구가 가져올 수 있는 어려움을 주목하는 데 이것을 사용하고 있습니다. 치료의 한 부분은 이중(다중) 방향성을 포함하고 있습니다: 감각의 장들(fields)의 움직임을 담고 있는 열린 세계와 좁고 닫힌 세계. 열기-닫기, 확장하기-좁히기의 리듬은 진화되어야 할 기본적인 리듬의 일부입니다. 치료는 서로에게 양분을 공급하는 능력의 진화를 지원하려고 합니다.

신비주의자들 역시 이해하기 어렵고, 말로 표현할 수 없는 인식에 대해 증언합니다. 그것은 경험에 각인을 남기는 실제적인 능력을 갖고 있습니다. 그리고 창조성, 개인적 변형과 왜곡, 그리고 또한 끔찍스런 개인과 집단의 시나리오에서 중요한 역할을 합니다. 왜냐하면 우리는 무한성에 대한 느낌을 시공간적 각본 안에 끼워 넣을 수 있기 때문입니다. 헌신과 말살이 합쳐지는 자살 폭탄에서 볼 수 있는, 무한한 만족의 융합을 주목하십시오. 그것은 경쟁적인 분투들을 만족시키는 능력이라는 점에서 비교를 허용하지 않는, 전체적 경험(a totalistic experience)에 대한 하나의 접근입니다.

우리가 가진 모든 것으로도, 우리가 할 수 있는 모든 것으로도, 우리 자신들을 어떻게 해야 할지 모르는 상태에 있다는 것을 우리는 어떻게 고백할까요? 우리는 이 존재감을, 감각들뿐만 아니라 내면 세계와 외부 세계들을 가로질러 흐르는 무한성의 강물들에 대한 경험을 담아내는 참조 틀을 아직 발달시키지 못한 아기들과도 같습니다. 당신이 내게 질문한 그 문장을 좋아하신다니 기쁩니다. 그것은 신비에 대한 우리의 사랑을 보여줍니다. 그리고 우리는 그 신비의 일부입니다.

몬티: 「손상된 유대」(Damaged Bonds)에서, 외상 입은, 또는 비온이 말하는 "산산조각 난" 환자를 다루는 논의가 나오는데, 그때 분석가는 "환자를 꿈꿔야 한다"고 하셨던 것이 기억납니다. 이 말이 혼동되는데, 이것은 상상한다는 의미로서의 "꿈"인가요? 아니면 문자 그대로 잠자는 동안에 꾸는 꿈인가요? 아니면 둘 다인가요?

아이건: 비온은 「숙고」(1992)에서 "나는 그의 다른 자기(other self)이고, 그것이 꿈이다"라고 말했습니다. 그것이 당신 안에서 공명하도록 허용하고, 당신 안으로 스며들도록 허용하세요. 가끔 나는 이 말을 갖고 다음과 같이 놀이하곤 합니다: '나는 그의 타자이다. 나는 그의 꿈이다. 나는 그의 다른 꿈이다.' 우리는 실로 서로의 자기들이며, 서로의 꿈들입니다.

「숙고」에서, 비온은 꿈꾸기는 우리의 정신적 소화 체계의 일부라는 생각을 발달시켰습니다. 「손상된 유대」와 다른 글에서, 나는 이것을 약간 재작업해서 다음과 같이 말했습니다. '꿈은, 부분적으로, 파국적 충격들에 대한 소화를 시작하도록 돕는다.' 그것들은 외상 덩어리들을 경험의 흐름 속으로 공급하고, 상처를 처리하는 작업을 시작하게 합니다. 종종 우리는 무엇이 우리에게 상처를 주는지, 또는 상처의 범위를 알지 못합니다. 그것은 우리를 타격하는데, 그 타격이 충분히 많거나 충분히 크다면, 우리는 침몰의 위험에 처합니다. 우리는 견딜 수 없는 충격을 다루기 위해 우리 자신을 왜곡시킵니다. 거기에는 항상 우리가 소화할 수 있는 것 이상이 있습니다. 그러나 우리는 외상 덩어리의 작은 조각을 자르거나 물어뜯거나 씹거나, 이리저리 돌리고, 재작업하는 것을 통해서 표현적 상징들과 몸짓들로 발달시키려고 시도합니다. 어떤 형태로든, 춤, 음악, 그림, 시, 그리고 바라기는 심리치료를 통해서, 우리는 수천 년에 걸쳐 서서히 정서적 언어, 즉 소화제로서의 언어를 발달시켜왔습니다.

정치, 경제, 공적인 일 역시 잠재적으로 이 일을 합니다. 현대 기술로 인해 위험 부담은 더 커지고, 거의 즉각적으로 세계적인 문제가 됩니다. 그리고 소화 과정이 잘못 되면—종종 그렇듯이—우리는 외상 사슬을 상승시키고, 외상의 세력을 증가시키는 외상의 지구적 표현들만을 떠안게 됩니다. 소화체계가 망가지게 됩니다.

비온은 우리의 정서적 소화 체계, 우리의 정신적 소화체계, 꿈-작업, 일차적 과정이 손상 입을 수 있다는 심각한 사실에 주목하라고 요청합니다. 거대한 외상의 충격은 어마어마한 것입니다. 그것은 옛 모델에서처럼, 일차적 과정에 작용하는 이차적 과정의 문제가 아닙니다. 새로운 모델은 일차적 과정 그 자체가 정동을 소화시키는 데 중요한 역할을 한다고 봅니다. 그리고 만약 일차적 과정이 비뚤어지거나 손상을 입는다면, 아무리 많은 이차적 과정을 통한 "교정"도 그것을 바로잡을 수 없을 것입니다. 우리는 왜곡에 왜곡을 더하고, 어떤 식으로든 전체를 더욱 괴물처럼 만듭니다. 우리가 만성적인 정신적 소화불량이라는 위험에 처해 있다고 말하는 것은 섬뜩한 풍자일 것입니다. 상황은 훨씬 더 나쁩니다. 사람들은 그들의 삶에서 이 손상된 능력의 대가를 치르고 있습니다.

그런 이유로, 나는 「심리적 죽음」이라는 책의 "일차적 과정과 충격"이라는 장에서, 분석가를 보조 자아라기보다는 보조 꿈 처리자라고 불렀습니다. 일차적 과정은 장기간의 지원을 요하기 때문입니다. 그리고 이러한 지원은 부분적으로 심오한 자기-대-자기의 상호직조(interweaving), 그리고 무의식적인 삼투성에서 옵니다. 그러한 상호직조와 삼투성 안에서 우리는 서로의 자기-본질(self-substance), 일종의 상호적 젖어들기(steeping in)를 맛보게 됩니다. 이것은 개인적인 꿈 작업에서 뿐만 아니라 문화적인 꿈 작업에서도 필요한 과정입니다.

몬티: 박사님은 (위니캇, 비온, 라깡처럼) 개인적 언어를, 정신분석과 방법론에서 고유한 목소리를 발견하셨더군요. 박사님의 독창적인 언어 사용은, 그리고 박사님의 글을 읽을 때 느껴지는 경험에 가까운 측면은, 내 생각에, 심오하게 개인적인 것을 역사적-이론적인 것과 혼합하는 능력에서 온 것이 아닌가 합니다. 박사님의 글은 때로 과감하게 자서전적, 체험적, 자기-개방적입니다. 정신분석적 작업에서 자기-노출이라는 이슈와 관련해서, 박사님의 분석 작업에서의 개인적 경험의 변천과 사용에 대해 한마디 말씀해 주시죠.

박사님은 종종 정욕, 격노, 황홀경 같은 특정한 인간 정서/감정들을 중심으로 사고, 관찰, 사례연구를 전개하시는데요. 왜 이러한 특별한 정서들이, 그리고 어떻게 이러한 방법론이 박사님의 전문적 경험/관찰을 표현하는 데 유용한지요?

아이건: 그렇게 생각해주시니 감사합니다. 두 개의 질문을 하나로 묶어서 대답해볼게요. 「황홀」을 쓸 때 나의 의도는 나의 삶을 살만한 것으로 만드는 것, 내 경험의 중심에 있는 것을 표현하는 것이었어요. 삶의 중심에 있던 황홀한 핵 말입니다. 그런데 내가 거기에 도달해서 내가 말하고 싶었던 것을 드러내려고 했을 때, 나는 나 자신이 점점 더 파괴적 황홀감으로 끌리는 것을 발견했습니다. 역사의 이 순간에 세상을 위협하는 황홀한 파괴에 관한 어떤 것이 존재하기 때문이죠. 대기, 물, 공기와 같은 생명을 지원해주는 조건의 파괴 말입니다. 오존층에 난 구멍은 우리의 자기들 안에 있는 구멍과 평행을 이룹니다. 그 구멍을 통해 독이 퍼지죠. 그 독은 살아있는 것을 지원하기보다는 손상을 시키는 정동적 태도들, 즉 정서적 독을 말합니다. 이것은 가속 페달을 밟으면서 광범위한 넓은 규모로 일어나고 있습니다. 그러나 우리가 할 수 있는 것이 분명히 있을 겁니다.

내가 손상 입은 일차적 과정과 꿈 작업에 대해 말할 때, 나는 정서적 삶을 지원하고, 정신적 삶을 지원하며, 우리를 지원하는 과정들이 손상을 입었다는 사실을 지적하고자 했습니다. 우리는 감정을 느끼는 존재로서 서로를 호흡합니다. 우리는 서로의 감정과 태도를 들이마시고 또 내쉬기도 합니다. 우리는 매우 민감한 정신적 분위기 안에서 삽니다. 우리는 우리의 정신적 분위기를 지원하고, 그것이 우리를 지원하는 것을 가능케 하는 민감성을 가지고 있습니다. 그러나 우리는 또 다른 방향으로 나아가는 것처럼 보이고, 그렇게 하는 데서 즐거움을 얻는 듯합니다.

　마치 세계의 도자기 가게 안에 있는 술 취한 코끼리와도 같은, 우리의 현 깡패 정부는 권력의 행사를 통해 거의 황홀한 상태에 도달하는 것 같습니다. 그들은 자신들이 무엇을 하고 있는지 알고 있습니다. 그들은 어떻게 큰돈을 벌고 그들 자신과 그들의 기업의 토대를 위해 권력을 창출하는지를 알고 있습니다. 그러나 그들은 그들의 쥬이상스가 발생시키는 손상에 대해서는 신경을 쓰지 않는 것 같습니다. 일종의 싸이코패스적인 요소가 이 시대를 지배하고 있습니다. 그러나 그것이 유일한 요소는 아닙니다. 그것은 지금 우리가 취할 수 있는 유일한 경로일 뿐입니다. 우리 중 많은 사람들이 이것보다는 더 나은 것, 더 완전하고, 더 따뜻한 것을 원합니다. 삶을 지원하는 조건에 대한 관심, 우리를 지원하는 정서적 조건에 대한 관심, 영적 독이 퍼지는 속도를 따라잡지 못하는 인간의 건강에 대한 관심을 원합니다.

　이 시리즈의 두 번째 책인 「격노」(Rage)는 이 시대를 지배하는 감정에 초점을 두고 있습니다. 거의 날마다 뉴스는 이런저런 종류의 격노에 대해, 민족의 격노, 테러리스트의 격노, 길가의 격노, 컴퓨터 격노, 알코올-중독자의 격노 등, 수없이 많은 격노에 대해 보도했죠. 격노는 이 나라의 핵심적인 정동인 것으로 드러났고, 나는 그것을 추적하고자 했습니다. 나는 마치 만화경을 들여다보듯이, 격노의 경험을 이리저리 돌려보면서 여러 각도와 여러 맥락에서 다루어봤습니다. 예술, 문학, 종교, 임상적 회기, 정치를 통해서 말입니다. 나는 내가 할 수 있는 것과, 나의 일부를 이루고 있는 모든 것을 사용해서, 격노가 스스로를 말하게 하고, 격노에 찬 우리의 세계를 탐구하고 개방하고자 했습니다. 예컨대, 우러러보고 굽실거리는 많은 사람들 앞에서 어이없는 성공을 과시하는 팽창된 권력 자아에 대한 속으로 들끓는 격노가 있습니다. 백화

점에 내걸린 거대한 퍼레이드 풍선과 같은 자아는 많은 사람들의 증오로 팽창되어 있고 그 증오를 강화시키면서 불장난을 하고 있습니다.

이 시리즈의 마지막 책인「정욕」(Lust)이 올해 출간되었습니다. 이 일련의 작업들에서 내 자신의 정욕, 황홀감, 격노의 경험이 중요한 역할을 하고 있습니다. 그러나 정욕 역시 나를 몸의 정치와 권력에 대한 정욕으로 더 깊이 데려갔습니다. 그것은 개인적 활동과 집단 활동 양쪽 모두에 다리를 걸치고 있습니다. 글쓰기에 대한 정욕, 시에 대한 정욕 등과 같은 특별한 정욕은 내게 소중한 것들로서, 나의 글에서 얼마의 따뜻한 관심을 받았는데, 아마도 이것은 시인들도 마찬가지일 것입니다. 그들도 그들의 특별한 중독을, 시가 열어주는 것에 대한 중독을 좋아할 거라고 나는 생각합니다. 전통은 죽음이 정욕을 쫓아다닌다고 말하는데, 이 관념은 정신분석에서 낯선 것이 아닙니다. 나는 정욕과 죽을 수밖에 없음(mortality)의 상호작용을 강조하기 위해 정욕에서의 죽음에 대한 라깡의 글 몇 편을 사용했습니다. 마치 우리가 자기-죽음(self-deadening)의 과정을 끌어당기듯이, 때이른 죽음은 경험을 따라다니며 괴롭힙니다. 우리는 자기-죽음을 부인하려고 합니다. 다시금, 나는 만약 우리가 이 고조된 살아있음-자기 죽음의 결합을 직면할 방법을 찾지 못한다면, 우리는 이러한 상태들의 파괴적인 모방 사례들을 만들어낼 거라고 생각합니다. 우리는 공적 영역에서 놀라운 연속성을 갖고 그렇게 하고 있습니다. 그 영역에서 인간의 감정에 대한 민감성은 패배자를 위한 것으로 간주되고 있습니다.

곧 출간될 예정인 나의 최근의 책,「감정이 중요해」는 개인과 공적인 삶에서 감정의 중요성에 대한 주제들과 탄원들을 다루고 있습니다. 그것은 어떻게 무감각의 나선들이 국가적이고 세계적인 규모의 파괴를 발생시키는지를 보여줍니다. 예를 들면, "선거 강간"이라는 장에서, 하나의 아동학대 사례와 성인이 된 그 사람이 2000년 대선에서 강간당했다고 느끼는 것 사이의 공명을 추적합니다. 그녀는 일상생활에서 강간에 민감하게 되었고 그녀 자신의 몸에서와 마찬가지로 몸의 정치에서도 그것을 예리하게 느꼈습니다. 아동기 외상과 성인기 외상이 합류함으로써 중요한 방식으로 현실을 열어줍니다.

이 책은 개인 외상과 집단 외상 사이의 일치성에 관심을 갖고 있으면서도, 외상 너머에 있는 영역을 열고, 심리-영적 영역에 뿌리를 둔 민감성의 윤리에 호소합니다. 이 글은 신앙이 파국적 충격을 만나고, 그것들을 처리하는 과정의 시작을 돕고, 그것들과 작업하는 방식들을 탐구하고 있습니다. 그것은 공포 한가운데서 행해지는 삶에 대한 하나의 긍정입니다. 우리에게는 할 일이 많습니다.

좋은 질문과 관심, 그리고 풍부한 민감성에 감사드립니다.

부록

뭔가 잘못됐다: 그레이스

이 내용은 여성 온라인 저널인 Moondance(2006년 6월-9월; www.moondance.org/.webloc)의 초청으로 쓰여 졌다. 이것은 이 책의 7장에 있는 더 긴 원문에서 그레이스의 대사를 발췌하고 고쳐 쓴 하나의 여성극이다. 말사 프리졸리 깁슨(Martha Frisoli Gibson)이 연출을 맡았다.

뭔가 잘못됐다: 그레이스

어두운 무대, 의자에 앉은 채 생각에 잠긴 한 여인의 형상 위로만 전구의 불빛이 비추고 있다.

그것은 단순히 다른 사람들이 당신이 잘못되었다고 느끼게 만드는 것만이 아니라, 당신 자신이 잘못됨 그 자체라는 것입니다. 잘못됨의 화신(avatar) 말입니다. 내가 기억할 수 있는 한, 내가 그 잘못됨이었습니다. 그 감정의 일부가 바로 내가 그들의 잘못됨이라는 느낌이죠. 그들에게 잘못된 것, 모두에게 잘못된 것 말입니다. 어린 소녀로서, 나는 나를 소중하게 생각하는 사람, 즉 나를 잘못됨으로 보지 않는 사람을 찾아다녔습니다. 나는 선생님들 중에서 거의 찾을 뻔했지만, 완전히 찾지는 못했습니다.

나는 십대 때부터 입원생활을 시작했어요. 어쩌면 병원에서는 좋은 일들이 일어날 거라고 생각했죠.설령 그런 일이 일어났더라도, 그것이 나를 어떻게 하지는 못했습니다. 나는 고치는 것이 불가능한 잘못됨의 낙인을 갖고 있었으니까요. 그리고 나는 나를 도우려고 시도하는 어른들에게서 그 잘못됨을 보았어요. 나는 심지어 도와주는 사람들조차도 나를 그들이 숨 쉬는 잘못됨의 특별한 도관(conduit)으로, 그 누구도 견딜 수 없는 얼룩으로 만들었다는 것에 대해 구역질난다는 느낌을 받았어요. 잘못됨이 세상을 삼켜버렸죠.

심문자들은 당신이 잘못됨이라고 느끼도록 당신을 고문하고 나서, 당신을 떠납니다.그들은 잘못됨을 당신에게 붙여놓고는, 다음 밀물 때까지는 당신을 필요로 하지 않습니다. 그 잘못됨은 그들 안에서 잠시 동안 일어났다가, 절정에 이르고, 사라지는 섹스 충동과도 같아요. 그것이 일어나면, 그들은 그 잘못됨을 내게 집어넣을 필요를 느끼죠.

한 얼굴 밑에 다른 얼굴이, 피와 고통 속에 칼이 있어요. 굶주린 칼이에요. 그 칼이, 정신증 환자들이 인간의 내면을 굶주린 칼로 보게 하는 걸까요?

나는 어린 소녀였을 때, 전적으로 예수님을 열망했어요. 그것을 이해하시는 분, 잘못됨, 고통을 아시며, 그것을 이기신 분을요. 예수님은 이 세상의 잘못됨을 위한 피뢰침이시죠.

내 마음은 안개에요. 예수님은 생명보다 더한 분이셨나요? 그분은 삶을 이기셨나요? 더 위대한 삶을요? 예수님에게서 나 자신에게로 돌아오는 일은 언제나 힘들었어요. 현실 세상에 남겨진 건 나 혼자 뿐이었죠. 예수님은 나의 잘못됨을 씻어주지 않았어요.나는 여전히 깨끗하지 못했죠.그 잘못됨은 내 본질의 일부요, 삶의 맥박의 일부에요.

잘못됨을 초월하는 기쁨의 순간들이 있어요. 잘못됨은 기쁨에 의해 가려지죠. 그것을 경험하는 사람은 그 순간을 감사하지만, 잘못됨은 강한 타격으로 되돌아오죠.

나는 시편에서, '나는 가난하고 궁핍하여 나의 중심이 내 안에서 죽었습니다'라는 구절을 읽습니다. 맞는 말인 거 같아요. 이 구절이 내 마음에 와 닿는다는 말은 내가 죽었다는 뜻은 아니죠. 그보다는 마치 이 구절이 살아있는 동안 잘못됨이 죽는다는 뜻 같아요. 마치 잘못됨이 이 세상의 십자가인 것 같아요. 거기에는 얼마 동안 구원하는 말이 있습니다. 그것은 살아있는 영혼의 말, 잘못됨을 취소시키는 생명이에요. 내가 이 말 안에서 살아있는 한 잘못됨은 나를 이길 수 없어요. 한 가지는 내가 결코 회복할 수 없는 외상이고, 다른 한 가지는 생명으로 변하는 죽음이에요.

그레이스는 일어나서 천천히 그녀의 의자에서 가까운 영역을 가로질러 걷기 시작한다.

뭔가 잘못되기 이전의 시간이라는 게 있었을까요? 나는 그렇게 생각하지 않아요. 에덴동산에서 뭔가 잘못된 것이 있었죠! 뱀은 거짓말, 즉 파괴성과 연결된 유혹하는 이야기를 했어요. 우리의 삶은 이야기들이죠. 나는 그것들을 신의 이야기들이라고 생각하곤 했어요. 나는 여전히 신을 가깝게 느끼고 있고, 그 어느 때보다도 더 가깝게 느껴요. 나는 종종 신을 더 증오하지 않는 것에 대해 수치심을 느껴요.

우리가 그 동산이고, 거짓말쟁이고, 이야기를 하는 뱀들이에요. 바다, 바람, 동물들, 꽃들이 다 우리 안에 있어요. 우리는 파괴적인 창조성이에요. 신이 그러신 것처럼요.

에덴동산은 악의 동산이에요. 어떤 사람들은 정말로 거짓말을 하고 그 거짓말을 진실인 것처럼 속이죠. 신의 이야기를 날조하면서 그것이 실제로는 문학적 사건이고 영적 사건인데도, 마치 사실 영역에서 일어난 사건인 것이라고 말해요. 우리는 생명의 동산 안에 있는 파괴적 충동에 대한 이야기를 해요. 우리는 이런 파괴적 충동을 좋아한다고 말하는 것을 두려워하나요? 이 충동이 생명으로 가는 길이라고 말하는 것을요?

이게 비밀인가요? 동산은 파괴성을 낳죠. 그것은 파괴적 출생이요, 파괴성에게 양분을 공급합니다. 나는 양분을 공급받는 유아와 돌보는 엄마 안에서 뱀을 보는 건가요? 언제 믿음이 파괴적이 되는 걸까요? 파괴하면서 파괴로부터 자유로운 삶을 상상하는 것은 광적인 종교일까요?

그레이스가 청중들을 자세히 바라본다.

우리는 파괴로부터 자유로운 장소를 상상할 필요 때문에 동산에서 쫓겨나는 것을 상상합니다. 동산은 돌아보거나 지향해야 할 장소이죠. 우리는 파괴가 이미 동산에 있었고, 우리의 일부로서 우리를 기다리고 있었다는 사실로부터 눈길을 돌려요.

동산은 우리에게 살아있다는 것은 좋은 일이라고 말해요. 하지만 파괴가 찾아오죠. 우리는 파괴하고, 철수하고, 속일 필요에 대해 경악하죠. 그리고 파괴 너머를 생각하려고 시도하고, 파괴를 속이는 방법을 생각하죠. 언젠가 파괴로부터 자유로운 곳으로 돌아가거나 그런 곳을 창조하는 방법을요. 우리가 단지 상상할 수밖에 없는 곳 말이에요.

그렇다면 무엇이 진짜인가요? 파괴가 존재하지 않는다고 믿는 것인가요? 마치 파괴의 주인인 척하는 것인가요? 숨는 것인가요? 우리가 할 수 있는 것을 하는 것인가요?

그레이스가 잠시 멈춘다. 기대에 찬 시선들이 그녀의 얼굴 주위를 둘러싼다. 그러자 그녀는 걸상에 반쯤 걸터앉는다.

잘못됨… 잘못됨 그 자체… 칸트식, 플라톤식 잘못됨. 그게 나의 본질이에요.
의붓아버지에게 살해당한 소녀에 대한 기사가 실려 있어요. 의자에 묶여있고, 개 사료를 먹고, 두들겨 맞고, 굶주리고, 깃털처럼 마른 모습을 한 그녀의 사진이 함께 제시되었죠. 일반적인 소동과 조사와 투옥이 있었죠. 자기는 좋은 어머니라고 말하면서 감옥에서 울고 있는 그녀의 어머니에 대한 이야기가 실렸어요. 뉴스는 매일 또 다른 이야기를 덧붙이다가 얼마 후에는 사라지죠.
그 어머니와 그녀의 남편은 잘못됨을 죽이려고 했던 걸까요? 이것이 문제예요: 사람들은 잘못됨을 죽이려고 하지만, 그 잘못됨이 사람들을 죽인다는 것. 내가 나 자신을 그 소녀라고 본다고 말하는 것은 그녀의 죽음을 부당하게 취급하는 것일 겁니다. 그러나 그런 그녀는 내 안에 있어요. 나는 운이 좋은 그 소녀이며, 당신과 함께 이 방에 살아있고, 당신의 잘못됨과 함께 있으며, 우리의 잘못됨과 함께 있어요. 우리는 운이 좋은 사람들이에요. 왜냐하면 몇 십 분 후에 헤어져서 서로 떨어져 지낼 것이니까요.
시간이 우리를 지켜줘요.
우리가 함께 잘못된 존재가 되는 것을 견딜 수 있게 해주죠.

그레이스가 미소짓는다.

잘못된 것이 잘못된 것을 만나요.
우리는 이 만남에서 살아남죠.
실제 삶의 많은 경우에서, 이러한 만남은 폭발하고, 충돌하고,

심지어 죽음으로 인도하죠. 잘못된 것에 맞서는 잘못된 것, 죽이는 것에 대한 변명이에요. 결국 전쟁이 발발하고 사람들을 쓸어버려요. 무엇이 그 소녀를 살해하도록 이끌었고, 무엇이 그들을 쓸어버렸을까요? 누군가를 죽이는 데는 사십오 분도 채 안 걸리는데, 그녀의 경우 그것은 여러 달이 걸렸어요.

어떤 이야기에 따르면, 그녀가 의붓아버지의 수치스런 행동에 굴복하기보다는—내가 나의 부모에게 그랬던 것처럼—사납게 날뛰었고, 더 나빠졌으며, 문제를 일으키고, 밉살스러워졌기 때문에 그녀의 의붓아버지가 그녀를 죽였다고 해요.

그녀는 굴복하기보다는 죽었어요. 나는 굴복했고 미쳤죠. 그리고 오늘 당신과 함께 여기에 있어요.

악마가 악마를 자극해요. 어린 소녀의 건방진 에너지가 포학을 자극하죠. 우리는 공격이 제대로 조준된 것이든 아니든 공격을 하고 반격을 해요. 어린 소녀의 에너지와 손상 입은 성인의 에너지. 그것은 세계무대에서 행해지는 공격성 대 공격성을 반영하는 축소된 거울은 아니지만, 그것에서 전적으로 벗어난 것도 아니죠. 인격들은 잘못됨을 다룰 수 있는 자원도 없이, 서로에게 잘못을 해요.

우리는 정말로 서로를 살아남을까요? 나는 그렇다고 말했지만, 너무 빨리 말했어요. 우리는 부분적으로 살아남죠. 그것은 생존이 아니라 변화에요. 더 나쁜 무언가가 일어나요. 만약 우리가 더 나쁜 일 속으로 충분히 깊숙이 들어간다면, 우리는 변합니다. 잘못된 것은 결코 없어지지 않지만, 우리가 그것을 꽉 잡을 때, 무언가가 일어나요. 나는 당신의 잘못 안으로 들어가고, 당신은 나의 잘못 안으로 들어갈 때, 나는 당신의 잘못을 통해 나의 잘못을 발견하고, 당신은 나의 잘못을 통해 당신의 잘못을 발견하죠. 최악의 것과 접촉하는 것. 대부분의 사람들은 거의 언제나 그 안으로 들어가야 할 때 거기에서 나오려고 합니다. 이때 자유는 잘못된 쪽에서 일하죠. 나는 내가 옳다고 믿게 할 필요가 없을 때, 자유롭다고 느낍니다.

그레이스는 숨을 돌리기 위해 잠시 멈춘다.
그녀는 새로운 원기와 함께, 그녀의 지혜를 전달할
새로워진 능력과 함께 이야기를 계속한다.

나의 부모님은 그들이 옳다고 믿었고, 나는 그들을 믿었어요. 나의 두뇌는 마비되었죠.

어렸을 때 나는 무서운 꿈을 많이 꾸었어요—살인자들, 거미들, 마녀들, 악마들이 나왔죠. 반복해서 꾼 꿈이 있는데, 그것은 도처에 똥이 가득한 꿈이었어요. 모든 사람들이 화가 나 있었고, 나는 수치스러웠어요. 그들은 깨끗한 걸 원했죠. 나는 의붓아버지가 살해한 그 소녀처럼 더럽히고, 망쳐놓는 사람이었어요. 지금 나는 도처에 똥이 가득한 성인들의 세상을 보고 있어요. 전쟁, 죽음이 모든 것을 망쳐놓는 곳이 우리가 살고 있는 세상이에요. 나만 그런 것이 아니에요. 그것은 단지 너의 상황일 뿐이라는 느낌은 뿌리가 아주 깊은 것이죠. 하지만 그것은 우리의 상황이죠. 우리의 행동, 우리의 똥 같은 자기들, 우리의 똥 같은 정신들 말이에요. 그것은 마치 나의 어린 시절 꿈이 모든 사람들의 꿈과 삶에 의해 공유되고 있는 것과 같아요.

그레이스는 한숨을 쉬고… 생각에 잠긴 다음…
다시 표정이 밝아진다.

나는 지난밤에 멋진 레스토랑에 갔어요! 첫 번째 코스는 아주 좋았어요. 그런데 여종업원이 사라졌어요. 서비스가 끝났죠. 우리는 계속 기다렸어요. 나는 좋은 시간을 보냈기 때문에 메인코스가 너무 오래 걸린다는 것을 깨닫지 못했죠. 내가 요란하게 불평을 해야 했을까요, 아니면 더 기다려야 했을까요? 나는 소동을 일으켜서 멋진 저녁시간을 망쳐놓고 싶지 않았어요.

그러다가 음식이 어떻게 됐는지 물어보는 것은 문제를 일으키지 않을 거라는 생각이 들었죠. 나는 점점 더 신경이 거슬렸지만, 물어보기가 두려웠죠. 나는 아무 말도 하지 않는 것에 의해서, 또는 너무 말을 많이 하는 것에 의해서 멋진 저녁을 망쳐버릴 위기에 처해 있었죠. 나는 그냥 '음식이 어떻게 됐나요'라고 물어볼 수 없었을까요?

설령 내가 그들을 재촉해서 좀 냉소적으로, '우리가 주문한 거 잊으셨어요?' 또는 '음식은 어떻게 된 거죠?' 아니면 '뭐가 잘못됐어요?'라고 묻는다고 해도 그것이 세상의 종말은 아니었겠죠.

하지만 속으로 나는 그것이 세상의 종말일 거라고 느꼈어요. 어떻게 전반적으로 좋은 감정을 유지하면서 불평을 표현할 수 있을지가 주된 문제가 되었죠.

말할 건지 말하지 않을 건지, 또는 어떻게 말할 건지의 문제를 풀지 못하는 것은, 내가 퇴원하던 어느 날 밤에 길모퉁이에 있는 가로등 옆에 서서 갑자기 인류에 대한, 온 인류에 대한 슬픔에 사로잡혔던 일을 상기시켰어요. 나는 소리 내어 울었고 사람들은 두려운 눈빛으로 나를 바라보았고, 걱정했어요. 아무도 나를 도우려고 다가오지 않았기 때문에, 나는 스스로 그런 기분으로부터 벗어나야 했어요.

나는 인류와 시대들이 내 눈 앞을 스쳐지나가는 것을 보았어요. 인류가 시작할 때부터 겪었던 슬픔, 삶의 모든 고통, 모든 시간이 고통의 한 순간으로 압축되었어요. 나는 울고 또 울었지만, 기분이 아주 좋았고, 내 자신과 깊이 접촉하는 것을 느꼈어요. 나는 깊은 진실, 깊은 삶과의 접촉을 느꼈어요.

기분이 가라앉았을 때, 나는 내면으로 느껴지는 것과 외부 세계로 느껴지는 것 사이에는 커다란 차이가 존재한다는 것을 깨달았어요. 계속해서 커질 수 있는 틈새이죠. 나는 만약 내가 내면의 여정에서 종착점까지 간다면, 다시 병원으로 돌아갈 거라는 것을 어렴풋이 알았어요. 세상 안에서의 자신과의 모든 접촉이 반드시 세상 바깥의 것과 접촉하게 하지는 않는다는 생각이 문득 떠올랐어요. 당신은 큰 어려움 없이 더 멀리 떠나갈 수 있고, 사람들과 사물들은 점점 더 진짜 같이 보이지 않을 거예요. 나는 그렇게 멀리 가본 적이 없어요. 나는 삶이 진짜 같지 않다고 느껴질 때조차도 그것이 진짜라고 느껴요. 나는 내가 아무것도 진짜 같지 않은 지점에 다다를 수 있다고 생각하지 않지만, 그거야 모르죠.

나는 나의 내면의 접촉을 유지하고, 그것을 더 진전시키면서도, 그것을 나의 외부의 삶과 연결시키는 방법을 찾아야 해요. 그것을 위해서는 또는 그것을 잘 하기 위해서는, 만약 잘 하는 것이 가능하다면, 나의 생애 전체가 걸릴 거예요.

나는 새로움이라는 느낌에 속았어요. 나는 새로운 느낌이 새로운 존재를 의미한다고 생각하곤 했어요. 지금은 새로운 사람이라고 생각하는 것이 함정이란 걸 알아요. 당신은 당신이 변화되었다고 생각하지만 그건 당신이 아니에요. 당신은 '이게 그것(IT)이야'라고 생각하죠.

그러나 그것은 사라지고 당신은 당신이죠. 당신은 어쩌면 좀 더 많은 그것(IT)을 가진 당신일 뿐이죠.

나는 내 새로운 출발을 상실해야 한다는 걸 알고는 울고 또 울었어요. 그러다가 생각했어요. 정확히 말해서 나는 그것을 상실하는 것이 아니라고 말이에요. 그것에 완전 속지 않은 것이었죠. 그것은 혼합의 일부로 거기에 있을 수 있지만, 전체 혼합의 대체물인 척 할 수는 없어요.

 대신에 당신은 '자, 내가 여기 있어, 내가 여기 있어'라고 말하죠. 그리고 그것은 나를 어디에 남겨두나요? 나는 당신을 바라보고 있는 나에요. 그리 나쁘지 않죠?

<blockquote>크게, 다소 미소를 머금은 하품을 하며,
그레이스가 기지개를 편다.</blockquote>

 손상은 회복의 시도를 촉발시켜요. 뇌 세포 조직은 뇌졸증이나 간질 후에 손상된 부분의 복구를 시도합니다. 어쩌면 약물 복용 후에 발생한 손상을 복구하려는 것이겠죠. 그러나 만약 약물이 결코 멈추지 않는다면요? 치유와 손상의 차이에 대해 장담할 수 없습니다.

 내가 병원에 있었을 때, 나는 내 뇌가 해체되는 것이 두려웠어요. 그것이 약물 때문이었을까요, 아니면 질병 때문이었을까요? 질병 때문이었다고, 나는 생각해요. 해체에 대한 두려움이 나의 붕괴의 일부였어요. 나는 해체되고 있었어요. 때로 그 해체는 내 머리와 뇌에 집중되었어요. 그것은 몸 전체로 퍼졌죠. 해체되고 있던 것은 나 자신이었어요. 나는 의사에게 "당신이 내 뇌가 실제로는 해체되고 있지 않다고 말할 수 있을 때에만, 내가 이것을 견디낼 수 있어요"라고 말했어요.

 어느 한 순간, 의사들이 전기충격 요법을 시도했고, 나는 정신을 잃었어요. 정신을 차렸을 때, 나는 해체되어 있었죠. 나는 문자 그대로 조각난 세상을, 어색한 꼴라쥬를, 잘 맞지 않는 타일로서의 나(I)를 보았어요. 그들은 두세 번 시도한 끝에 멈췄죠. 다행히도, 그들은 전기충격이 나를 더 악화시킨다는 것을 깨달았어요.
　내가 해체되는 것이 나의 뇌가 아니라 나 자신이라는 것을 알고 있는 한, 내가 겪어야만 했던 일들을 전부 다 말해줄 수 있어요. 해체되는 것이 나라면, 나는 계속해서 말할 수 있어요.
　비밀 한 가지를 알려드릴게요. 내 몸은 전쟁터에요. 강렬한 전투가 진행되죠. 내 피부에 발진을 발생시키면서, 미사일이 나의 장기들을 가로질러 날아가요. 내 핏속에 있는 구더기들은 정맥을 따라 파먹을 기회를 노려요. 내 몸은 종양들로 가득 찼어요. 나는 오늘 얼굴 주름제거 수술을 세 번 받았는데, 이미 처져 있어요. 나는 지방흡입수술을 할 거예요. 아니면 다른 종류의 흡입을 원할 수도 있죠. 나의 정신을 흡입해낸 다음 그것을 더 좋게 만들든지, 아니면 사라지게 하려고요.
　모든 것이 빛을 발해요. 빛, 빛, 빛을요. 그러나 그것이 구더기를 사라지게 하지는 않아요.
　오늘 나는 끝까지 가보겠다고 결심하면서 깨어났어요! 아무것도 나를 멈추게 할 수 없어요! 공격이 발생했고, 나는 소용돌이치며 그 안으로 떨어졌어요. 오늘은 내가 끝까지 가기로 한 날이에요. 나는 끝장을 보지 않고는 고통을 끝내지 않을 거예요. 이번에는 무슨 일이 일어나는지 지켜볼 거예요. 무언가가 일어날 때까지 영원히 남아있을 거예요. 만약 아무 일도 일어나지 않는다면, 나는 멈추지 않을 거예요. 나는 찾아내야만 해요. 그게 무엇으로 만들어졌고 내가 무엇으로 만들어졌는지 알아내야 해요. 이것이 바로 그거예요.
　내가 비록 열심히 시도했지만, 그것은 줄어들기 시작했고, 나는 그것 위로 올라갔어요. 그것을 바라보면서 그리고 어떻게 그 일이 일어났는지 궁금해 하면서요. 위에 있는 것은 친숙했어요. 내가 당연시 했던 것이죠. 나는 아마도 그 일이 거의 항상 일어나고 있다는 것을 인식하지 못하는 것 같아요. 그러나 이번에는 뭔가 다르다는 것을, 즉 그 안에 있는 것과 그 위에 있는 것이 대조를 이룬다는 것을 느꼈어요. 그것은 두 가지 방식의 나이고, 이중의 나예요. 이중의(double) 나로서의 단일한 나, 단일한 나 안에 있는 이중의 나 말이에요. 셋이 하나, 하나가 셋이라는 삼위일체 개념이 여기에서 온 걸까요? 나는 나를 인식하고 있는 나를 인식하고 있는 걸까요?

나는 몹시 피곤해졌어요. 영혼의 산소의 결핍, 충분하지 않거나 너무 많은 O로 인한 심리적 빈혈로 평생 피곤했었어요. 나의 한 부분은 잠들었고, 다른 부분은 깨어있어서, 나는 활발한 동시에 지쳐있어요.

당신은 그 안으로 뛰어들지만, 끝없이 떨어져요. 거기에는 공기가 없고, 당신은 죽어가고 있고 겁에 질려 있다는 것을 얼핏 바라보죠. 그것은 마치 수정 구슬에서 전쟁을 보는 것과도 같아요. 당신은 내가 행복할 거라고 생각하겠지만, 나는 창피해요. 나는 거의 항상 굴욕을 느껴요. 나는 나가 될 준비가 되지 않았어요. 나는 나 자신을 위해 계획한 일들, 완전한 탄생, 끝까지 가기, 버티기를 해낼 준비가 되지 않았어요. 나는 나 자신에 대해 잠이 들고 그것이 끝이에요. 그것이 오늘 다시 일어날 기회는 없어요. 어쩌면 내일은 …

말을 멈추고 오랫동안 숙고한다. 그레이스는 걸상에 앉는다.

나의 명상 스승은 내게, '안전한 곳으로 돌아가세요'라고 말합니다. 그러나 안전한 곳이 없습니다. 나의 집에는 안전한 곳, 감정을 위한 안전한 장소가 없어요. 나의 명상 스승은 '당신을 위로해줄 누군가를 찾으세요'라고 말합니다. 그녀는 내면에서 위로해

주는 현존, 어린 시절로부터의 잔재를 뜻했어요. '당신을 위로해주었던 누군가를 마음에 그려보세요. 그리고 그 위로를 느끼세요.'

농담하세요?! 나는 위로받을 수 없는 분노와 슬픔에 의해 붕괴되었습니다. 그녀가 이렇게 말했는지 내가 그렇게 상상했는지는 알 수 없지만, '다시 울지 마세요' 라는 소리가 들립니다. 그녀는 걱정했습니다. 아니면 내가 너무 오래 그 문제에 걸려 있어서 싫증이 났거나 좌절되거나 참을 수 없었겠죠. 나의 모든 삶 속에는 얼음에 난 구멍이 있는데, 거기에 빠지면—종종 빠지기도 하는데—거기에는 결코 사라지지 않는 오한의 위험이 있습니다. 얼음은 밖에 있고, 오한은 안에 있습니다. 열—당신은 뭐라고 부르죠? 열—나쁜 어떤 것.

나는 내 외부의 오한, 뻣뻣한 피부, 긴장된 얼굴이 싫습니다. 나는 내 외모를 많은 사람들이 좋아할 거라고 생각하지 않아요. 나는 내가 많은 사람들을 편하게 해준다고 생각하지 않습니다. 어떤 사람들은 나에게서 특정한 긴장감을 감지할 거예요. 그들은 내가 뭔가와 접촉하고 있고, 아마 광적인 것이겠지만, 내가 뭔가를 제공할 게 있다는 것을 느끼죠. 시인이 그러는 것처럼 뭔가 제공할 만한 것. 그것은 다른 어딘가에서 가져온 어떤 생각이나 말 같은 거겠죠.

나는 나 자신을, 나 자신을 통과해서, 얼음을 관통해서, 아주 깊이 파고드는 것을 사람들이 보고 있다는 것을 알아요. 내가 물에 빠져 죽을 수 있다고 말하는 것은 요점을 놓친 거예요. 나는 물에 빠져 죽었어요. 나는 물에 빠져 죽은 사람이에요. 나는 얼음 아래에서, 변온층(thermocline) 안에서 말하고 있어요.

"변온층이 뭔지 아세요? 그것은 깊은 오한이라는 말이에요. 한 때 감정이었던 오한이죠. 공포일 수도 있고, 슬픔, 절망, 포기, 절대 포기하지 않기, 빙결 안에서, 빙결을 통해, 빙결과 함께 싸우기, 그런 것이죠. 이것이 야곱이 씨름했던 천사인가요?―아니면 그 천사는 따뜻한 천사였나요? 나의 천사는 변온충입니다. 나는 나의 변온충과 씨름했습니다.

만일 내가 돌아간다면, 나의 명상 스승이 촉구했듯이, 그것은 닫는 것이에요. 나는 그녀에게 돌아갈 만한 곳이 없다고 말해요. 그녀는 '그러면 전처럼 당신 스스로 위안을 얻어 보세요'라고 말해요. 그녀는 당신이 위로를 받은 적이 없는데도 위로를 상상할 수 있을 거라고 상상해요. 그녀는 위로를 당연한 거라고 여겨요.

그녀더러 지옥에나 가라고 하죠. 충격을 받고 짜증나라고 해요! 친절은 충분하지 않아요. 공허한 냄새가 나요. 그녀는 그녀가 나를 위로해 줄 수 없다는 것, 그녀가 위로해 줄 수 없는 사람이 있다는 것으로 인해 상처받아요. 그녀가 갖고 있다고 생각하는, 갖기를 원하는 인간적인 또는 영적인 힘이 실패해요. 그녀는 많은 사람들에게는 그 힘을 갖고 있지만, 나에게는 아니에요. 나와 관련해서는 그녀는 여전히 영적으로 되고 싶은 사람이에요. 나는 예외적인 인물이 됨으로써 그녀를 괴롭혀요. 그녀는 나에게서 풍기는 고통의 냄새를 견딜 수 없어요. 그 고통은 나 자신인데, 그녀가 알 수 있는 어떤 것이 아닐 거예요. 그녀는 너무 좋은 생각만 하는 사람이에요.

나는 그녀 인격의 끝에 도달하고 그녀는 나의 인격의 끝에 도달한 다음, 거기에서 무너지고, 흐느껴 울어요.

너무해요!

*여전히 의자에 앉은 채, 그레이스는
신경질적으로 오른발로 바닥을 톡톡 친다.*

공허(void)는 내 인격의 핵심(core)에 있고, 어쩌면 그것 자체가 핵심일 겁니다. 모든 활동, 흐름, 사업 아래 공허가 있습니다. 나는 그것을 히스테리, 사고, 행동으로 덮어 놓았습니다. 나는 평생 그 것과 싸워왔습니다. 공허가 나를 두렵게 만들었습니다.

지금은 그것을 조금 덜 두려워하지만요. 그것의 매력과, 그것의 즐거움에 굴복하는 것은 안도감을 줍니다. 나는 굴복한다는 것이 패배를 인정하는 것이라고 생각했습니다. 질책하지 않고 그것을 느끼는 것, 무언가를 수용하는 것, 이것이 항상 빠져 있는 것, 잃어버린 나의 일부입니다. 공허가 얼마나 딸랑대는 소리를 내는지 전에는 미처 알지 못했었습니다.

그것은 단순히 비어있음이 아닙니다. 내가 거기에 없다는 것과 같은 것이고, 거기에 없다는 것은 안도감이자 기쁨일 수 있습니다.

불안은 또 하나의 핵심입니다. 영혼의 알파벳, 정신의 알파벳, 핵심의 알파벳이 있습니다. 공허는 하나의 핵심이고, 불안은 또 다른 핵심입니다. 불안이 공허를 채우는 것이 아닙니다. 그것은 시도할 수는 있지만, 성공하지 못합니다. 공허는 그것 아래에서, 그것 위에서 계속됩니다. 불안은 그 자체의 공허요, 그 자체의 세계이며, 압도할 준비를 갖춘 채 거의 항상 거기에 있는 배경입니다. 공허는 불안을 삼키고, 그것을 누그러뜨리려 하고, 닫아버립니다. 때로는 공허와 불안이 각기 일인자가 되려고 싸우기도 합니다. 같은 공간을 차지하려고 싸우는 동시에, 각각 자체의 공간을 창조합니다. 그것들은 서로 적대자이면서도 서로를 방해하지 않고, 각자의 길을 갑니다.

나는 그것들 각각의 원인을 나의 부모님에게서, 그들의 불안과 그들의 공허에서 찾곤 했습니다. 그것은 나를 불안이 범람한 상태로, 공허한 상태로 남겨두었죠. 나는 싸우고, 굴복하고, 상실하고, 분노하곤 했지요. 불안이 두려웠어요. 당밀에서 빠져 나가려고 용을 쓰는 벌레처럼, 마치 그것이 거기에 있으면 안 되기라도 하듯이, 나는 그것과 싸우고 격퇴하려고 했어요. 불안에 마음을 연다는 것. 그게 가능할까요? 싸우는 대신 마음을 여는 것, 싸우면서 마음을 여는 것 말이에요. 그것은 부모님보다 그리고 나보다 더 큰 것이에요. 공허와 불안, 그것은 우리 정신의 알파벳이에요.

내 마음은 냉해를 입고 얼어버렸어요. 학창시절에는 더 편했지요. 읽어야 하는 것을 읽었고 필요한 것을 찾았죠. 나의 마음은 결혼에 의해 나가 떨어졌어요. 성적 광기가 뒤따랐죠. 관계는 인간으로서의 나를 깨뜨렸죠. 나는 무슨 좋은 일이 일어나고 있다고 생각했는데, 그때 얼어붙는 일이 발생했어요. 그것은 거절이나 실패보다 더한 것이었어요. 뭔가가 나를 깨뜨렸어요. 세상의 좋은 것들이 깨진 것이 되었고, 나는 나의 깨진 내면이 흩어지지 않게 하려고 시도했어요. 세상이 깨어진 내면처럼 보였어요. 어디로 움직이든지, 어디를 보든지, 나는 깨어진 내면세계에서 살고 있었어요.

나의 독서 방식이 달라진 순간을 기억해요. 나는 저자의 존재를 가까이, 내 안에서 느꼈어요. 그의 내면이 나의 내면에 있어요. 처음에 그런 일이 일어났을 때는 겁이 나서 책을 내려놨어요. 그러나 나는 어떤 중요한 일이 일어났다는 것을, 치유가 일어났다는 것을 알았어요. 책들이 사람들의 내면으로 채워져 있고, 그들의 내면이 나를 먹여준다는 것을 깨달았던 순간들은 멋진 것이었어요. 보이지 않는 현존을 필요로 하는 것, 거기에 있지 않은 누군가를, 오래전에 죽었을 수 있는 누군가를 원하는 것, 그의 말이 내게 접촉하는 것은 일종의 기적이죠.

글쓰기 안에 음악이 있어요. 음악은 단순히 말에만 있는 게 아니에요. 그것은 다른 사람 안에 가득 차 있는 것에서 오죠. 다른 사람의 공허로부터 와요. 그것을 느낄 때, 내 공허는 평화롭죠.

나는 부모님에게서 벗어나 내가 가야할 비밀스런 장소에 접촉하고 있어요. 그곳은 당시에 안전한 장소였지만, 항상 그렇지는 않죠. 마치 무너진 댐이 오래되고 마른 강 바닥 위로 범람하듯이, 공황이 범람하곤 했어요. 핵심들이 용해되었어요. 지금 이 비밀의 장소가 나의 가장 깊은 진실처럼 느껴져요.

외부의 껍질과 내부의 껍질이 있어요. 내 인격은 하나의 외부 껍질이죠.

그것은 이런 관심, 저런 희망을 떠돌고 있고, 그 안에는 평화가 없어요. 평화는 공허 안에 있어요. 공허는 커다란 진실이고, 히스테리적인 나는 작은 진실이죠. 동요하는 진실들은 많은 진실들을 탄생시켜요.

> 그레이스가 몸을 움직인다. 한 쪽 다리로 꼬아 앉더니 곧 다른 쪽 다리로 고쳐 꼬아 앉는다. 숨이 가빠지고, 눈이 환해진다. 그녀는 마치 황홀경에 들어선 것처럼 자리에서 일어난다.

지난밤에 작은 아기 꿈을 꾸었어요. 아주 작은 아기에요. 내가 안고 있죠. 내 아기에요. 그 아기는 나를 더 안전하고, 관계 맺고 있고, 편안하고, 충일하고, 완전하게 만들어요. 나는 모든 것이 혼돈으로 구성되었고, 아기도 그 혼돈에서 왔다고 생각해요. 내가 다룰 수 있는 것은 아주 작은 거예요. 하지만 나는 이 꿈속에서의 순간에 그것을 가지고 있어요. 전에는 그런 순간을 갖지 못했어요.

아기는 변온층에서 살아남아요.

나는 탄생은 죽음보다 더 위대하다고 말해요.

모든 것은 살아있음에서 시작되어요. 모든 것이 살아있어요. 자궁 사고들. 자궁 활동의 일부로서 꿈들. 꿈 자궁들.

꿈들은 우리 내면의 중환자실에 있는 인공호흡기와 같습니다.

그것들은 생명이 살아있게 해줍니다. 그것은 세계 영혼(the World Soul)으로 연결되는 배꼽입니다.

우리는 꿈을 낳아요! 아니면, 반대로—꿈이 우리를 낳는 걸까요? 꿈이 출산 활동인가요? 꿈꾸기가 낳는 것이 나(I)인가요?

우리는 마치 우리가 꿈속에서 벌거벗었다고 느끼듯이, 꿈이 우리의 기본적 자기에 관한 진실과 접촉한다고 느끼듯이, 날것 그대로의 우리의 삶을 맛보기 위해 꿈에 잠시 몸을 담급니다.

꿈은 정신적 삶이 살아있게 하는 데 도움을 주죠. 마치 아기처럼, 그것들은 충격을 받고, 아래로 내려가고, 손상을 입습니다. 절단된 꿈들, 그리고 절단에 대한 꿈들은 우리의 손상 입은 자기를 엿보게 하는 꿈들입니다. 그러나 그것들은 계속해서 옵니다. 손상과 함께 그리고 모든 것들과 함께, 심층의 괴물들과 은혜의 순간들과 함께 계속해서 옵니다.

비가 오는 꿈이었어요! 자세히 보니 모든 빗방울이 손상 입은 아기인데, 그 아기 내부에는 손상 입은 꿈이 있고, 꿈 내부에는 손상 입은 아기가 있었어요.

그러나 손상이 우리를 멈추게 하지는 않아요! 꿈들은 "목발을 던져버리고 날아라!"고 말하는 부분적으로 장애 입은 정신적 몸들이고, 나는 지붕 꼭대기 위에, 전체 위에, 높은 곳에 있습니다. 당신은 꿈들이 오는 것을 막을 수 없어요. 당신은 당신이 얼마나 비틀렸는지에 대해 아는 것을 회피할 수 없습니다. 손상 입은 아기의 상태에서 자라나오지 못합니다. 겉으로만 성장합니다.

나의 자궁, 영원히 공허를 형성하는 한계 없음요? 위대한 공허는 어떤 것으로도 채울 수 없는 건가요? 그것은 잉태하고 있는 비어있음인가요?

프로이트는 시야에서 사라지는 얽혀있는 뿌리 체계를 가진 꿈 배꼽에 대해 말합니다. 위대한 배꼽 말입니다. 그것은 우리를 어디로 인도하나요? 태어나지 않은 장소들, 사고들과 감정들은 삶에서 기회를 기다리고 있습니다.

  우리가 느끼는 모든 것은 공허를 변화시켜요. 아기가 느끼는 모든 것이 공허를 변화시켜요.

  신은 당신이 고통 속에서 출산할 거라고 말합니다. 나는 그것을, 정신적 탄생을 받아들여요. 기쁨은 고통스럽기도 하죠? 그래요, 기쁨은 고통스러워요. 그러나 기쁨은 기쁜 것이에요.

  그래요, 기쁨은 기쁜 것이죠.

참고문헌

Balint, M. (1968). *The Basic Fault*. London: Routledge, 1979.

Bion, W. R. (1965). *Transformations*. *London*: Heinemann.

Bion, W. R. (1970). *Attention and Interpretation*. New York: Rowman & Littlefield, 1995.

Bion, W. R. (2005). *The Italian Seminars*. London: Karnac.

Brenner, W. H. (2001). Creation, causality and freedom of the will. In: R. L. Arrington & M. Addis (Eds.), *Wittgenstein and Philosophy of Religion*. London: Routledge.

Eigen, M. (1986). *The Psychotic Core*. London: Karnac, 2004.

Eigen, M. (1992). *Coming Through the Whirlwind*. Wilmette, IL: Chiron.

Eigen, M. (1995). *Reshaping the Self*. Madison, CT: Psychosocial Press (International Universities Press).

Eigen, M. (1996). *Psychic Deadness*. London: Karnac, 2004.

Eigen, M. (1999). *Toxic Nourishment*. London: Karnac.

Eigen, M. (2001a). *Ecstasy. Middletown*, CT: Wesleyan University Press.

Eigen, M. (2001b). *Rage*. Middletown, CT: Wesleyan University Press.

Eigen, M. (2002). *Rage*. Middletown, CT: Wesleyan University Press.

Eigen, M. (2004). *The Sensitive Self*. Middletown, CT: Wesleyan University Press.

Eigen, M. (2005). *Emotional Storm*. Middletown, CT: Wesleyan University Press.

Eigen, M. (2006a). *Lust*. Middletown, CT: Wesleyan University Press.

Eigen, M. (2006b). *Feeling Matters: From the Yosemite God to the Annihilated Self*. London: Karnac.

Eigen,M. (2007). *Age of Psychopathy*.

Available online at

http://www.psychoanalysis-and-therapy.com/human_nature/eigen/pref.html

Freud, S. (1937c). Analysis terminable and interminable. *S.E., 23: 211-253*. London: Hogarth.

Klein, M. (1946). Notes on some schizoid mechanisms. In: M. Klein, P. Heimann, S. Isaacs, & J. Riviere (Eds.), *Developments in Psycho-Analysis* (pp. 292-320). London: Hogarth, 1952.

Lacan, J. (1978). *The Four Fundamental Concepts of Psycho-Analysis*. J.-A. Miller (Eds.), A. Sheridan (Trans.). New York: Norton.

Lacan, J. (1993). *The Seminars of Jacques Lacan: Book III The Psychoses 1955-1956*. J.-A. Miller & R. R. Grigg (Eds.). New York: Norton.

Mowrer, O. H. (1964). *The New Group Therapy*. Princeton, NJ: D. Van Nostrand.

Rhode, E. (1994). *Psychotic Metaphysics*. London: Karnac.

Tustin, F. (1995). *Autism and Childhood Psychosis*. London: Karnac.

Winnicott, D. W. (1988). *Human Nature*. London: Free Association.

Wittgenstein, L. (1984). *Culture and Value*. G. H. von Wright (Ed.) in collaboration with H. Nyman, P. Winch (Trans). Chicago, IL: University of Chicago Press.

색인

ㄱ

객관적/객관성 68, 89
격노 59-62, 66, 72, 108-111, 156, 195, 209, 212, 222, 234-236
고바디, B., 74
고통 9, 13, 17-19, 40, 49, 51, 54, 57, 64-65, 68, 75, 91-93, 99-106, 109, 113, 116, 121-123, 138-139, 153-154, 166-168, 175, 182-187, 193, 196, 201, 206, 239, 245, 256
공격성 27-28, 48, 130, 208-209, 243
공포 9, 12, 36, 50-51, 56, 62, 89, 95-98, 110, 115, 118, 131, 139, 147-148, 153, 157, 161, 178, 194, 199-200, 220, 236
굴욕 51-52, 67-68, 75, 156-157, 184, 249
그린, A., 228
꿈 38, 41, 51, 79, 81, 88, 92, 127, 130-136, 139-141, 145-147, 164, 168-173, 175, 183, 189, 192-193, 195-205, 208, 212-215, 221, 231-234, 244, 254-255

ㄴ

"나" 12, 85-90, 187-188, 203, 214-215, 229-230, 255

ㄹ

라캉, J., 15, 207, 233-236, 258
로드, E., 207, 258

ㅁ

머튼, T., 103
모우러, O. H., 48, 258
모츠, H., 63
몬티, R., 20
무감각 13, 26, 72, 86, 236
 또한 민감성을 보라
무의식 9, 18, 26, 38, 39-40, 42, 75, 110, 112, 121, 233
 또한 의식을 보라

260 / 심연의 화염

민감성 11-14, 25, 37, 52-54, 57-58, 112-113, 234, 236
또한 무감각을 보라

ㅂ

발린트, M., 38, 257
버그만, I., 93
복수 15, 52, 108-113
부시, G. W., 40, 86, 111, 222
불안 42, 48, 65, 71, 159-160, 213, 252-253
  멸절 209
  죽음 90, 188
  정신증적 50, 227-228
브렌너, W. H., 56, 257
블레이크, W., 55
비난 86-90, 101, 118-120, 140, 176, 190, 202
비온, W. R., 42, 78, 86, 209, 228-233, 257
비트겐슈타인, L., 54-58, 62-64, 258

ㅅ

사랑 8, 14, 19, 25, 30, 32-33, 37, 41-44, 47, 56-59, 74-76, 83-84, 103, 140-142, 170, 182, 187, 195-196, 213, 223, 229-231
살해 13, 15, 47-48, 51-52, 58, 69, 76, 82-85, 94, 108, 113, 128-130, 162, 173, 186, 201, 209, 212, 215-216, 219, 242-244
상처 9, 13, 40, 52-54, 57-61, 67, 97-99, 103, 105, 109-110
샤일록 51-52, 147

섹스 31,-32, 47, 115, 119-122, 145, 147, 160-162, 173, 195-196, 209, 239, 253
셰익스피어, W., 15, 50-51, 55, 108, 111, 136, 190
수치 9, 12-13, 48, 59-60, 69, 73-75, 91, 97-98, 124, 127, 130, 134, 147, 166, 215, 220, 240, 243
소크라테스 13, 81-85, 89, 97
쉬니어슨, M., 8
스택 설리번, H., 228
써얼즈, H., 228

ㅇ

아이건, M., 11, 18-19, 34-35, 40-42, 44, 53, 112, 207-209, 224, 257-258
아담과 이브 종교를 보라
악 7, 19-20, 50-51, 55, 72, 87, 90-92, 105-106, 124, 185, 199-200, 204, 240
애착 162, 214, 222
약물 18, 66-67, 148-149, 216, 247
  항우울제 148
어머니 21-23, 124, 128-129, 166, 175-177, 216, 222, 224, 242
에덴동산 종교, 아담과 이브를 보라
엘킨, H., 228
원시적 17, 27, 34, 108
  전- 26-27, 34, 42
위니캇, D. W., 9-11, 18, 21-29, 33-38, 40, 42-44, 228-230, 233, 258
윤리 15, 37, 54, 65, 108-109, 111-113, 125, 142, 173, 237
융, C. G., 74, 228

의사소통되지 않는 핵심 11, 29, 31, 37-38, 41-45
의식 18, 30, 51, 79, 94, 121, 182, 188, 228 또한 무의식을 보라
의존 22-23, 28-29, 33-34. 42, 76
 이중의 28-29
 최초의 28
이드 190, 228
이라크 13, 50, 111, 141, 152, 190, 204
일차적 11, 22, 33-35, 37, 42-43, 166, 204, 207
 홀로 있음 10, 33
 과정 232-234
 상태 26-27, 33-37, 42

ㅈ

자궁 163-164, 175, 197, 202-204, 207, 254-255
자아 39-41, 49, 226-227, 233-235
 또한 이드를 보라
 -중심적 58
 초 58, 227
잘못된 것 122-123, 128-130, 135-136, 238-245
정동 12-13, 41-42, 65, 78, 84, 91, 109, 232-235
죄 7-9, 16, 48, 72, 86-88, 90, 105, 109, 115, 152, 208
죄책감 9, 12-14, 29, 47-77, 86-90, 93, 97-104, 115, 118, 134, 220
종교 19, 53, 56, 101, 106, 109, 124, 182, 185-186, 235, 241

아담과 이브 87, 90-91, 118, 123-124, 146, 216, 240-
 불교 19, 103-106
 기독교 51-52
 악마 7, 129-130, 167, 178-179, 185-186, 190, 243-244
 신 19, 34-38, 41, 47, 50, 51, 56, 63-65, 90-91, 99, 103, 109, 116, 120, 124, 127, 158-159, 167, 177, 186, 205-207, 213-217, 223, 226, 240, 256
 신들 8, 36, 109, 197
 예수 7, 15, 85, 123, 142, 239
 유대교 19, 51, 146-147, 217
주체 43, 69, 73, 109-111, 212
주체성 90, 108, 111-112, 137
 상호- 37
죽음 9, 15, 19, 75-76, 81-90, 95-97, 106-107, 123, 128-130, 135, 141, 145, 154, 158, 162, 188, 192-193, 198-200, 212, 215-217, 236, 240, 242-244, 254
중독 43, 60, 176, 236
증오 7, 19, 30, 74, 126, 143, 147, 195, 227, 250

ㅋ

클라인, M., 19, 26-28, 34, 78, 228, 258
킹, M. L., 151

ㅌ

타자 21-22, 38, 43-44, 48, 51, 53-54, 57, 63, 72, 115-117, 167, 192, 214, 224, 231-

232
　무한한 22, 38-43
터스틴, F., 207, 258

ㅍ

파괴 25, 41, 50, 94, 99-100, 109-110, 117, 123-125, 147, 152, 163-164, 181, 190-191, 224-226, 234, 240-241
페어베언, W., 228
평화 9, 23-26, 29, 34, 50, 102, 139, 161-162, 253-254
폭력 110-111, 174, 180-183, 199-200, 208-210, 225
플라톤 82-84, 97, 128, 242

ㅎ

학대
　아동 167, 187, 237
　국가 167, 187
　성적 119
해체 36, 42, 148-150, 224, 247
햄릿 15, 92, 108, 111-112
홀로 있음 10-12, 18, 21-23, 26-30, 33-37, 42-44, 95-98, 132, 140, 154, 170
환각 41, 117-120, 227